A SOMBRA DO ABISMO

Airton Luiz

A SOMBRA DO ABISMO

© Publicado em 2013 pela Editora Isis Ltda.

Supervisor geral:
Gustavo L. Caballero
Revisão de textos:
Tania Hernandes
Capa e Diagramação:
Décio Lopes

DADOS DE CATALOGAÇÃO DA PUBLICAÇÃO

Luiz, Airton

A Sombra do Abismo/Airton Luiz | 1ª edição | São Paulo, SP | Editora Isis, 2013.

ISBN: 978-85-8189-023-4

1. Literatura Brasileira 2. Romance I. Título.

Proibida a reprodução total ou parcial desta obra, de qualquer forma ou por qualquer meio seja eletrônico ou mecânico, inclusive por meio de processos xerográficos, incluindo ainda o uso da internet sem a permissão expressa da Editora Isis, na pessoa de seu editor (Lei nº 9.610, de 19.02.1998).

Direitos exclusivos reservados para Editora Isis

EDITORA ISIS LTDA
www.editoraisis.com.br
contato@editoraisis.com.br

Agradecimento

Todas as ideias novas nascem de ideias antigas e sua repetição faz o homem acreditar em coisas estranhas. A herança de Lukas Dijinsky se destina ao demônio criativo que dorme nas profundezas de cada um de nós para, mesmo na sombra do abismo, procurar as infinitas possibilidades que dão significado à vida. Os sonhos fazem parte da essência de cada ser... Ainda que este não saiba.

Agradeço a todos os sonhadores que ousaram expressar suas verdades contidas neste livro.

Este livro é obra de ficção, baseada em possibilidades reais referidas por muitos autores.

Qualquer semelhança com pessoas vivas ou mortas, fatos históricos ou fictícios, será mera opção do leitor.

Airton Luiz

Que as suas ações conduzam a um destino iluminado
Agosto de 2012

Não vivemos somente à sombra da árvore ensolarada
da montanha, mas também nas sombras do abismo.

Sumário

Introdução 9

A Sombra do Abismo.. 10

Prólogo.. 12

PRIMEIRA PARTE

Capítulo I – O Mosteiro.. 17

Capítulo II – A Casa de Custódia e Tratamento 33

Capítulo III – O Início 59

Capítulo IV – O Roubo da Memória 84

Capítulo V – A Libertação 119

SEGUNDA PARTE – A Herança invisível de Lukas Dijinsky

Capítulo VI – O Mundo Encantado da Fantasia...................... 128

Capítulo VII – Um Sentido para a Existência 139

Capítulo VIII – O Respeito à Vida... 145

Capítulo IX – O Bem e o Mal 173

Capítulo X – A Evolução 206

Capítulo XI – Religião 218

Capítulo XII – Um Homem Chamado Jesus 234

Capítulo XIII – Horizontes da Ciência................................... 243

Capítulo XIV – Sobre Delírio Nazista e o Santo Graal............ 272

Capítulo XV – Por Trás do Espelho 275

Referências Bibliográficas... 281

Introdução

Ninguém consegue ensinar ao semelhante como viver. A vida não segue livro de receitas de autoajuda. Devo buscar em mim mesmo o caminho a ser seguido. Os outros podem indicar tendências e modismos de comportamento para agradar a sociedade e ser aceito. Imitar os outros é sempre uma fraude que proporciona ilusória autoestima. O que devo ter em mente, é a possibilidade de ter caminhos prováveis que deem suporte à própria existência.

O saber dá a aparência da minha vida, mas é o sentir que remete aos fundamentos mais importantes. Somente com real sentimento de autoestima é possível uma vida emocionalmente sadia. Sempre é mais confortável se acomodar a normas de conduta, com explicações cômodas transmitidas por tradições religiosas, filosóficas ou psicológicas, do que descobrir o que realmente somos.

As doutrinas religiosas, o pensamento filosófico e as descobertas científicas sobre o mundo e a mente são importantes como especulações sobre a vida, sua origem e destino, mas não conseguiram ainda penetrar no labirinto de seus mistérios.

A origem da existência está baseada em probabilidades, mas um fato é inquestionável – eu existo. Não sei porque, ou como minha essência surgiu, mas existo e aqui estarei no tempo que me for cedido. Como não posso ter certeza de que existem ou não divindades que manipulam a vida, prefiro acreditar que minhas escolhas e ações determinam o destino, e que não há regras de felicidade eterna.

O que sinto me confunde, quando o que penso deve se ajustar ao que esperam de mim. Não pretendo ser o que a sociedade espera. Sem conflitar seus valores, desejo satisfazer o que meus sonhos anseiam. Os espasmos literários de autoajuda que pretendem propor verdades inquestionáveis e abrir as portas da felicidade carregam uma característica em comum: a tendência de se copiar com frases diferentes. Pretendo viver o que sinto e não o que penso ser. Sou feito de possibilidades muitas vezes desconhecidas, mas realizáveis.

Não é sensato afirmar ou contradizer o que desconhecemos.

A Sombra do Abismo

Quando olho o fundo do abismo, o abismo me olha de volta a desnudar meus medos.

Eu, que vivo à beira do abismo, não pretendo esclarecer, mas confundir, com a esperança de que novas ideias acendam algumas luzes.

Esperamos sempre grandes revelações que expliquem a vida, quando na maioria das vezes, os fatos são simples e pertencem aos acontecimentos naturais de nossa existência.

É difícil saber a diferença entre a realidade exterior e a realidade de nossas necessidades e carências mais profundas. Enquanto a primeira está sob a tutela da razão, a segunda se debate no labirinto obscuro de nossa consciência. Talvez esse conflito seja a origem do que chamamos espírito, e a maior revelação venha a ser a de que não existe um grande mistério, para que ambas se complementem.

Não pretendo, no alto da montanha, com toda a beleza do horizonte à disposição, só olhar para o fundo do abismo. A mensagem formal se preocupa muito em ensinar atos de obediência estabelecidos para o conhecimento, sem levar em conta a curiosidade criativa.

O desejo do homem pode ser a busca de verdades ocultas, mesmo sabendo que são o contraponto de mentiras com as quais se completam. Prefiro não subestimar o desconhecido, e ser um pecador sensato.

No mundo de erros e acertos em que me equilibro, entre desejos mal resolvidos e frustrações mal aceitas, não posso esquecer de que escolhas levam a possibilidades imprevisíveis.

Escolhas fazem parte das tangências da vida, e não de sua importância. Procuro o deus desconhecido no mais profundo do meu ser e não em templos, repositórios de dogmas e ensinamentos mantidos pela tradição.

No desejo de pertencer a um mundo transcendente, o homem de fé pode ser levado a acreditar em mitos assegurados como verdades indiscutíveis. Não devemos menosprezar a ignorância, ela faz parte de verdades cujo sustentáculo é a crença. A fé não necessita de verdades específicas, basta ser honesta.

Afinal, o que é a Verdade?

A realidade é uma verdade visível, com diferentes interpretações dependentes de quem a observa. Costumamos ser indiferentes ao que acontece ao nosso redor, inclusive em relação a quem amamos. Quase sempre a indiferença é hipócrita, porque é uma forma sutil e arrogante de poder.

A afirmação de que devemos viver de acordo com a natureza é um pobre disfarce para a vontade de exercer o poder. O bom samaritano é o simulacro do homem que imagina ser superior às próprias limitações e escravizado pelo desejo inconfessável de moldar o mundo à imagem que pretende ter.

Preceitos de valor nem sempre condizem com os impulsos mais profundos, pois muitas vezes são conflitantes e não visam o bem comum.

O homem teme seus próprios sentimentos quando não são simples espelhos da realidade percebida pelos sentidos.

Descobertas científicas recentes estão assombrando tradições antes inquestionáveis. Conhecemos o que a percepção fornece como aparência do mundo. O desconhecido, assim como o futuro além do horizonte, amedronta. O que sabemos são explicações razoáveis.

O que mantém a vida? Que tipo de energia conduz os pensamentos e compõe o mistério da memória, do amor, das emoções? Qual sua origem e essência? Julgamos que basta conhecer alguma coisa de energia elétrica, magnética, atômica, solar ou cósmica, mas sabemos que no fundo, não explicam todos os enigmas. Aceitamos sem saber exatamente o que sejam. Temos consciência de que existem, mas a intuição nos faz crer que não sejam as únicas e façam parte de uma integração inimaginável. De onde provém a energia que somente intuímos?

Este é um Universo ainda além do pensamento, onde tudo é possível.

A luz que ilumina o alto da montanha pode ter misteriosos reflexos no fundo do abismo à espera de ser revelados.

Lukas Dijinsky

Prólogo

Antes de ser contada a história e as ideias conturbadas de Lukas Dijinsky, quero revelar o que me levou a arriscar a comodidade de um abade superior de monastério.

Preferi o exílio em uma pequena cidade esquecida no sul da Itália, como um proscrito, a aceitar o cabresto da vassalagem.

As certezas que pontuavam minha vida se transformaram em dúvidas honestas de um homem de fé... Graças a Deus!

Estou velho o suficiente para ser perdoado por lapsos de memória, mas tudo o que lembro é dedicado a quem se importa com a essência além das aparências.

Tudo começou em uma Casa de Custódia e Tratamento, anexa ao mosteiro sob meus cuidados, no interior da Itália, em uma cidade próxima a Roma. Lá conheci Lukas, e são dele as palavras que mudaram meu destino:

Minha infância foi marcada por um mundo turbulento como a fúria de um tornado. Muito cedo, fui levado a um gueto massacrado por nazistas, e alijado de minha família, assassinada em um campo de extermínio chamado Treblinka. Vaguei entre a brutalidade dos alemães e a opressão do domínio soviético, em um mundo de trevas. Perambulei à procura de luz, que finalmente encontrei na idade adulta, exercendo o magistério. Cheguei à carreira diplomática e aprendi a conviver com aventureiros e mercenários elegantes, que tentaram aprisionar minha mente. Em dado momento minha vida foi colocada em um cubículo sem ar e sem luz, onde tive de decidir novos rumos. De repente, em um átimo de segundo, a vontade e a consciência se tornaram independentes do meu ser. Pensei, "algo está errado, não sei exatamente o que seja, mas não posso ficar inerte".

Saí de mim mesmo buscando a verdade nas ruas, e acabei trancando o portão de minha consciência mais profunda antes de me conhecer honestamente. Não consegui ficar do lado de fora. Retomei o caminho da realidade interior para, depois de reconhecer minhas cicatrizes, empreender a jornada para a realidade exterior. Foi como pular de um penhasco em direção ao fundo do abismo, agarrado a um raio de Sol. Impossível desistir ou retornar. Hoje percebo que fiz uma única descoberta, com o conhecimento que a mente permitiu e alcancei a aparência do mundo.

Desde o mito da serpente e da maçã, o essencial tem sido vedado ao saber humano e a chave para abrir o horizonte transcendente à razão é o mistério da fé encravada no espírito.

As religiões têm proposto doutrinas, na tentativa de dar explicações aceitáveis a esse mistério insondável. São símbolos de diversas linguagens que pretendem dar sentido ao sentimento de fé. Cada povo tem sua própria simbologia inerente à cultura dos ancestrais, criando ambivalência de interpretações. Apesar do amor fraterno, baseado na filiação divina, os deuses permanecem pessoais e defensores de escolhidos, esmagando sem misericórdia, inimigos e inocentes, com mirabolantes alusões à santidade. Segundo a epopeia do "povo escolhido", a lei que prega: "não matarás", foi desprezada por seu próprio Criador, na defesa de preferências pessoais. Este é um paradoxo antigo e nefasto. Em situações mais amenas, as demonstrações miraculosas têm apresentado laivos de inexpressivas encenações teatrais, usurpando o que resta de ingenuidade em seus seguidores.

Desejo acreditar em uma energia transcendental na enigmática origem da vida, mas não consigo afirmar se a detentora do destino da humanidade é uma Vontade Consciente. Na verdade, não importa, porque conhecemos o que é certo e o que é errado, mesmo vivendo entre corruptos e degenerados. Sabemos a diferença entre o bem e o mal, se bem que para muitos, esses valores se confundam. A consciência dessa diferença deve ditar as escolhas, e nosso destino. Se existo, tenho em mim, parte dessa energia, sendo de minha responsabilidade os atos que praticar, a não ser que uma perturbação afete minha sanidade mental ou minha personalidade.

Estudos de ressonância magnética funcional do cérebro sugerem que fatores psicológicos, ou externos, influenciam em sua fisiologia e neuroquímica, podendo transformar o sentimento de fé, em uma necessidade biológica e não somente de conforto espiritual na crença de uma vida imortal e pessoal. A alegria e a solidariedade podem ser fatores positivos internos, com os negativos se alinhando nos chamados pecados capitais.

O sentimento de fé, mais do que as religiões, é indispensável a quem anseia o transcendente desejo de felicidade.

A doutrina religiosa de julgamento divino do bem e do mal praticados é importante para a conduta humana porque, apesar da arrogância e soberba, o homem é ainda um ser incompleto, egoísta e primitivo, que tem como objetivo de vida usurpar o bem comum, tornando o julgamento em uma farsa, onde importa o vaso e não o conteúdo.

Os homens que se satisfazem com líderes de plantão, aguardam a outra vida sonhada pelos profetas. Os heróis de hoje são astros de cinema, esportistas, marionetes e especuladores de televisão, e não os visionários, pensadores, cientistas e pesquisadores que se dedicam a minorar o sofrimento. Vivemos a fantasia de um mundo globalizado pela mídia, onde importa o que há de mais descartável e trágico para o real crescimento evolutivo.

Não sei se existe uma energia superior, criadora e consciente que julga, perdoa e condena, mas sei que existe a vida, cuja origem desconheço, esperando que o homem aprenda a usufruir a existência, se não com sabedoria, pelo menos com honestidade de propósitos.

Os códigos, e não a consciência, ditam os julgamentos. Um homem não consegue julgar outro homem, somente seus atos. Essa circunstancia é a força propulsora da fé em um possível Reino Perfeito.

Para explicar o inexplicável no meio de tantas incertezas, sou mais certo, ou menos certo?

Uma vez, sonhei ser um anjo que sonhava ser um homem. Quando acordei, não sabia quem era. Mas o que importa tanta certeza? Somente valorizamos a certeza daquilo que desejamos como expectativa. A certeza dos outros é sempre duvidosa. É mais honesto não ter tanta certeza e aceitar possibilidades, mesmo que improváveis. Esperamos sempre que o outro ame aquilo que projetamos, mas não existe amor prêt-à-porter. A vida não depende da beleza do anjo ou da ignorância do homem, e sempre permanecerá com um e com outro, ou sem nenhum nem outro.

Caprillo me disse certa vez, em um de seus raros momentos de lucidez:

"Tenho medo desse homem, porque o admiro".

Lukas foi um estranho andarilho com a cabeça na Terra e os pés nas estrelas. Desapareceu tão misteriosamente discreto com surgiu.

As palavras desse homem mudaram minha visão de mundo, e, agora, mais do que doutrinas decoradas, meu destino é a própria vida, que procura respeitar e compreender, com a religiosidade que Deus semeou em minha alma.

Abade Thomas Campbell
Maglie, sul da Itália.

PRIMEIRA PARTE

Capítulo I

O Mosteiro

Amanhece enquanto a pesada ambulância corta os campos e colinas da Úmbria, na região central da Itália, não muito distante de Roma.

Lentamente risca o manto cinzento que impede o sol de dissipar a bruma a esconder pequenas casas caiadas de branco, espalhadas entre árvores baixas e ciprestes.

Ao volante está Sorcio, o velho motorista enrugado, pequeno e com cara de rato, que passou boa parte da vida dirigindo o veículo entre o Vaticano e o Mosteiro. Trabalha sob o comando de religiosos pertencentes à Cúria Romana. Com olhar de predador e sorriso matreiro, vira-se para o guarda grandalhão que está ao seu lado e diz com bom humor:

– Parece que o sujeito aí atrás fez alguma coisa brava – sorrindo com maldade.

– Foi convidado para uma temporada no Mosteiro.

Com a malícia de quem nunca se compromete, ainda mastigando um grande sanduíche de mortadela que lhe cobre o vasto bigode, responde o companheiro conhecido pelo apelido de Vecchio Cane:

– O que ele pode ter feito para deixar o Cardeal D'Ambrosio tão irritado?

– Você também percebeu?

– Claro. Vi quando o velho lobo acompanhou esse coitado até a viatura.

Cara de rato sente prazer quando diz:

– E ainda falou para levar o homem depressa, porque foi escalado para a atenção especial dispensada na Fortaleza.

Cane, rindo, completa:

– Com os monges, ou nos fundos, com o Dottore?

– Acho que vai começar a comer com os monges, e depois a sobremesa é nos fundos, onde os hóspedes costumam ficar mais tempo.

– Vai depender da vontade do Monsenhor – resmunga o outro, voltando despreocupado para o seu lanche.

Pela pequena janela gradeada da parte traseira, o ocupante solitário aprecia a paisagem que é o sonho de muitos turistas. Aos seus olhos parece desolada e sombria. Apesar das vestes em desalinho, seu porte é elegante e altivo. Alto, com atentos olhos castanhos e cabelos grisalhos, parece não se importar com o destino incerto para onde está sendo levado.

Penetram em uma pequena cidade com algumas construções medievais que se sustentam em ruas e vielas estreitas e tortuosas formando um labirinto de pedras mal assentadas.

A manhã se debruça sobre as casas antigas e ruas onde poucos habitantes caminham sem pressa, conversando e gesticulando como velhos companheiros. A maioria traja roupas simples e surradas de camponeses, indo para o trabalho.

Após transpor vagarosamente a cidade, que mais parece aldeia de filmes de época, a ambulância começa a subir com dificuldade o estreito caminho que leva ao topo da colina, onde se ergue um imenso casario. Sua estrutura imponente é feita de pedras, marcada por alta torre com sinos, lembrando uma pequena fortaleza em meio a espesso arvoredo. Alcançam um alto muro que contorna o mosteiro e chegam a um sólido portão de madeira maciça.

Admirando o local, a meio sorriso, o futuro hóspede murmura:

– Uma muralha desse tamanho, ou serve para impedir a entrada de visitas indesejadas, ou impedir a saída de seus ocupantes.

Vecchio Cane desce e toca o sino pendente do umbral. Logo surge um monge ainda jovem que, reconhecendo os funcionários, se apressa em abrir o portão. Enquanto cumprimenta rapidamente o guarda, o motorista retira Lukas e o deixa a seus cuidados.

Lukas é levado ao interior do mosteiro e se enternece com a calma beleza e a paz de um bem cuidado jardim. Por todos os cantos, flores de diversos tipos e cores perfumam o ar. Absorve o suave aroma, que tem algo de sagrado, e compara a tranquila natureza interna com a paisagem pesada e agreste da rude colina que o circunda.

Penetra em um largo pátio cercado por duas fileiras de colunas em arco separando o jardim dos corredores de passagem. Á direita, o corredor sombreado é calçado por um piso de pedras polidas pelo tempo, ladeado por paredes que contém diversas portas dando para salas. O longo corredor termina em uma porta mais rica e marchetada, onde um monge mais idoso os espera.

No silêncio do corredor se insinua um suave coral de canto gregoriano.

O jovem acompanhante de Lukas se afasta respeitoso, e o outro abre a grande porta que conduz à sala particular de Monsenhor Caprillo, representante da Cúria naquela comunidade.

Monsenhor

A sós com Lukas, Monsenhor Caprillo, idoso, magro, alto e nariz adunco, sorri com bondade, mas seus olhos estudam cuidadosamente o homem cansado e seguro que, com a cabeça elevada, não demonstra temor ou constrangimento em sua presença.

– Bom dia! Seja bem-vindo ao nosso convívio. Sou Monsenhor Caprillo, representante da Cúria. O senhor foi encaminhado diretamente pela Cúria para fazer um repouso em nossa Casa, não é mesmo?

Sem se abalar com o olhar penetrante do religioso, Lukas responde:

– Estou realmente cansado da viagem e de minha passagem pelo Vaticano. Agradeço a possibilidade de um banho quente, repousar e colocar as ideias em ordem. Após uma leve refeição, estarei à disposição para conversar e entender por que fui trazido a este mosteiro isolado nas colinas.

Monsenhor observa atentamente o misterioso forasteiro à sua frente e percebe que sua tarefa não será fácil. Com ardilosa simpatia, o religioso aceita de bom grado o pedido, e deixa o debate que terá de conduzir, para outra oportunidade. Com um gesto afetivo, coloca as mãos nas costas de Lukas e assegura que terá prazer em providenciar todo o conforto possível. Toca uma sineta dourada e chama o ajudante para acompanhar o novo hóspede aos aposentos que lhe foram destinados, comentando:

– Desculpe pelos serviços humildes que podemos proporcionar. Nossa ordem impõe austeridade e afastamento dos prazeres mundanos. As acomodações são simples, mas espero que tenha o conforto necessário e toda a paz para, como disse, colocar suas ideias em ordem. Estou à disposição para tudo o que precisar. Às vezes necessitamos mesmo fazer uma revisão em nossas expectativas. Um noviço o irá acompanhar e ficará ao seu serviço até a hora da refeição vespertina.

Com um aceno, abençoa Lukas e o dispensa.

Sem tempo de retrucar, Lukas acompanha o noviço por um novo caminho até o interior do prédio anexo. É levado a um pequeno aposento em cuja porta não há fechadura, sendo informado de que o banheiro comunal se situa no fim do corredor, contendo sabonete e toalhas limpas.

Em seguida, com as mãos sob a túnica e um leve cumprimento, o noviço se retira silenciosamente, sem olhar para trás.

É um quarto pequeno e acolhedor. Paredes de reboque grosseiro, caiadas de branco. A um canto, o catre com colchão de palha, lençóis impecavelmente limpos, travesseiro e cobertor. O chão de tijolos alinhados revela a marca de sandálias que por ali transitaram durante muitos anos. Uma pequena mesa com um jarro de água e um copo, banquinho de madeira e um cabide na parede completam o mobiliário. A bíblia repousa sobre a mesinha. Não existem armários ou baús onde guardar a roupa. Na parede defronte, a figura emoldurada de Cristo a tudo observa com olhar sereno.

Mesmo vestido, Lukas deita na cama desconfortável e devido ao cansaço, cai em um sono profundo e sem sonhos. Acorda à tarde com o corpo dolorido e vê, em cima da mesinha, suas novas roupas. Calça branca de brim, camisa tipo túnica sem botões e um par de sandálias. Recolhendo a roupa, dirige-se ao banheiro comunal onde toma demorado banho com água não muito quente, mas reconfortante. Veste-se, penteia os cabelos e sai para explorar sua nova casa.

Repousado, passeia sem rumo, observando o ambiente. Vai ao jardim, acomoda-se em um banco e procura não pensar, somente sentir a vida que flui suavemente no interior do mosteiro. Após longo tempo, sai à procura do refeitório, onde pretende encontrar alguns monges com quem conversar, visto que o pátio, àquele horário, permáneceu vazio.

Deseja encontrar Monsenhor, para conhecer as razões que motivaram sua viagem. Sente-se prisioneiro, e não convidado para repousar nesse prédio escondido entre colinas e árvores. "Talvez eu tenha dado motivos para, como disse Monsenhor, repensar as ideias".

Ouve novamente o canto entoado pelos monges e noviços, transmitindo a paz prometida.

"Devem estar em algum recanto dos salões, entoando um de seus rituais eclesiásticos".

São belas músicas e cantatas sacras, que o remetem ao período das cameratas barrocas, envolvendo-o como um manto suave. Sente comovido respeito pela vida ascética e a simplicidade da fé dos monges, e intrigado por pensamentos conflitantes: "Será que estou enganado sobre tudo o que pensei até agora? A realidade monástica é verdadeiramente virtuosa, ou tudo não passa de sublimação coletiva instigada pelas doutrinas?"

Para sua surpresa, cruza com um grupo de jovens cantando com genuína alegria. Aborda um dos rapazes e pergunta se estão celebrando algum ritual religioso.

Como se tivesse sido interrompido por uma criança curiosa, responde o monge:

Capítulo I – O Mosteiro | 21

– Não senhor. É apenas a celebração da alegria de viver – com um sorriso, faz um aceno e se junta aos demais.

Nesse momento, Lukas avista o Monsenhor que o observa com atenção. Aproximando-se, sem mais delongas quer saber:

– São sempre assim ou é apenas emoção passageira?

– São assim quase sempre. Aqui procuramos ensinar uma nova visão do mundo, transmitindo a verdadeira alegria que existe na difícil caminhada para Deus.

– Verdadeira alegria? Existe alegria falsa? – provoca Lukas.

Com aparente cordialidade, mas atento ao jogo de palavras, retruca Monsenhor:

– Existe a verdadeira alegria que vem do fundo da alma, e a falsa alegria que nada mais é do que momentos de felicidade pela posse de coisas fúteis.

– Nisso Monsenhor tem razão. Nem sempre a felicidade representa a pura alegria de estar vivo.

– Alegra-me que pense assim – aceita a dialética do outro e prestando atenção ao movimento em direção ao refeitório, complementa – Está chegando a hora das orações e do jantar. Você, se me permite chamá-lo assim, prefere participar da comunidade ou deseja um local mais reservado para que possamos conversar?

– Acho que teremos bastante tempo para nos conhecer e trocar ideias. No momento, prefiro me reunir aos jovens.

– Ótimo – exclama Monsenhor – É importante que primeiro você tenha uma noção de como vivemos. É possível que alguns conceitos se tornem confluentes e não conflitantes.

– Por enquanto – diz Lukas, pensativo – quero saber por que estou aqui, e qual o objetivo.

Com enigmático sorriso, Monsenhor Caprillo responde evasivo:

– Tudo a seu tempo...tudo a seu tempo, cada qual com sua missão – apontando o refeitório – agora é tempo de orar e comer, alimentar o espírito e o corpo.

Tomando Lukas pelo braço, dirigem-se ao refeitório onde são aguardados.

O Abade Thomas

No refeitório todos abaixam os olhos em respeito ao abade, já ancião, que acena alegremente para monges e noviços. Ao se encontrar com Monsenhor e o estranho, os acompanha como velhos amigos. Caprillo apresenta o monge com discreto apreço:

– Este é o abade Thomas, nosso superior – apontando para Lukas – este é o novo hóspede do Mosteiro.

Lukas, surpreso diz:

– Pensei que Monsenhor Caprillo fosse o superior do Convento.

Enquanto Thomas os observa, Caprillo explica:

– O abade superior é o pastor de almas, enquanto eu cuido da permanência da doutrina, com suas regras e sua execução, porque sem ela a religião escoa entre as garras dos descrentes.

Lukas, ciente das atividades da administração da Cúria, procura saber mais e confundir seu oponente:

– É uma divisão de tarefas a serviço de Deus?

Em auxílio ao companheiro, abade Thomas responde com bom humor:

– Todas as ações são executadas a serviço de Deus.

Assumindo novamente o comando, Monsenhor encerra a conversa e os convida a compartilhar a refeição com os demais.

Tudo transcorre como o esperado: orações vespertinas seguidas de uma refeição agradável e frugal.

Lukas aguarda o momento do embate com Monsenhor. Gostou da maneira tranquila e bondosa do abade Thomas e espera que o mesmo participe da conversa.

Thomas é o contraponto de Caprillo. Baixo, um pouco gordo e com abdome saliente, calvo no alto da cabeça, jeito afável e bonachão, riso fácil. Sincero na satisfação em conhecer Lukas. É o outro prato da balança onde se equilibram o respeito calado pela posição hierárquica do Monsenhor, e o amor explícito devotado ao bondoso guia pastoral.

Terminada a refeição, Lukas é conduzido à ampla sala que serve de gabinete a Caprillo, sem a companhia do amável abade. Intrigado, Lukas pergunta o motivo.

– Nos próximos dias – responde Monsenhor – vocês terão oportunidade de convivência. Thomas é excelente pessoa, mas um pouco fora da realidade da nova Igreja. Carece da perspectiva objetiva da Cúria – percorre o gabinete como se fosse uma sala de comando e dispara – Temos alguns assuntos controversos a discutir, não lhe parece? Está ainda cansado ou podemos nos sentar e trocar pontos de vista sobre nossas aspirações?

Lukas percebe a animosidade e não gosta da maneira como Thomas foi excluído. Apesar da atitude autoritária de Caprillo, aceita a taça do encorpado Merlot siciliano que lhe é oferecido, enquanto reflete: "O que esse velho alcoviteiro está querendo de mim? Será que vive ainda nos porões da Inquisição?"

Primeiro Confronto

Caprillo oferece ampla e confortável poltrona defronte à mesa de trabalho, enquanto analisa alguns documentos à sua frente. Está sério quando pergunta:

– O senhor sabe por que foi enviado a este Convento?

Lukas percebe que está sendo tratado como suspeito, não sendo mais chamado com a intimidade de você. Após um gole do excelente vinho, se acomoda e responde:

– Não, não sei. Aproveitando o convite, gostaria de saber seus motivos e explicações.

– Fui informado de que o senhor tem proferido palestras públicas onde emite opiniões pessoais, contrárias a toda e qualquer religião, questionando as motivações da Igreja. Como deve saber, estou me atendo principalmente à Igreja a que pertenço, mas com o aval de outras correntes doutrinárias. Foi recentemente realizada importante reunião envolvendo líderes de diversas religiões e outras autoridades, no sentido de ser analisado o alcance de suas investidas. O senhor atira indiscriminadamente contra todas, correto?

– Mais ou menos – responde Lukas na defensiva.

– Onde mais e onde menos?

– Mais na maneira prepotente como vocês se julgam escolhidos, usando a fé dos adeptos, e de alguma forma cobrando para aproximá-los de Deus. Menos pela visão anacrônica, mística e insatisfatória das possibilidades não reveladas sobre mistérios importantes, que podem modificar o sentido da vida de seus seguidores.

– Então confirma que é contra a verdade divina? – investe o religioso, mostrando o peso de sua autoridade.

– Essas palavras são suas, não minhas. Jamais contestei a possível existência de Deus. Mesmo porque não sei o suficiente e minha fé religiosa é pequena. Contesto sim, as supostas verdades eternas de doutrinas cuja origem é misteriosa e, principalmente a manipulação da fé.

– Se está contra a Santa Igreja, está contra Deus!

– Concordarei e retirarei o que disse se o senhor comprovar que recebeu as palavras diretamente do Deus que não consigo alcançar.

– Heresia! – exclama Caprillo em alto brado.

– Você não está na Idade Média – retruca calmamente Lukas – Faz parte da Congregação da Doutrina da Fé, afirmando santificar o trabalho das famílias, mas age como um sicário remanescente da Inquisição.

– E o que sabe sobre o trabalho da Congregação?

– Sei que substituiu o Santo Ofício, prolongamento da Inquisição. Sua função mais importante é defender a tradição católica que esteja em perigo, incluindo qualquer doutrina nova. Julga casos de apostasia, que é o afastamento da doutrina, podendo tornar seu praticante vítima de preconceitos como a intolerância, difamação e calúnia em relação aos demais membros da Congregação. Julga casos de heresia, como a pregação de doutrinas contrárias ao sistema de credos religiosos ortodoxos. Neste caso, estão incluídos pensamentos filosóficos, ideológicos, políticos, teorias científicas e movimentos artísticos. Para a Igreja, somente sua doutrina é verdadeira, mas uma doutrina errada, mesmo se acreditada por todos não se torna por isso verdadeira.

– E o que você sabe sobre nosso trabalho? Como manter viva a mensagem de Cristo? Minha missão é defender, de todas as formas, a continuidade da pregação apostólica.

– Além da pregação apostólica, a Cúria Romana e a Secretaria de Estado do Vaticano mantêm relações diplomáticas com mais de uma centena de países, como se fosse uma corporação empresarial. De onde provêm os fundos?

– Senhor Lukas, vou lhe alertar sobre minha posição. Quem se coloca no meu caminho é meu inimigo, por isso, espero contar com sua compreensão e cooperação.

– Pode contar com minha compreensão e meu desejo de penetrar nos grandes mistérios da vida, mas jamais na defesa de propósitos questionáveis.

– Consta que já foi diplomata. Por que se interessa tanto pela religião e pelo caminho de sacrifícios de seus praticantes?

– Porque respeito o sentimento de fé que os move, e porque creio mais na humanidade do que você. Não manipulo ninguém para que acredite no que digo. O homem é fraco e emocionalmente carente porque é mal orientado, mal assistido, explorado por oportunistas. Existem muitos fatores que interferem na condição humana. Uma delas é a religião, baseada em mitos importantes para a manutenção da crença, mas impotentes para suas esperanças.

– Somente Deus, através de seus representantes, pode ajudar os homens e dar verdadeira esperança. Somos seus instrumentos.

– Vocês não desejam a devoção dos fiéis, mas sua cega obediência.

– Queremos que conheçam a verdade divina e vivam em função dela.

Entristecido, Lukas diz mais para si mesmo:

– Às vezes, chego a desejar que minhas verdades sejam mentiras e ser um homem comum. Chego até a duvidar de minha sanidade. Como todo homem, tenho em mim a luz e as sombras, o anjo e o demônio. Em todos os meus caminhos aprendi que ninguém mais procura a beleza, mas o que seja útil, e assim a verdade se tornou inútil por ser incompreensível. Sei que o homem precisa de doutrinas, mas não creio que o destino seja traçado de modo imutável por um Ser Supremo, e sim pelas ações humanas. No fundo, sempre esperamos ser adotados por um grande líder, seja ele o bom ditador, o que é um paradoxo, o bom monarca ou o bom Deus. Desejamos sempre algo maior que nos libere da necessidade de escolher o próprio futuro, que o destino seja o responsável e não a consequência. Queremos ser livres sem perceber que a liberdade absoluta somente gera corrupção e violência. Quase sempre defendemos falsas verdades, com meias mentiras – anda pela sala e diz com veemência – quando se dá a palavra ao tempo, não existe força no mundo capaz de transformar para sempre, uma mentira em verdade.

Mais calmo com as dúvidas de Lukas, Caprillo tentar convencer seu oponente:

– É por isso mesmo que a religião é importante. Para confirmar as verdades absolutas e a bíblia contém tudo o que é necessário.

– Como pode afirmar? Como você sabe? O que é verdade absoluta?

Caprillo respira fundo contendo a raiva.

– A verdade é a palavra de Deus contida na bíblia – torna-se ameaçador quando diz – nem na bíblia sagrada você acredita?

Temendo uma armadilha, Lukas contemporiza:

– Acredito em sua proposta para o bem, como acredito que o espírito que flutua na consciência íntima deve independer de conotações doutrinárias do mundo mágico contido nas religiões. Para essas questões não existem repostas definitivas. Respeito a fé de um homem, mas nem sempre a doutrina que a sustenta. Tenho em mim que a fé politizada é uma fraude, portanto não pode alcançar a verdade.

Monsenhor levanta abruptamente de sua cadeira e, enfurecido, ameaça Lukas:

– Você não tem ideia do erro que está cometendo, e por hoje basta! Pretendo salvá-lo das dúvidas, e para isso preciso de sua boa vontade. Já é tarde. Vamos orar e repousar. Mandarei avisar a que hora voltaremos a nos ver. Esteja à vontade para ir. Boa noite, e que Deus o ilumine.

– Boa noite – Lukas se despede sentindo a ameaça velada pairando no ar.

Totó

Na manhã seguinte, Lukas levanta disposto a conhecer o Mosteiro e conversar com seus ocupantes. Dirige-se ao refeitório para o café da manhã. É servida uma tigela de leite, acompanhada de uma grossa fatia de pão, geleia caseira e uma fruta.

Senta-se à mesa e, ao iniciar a refeição, percebe estar sendo observado atentamente por alguém encoberto pelo vão da porta. Finge não ter visto. Uma figura singular se aproxima arrastando a perna esquerda e se posta à sua frente. Sem cerimônia, fita Lukas ostensivamente como se o estivesse analisando.

Curioso, Lukas cumprimenta o estranho, que nada responde, e volta a fitá-lo com o olho esquerdo vesgo, solidário ao defeito da perna.

Sua aparência é inesquecível. Cabelos lisos, cortados na testa como uma franja e retos na nuca como um capacete. Com o olho torto, mede Lukas e sorri de modo estranho, balançando a cabeça como se soubesse um segredo de estado.

"Não deve ser monge ou noviço", pensa Lukas, "suas vestes são diferentes. Parece um menestrel de antigos nobres".

Tomando a iniciativa, pergunta:

– Está aqui há muito tempo? Meu nome é Lukas. Cheguei ontem.

Com seu jeito singular, responde o outro:

– Meu nome é Antonio, mas todos me chamam de Totó, como nome de cachorro – sorri como um retardado... he, he, he,.. – Estou aqui há tanto tempo que nem sei mais. Moro no outro prédio. Na casa do deus do trovão... he, he, he...

Pelo modo de olhar e de falar, vem à mente de Lukas o sineiro de Notre Dame, criado por Victor Hugo.

Terminado o café, Totó se retira calado, arrastando a perna. De vez em quando, volta a cabeça e atira o olho vesgo em direção a Lukas. Balança a cabeça e sorri.

Lukas elevando a voz:

– Voltaremos a nos ver?

Sem se virar, Totó acena:

– É quase certeza. Tudo ao seu tempo. Tudo ao seu tempo. Pode ser aqui ou pode ser lá... he, he, he.

Coxeando, desaparece por onde entrou.

Momento de Decidir

Em seguida, Lukas é avisado de que Monsenhor Caprillo deseja lhe falar, em seu gabinete.

Monsenhor o aguarda. Precisa decidir o que fazer com Lukas.

– Bom dia – diz com estudada entonação de superioridade.

– Bom dia – responde Lukas se preparando para o confronto.

– Ontem tive o prazer de conhecer algumas de suas ideias – diz Caprillo sarcástico – Hoje quero me aprofundar mais. Meus superiores esperam uma decisão, que irá depender de nossa conversa. O que o senhor realmente pretende?

– Aparentemente, o que todos os homens desejam perante a sociedade. Qualquer um, seja qual for a posição social ou cultura, busca o poder. Pelo poder, são cultuados símbolos militares, políticos, religiosos e culturais. As regras são roupagens para esse único objetivo. O sentimento também passa a ser prisioneiro porque o poder seduz como obsessão, toldando valores, que se tornam secundários. O desejo de ser notado, admirado e ouvido como modelo de influência, torna-se um vício. Não importa se os mecanismos são sociais, políticos, religiosos, de bondade ou de maldade. A sedução do poder tanto pode envolver o espírito torpe e amoral do narcisista, quanto o espírito solidário do bom samaritano. São expressões da mesma vontade de exercer domínio.

Monsenhor a tudo ouve com atenção e desagrado.

– Para você é só isso que os homens procuram? Sucesso e poder?

– Não. – responde Lukas com convicção – Sucesso, poder e domínio, são a sublimação de um desejo mais profundo. A atroz necessidade de ser amado, pertencer a um grande amor.

– Este é, pelo menos, um sentimento que confere dignidade ao homem – concorda Monsenhor.

– São os valores eternos e universais que conferem dignidade ao homem – completa Lukas – estão além dos interesses pessoais e são difíceis de ser reconhecidos.

– E você reconhece os valores eternos? – desafia o religioso.

– Assim como a verdade absoluta, ninguém sabe com certeza quais sejam.

– Deus é a verdade absoluta – sentencia Caprillo.

– Por isso ninguém o conhece!

Perdendo a paciência, insiste Caprillo:

– Qual o seu desejo mais profundo?

– Confundir, para que sejam encontrados novos caminhos. Ultrapassar aparências e descobrir possibilidades de convivência com mistérios a ser desvendados, como a vida – responde Lukas percebendo a brecha na animosidade e olhando nos olhos do seu inquisidor.

– Os textos sagrados explicam o sentido da vida, que é a busca de Deus.

– Deus não requer explicações, só o sentimento expresso pela fé. Interpretações tendenciosas instituídas há séculos têm como objetivo o fortalecimento do que interessa à Igreja. O valor do homem não é encontrado naquilo que ele é, mas naquilo que se dispõe a ser. São valores atemporais e universais, porque dirigidos a todos os homens em todos os tempos, buscando as verdades de cada um. Essa deveria ser a preocupação maior das religiões.

Monsenhor Caprillo sentindo-se cansado de debater em vão, precisa pensar no que fazer com a situação que lhe foge das mãos. Marca novo encontro para a tarde e, abruptamente, despede Lukas, que se retira cheio de incertezas a respeito de seu destino naquele lugar.

Após o almoço, mais tranquilo, Lukas relembra tudo o que fez desde sua saída da Europa central, os riscos deliberados que assumiu, e resolve defender até o fim suas convicções, mesmo que tenha de pagar por isso. Precisa de tempo para montar um esquema que permita realizar seus propósitos. Apesar das ingerências da Igreja, o Mosteiro poderá ser o lugar apropriado para levar a cabo o que projetou durante toda a vida. "Preciso ter paciência", – murmura para si – "Não devo aprofundar muito minhas convicções quando estiver sob pressão, mas não posso mudar repentinamente o rumo das coisas. Devo esperar o momento certo de agir. Por enquanto, vou analisar com frieza a situação e estudar um plano ardiloso para escapar".

Aguarda o chamado, desconfiado das reais intenções do seu interrogador. Não pretende se curvar às intenções da Cúria, mas precisa ter cuidado.

Atendendo ao aviso de um noviço, dirige-se novamente à sala do Monsenhor que o deixa por duas horas esperando ser chamado para entrar. Percebendo a manobra para provocar ansiedade e medo, recompõe sua determinação, e sem pressa, participa do jogo. Finalmente a porta é aberta. Após seco cumprimento, como se fosse um hóspede indesejável, Caprillo o convida a se sentar e, rapidamente, reinicia a pressão.

– Na sua abalizada opinião – diz com desdém – todos nós somos culpados. De nada valem nossos esforços para a redenção do homem.

Lukas arma seu próprio jogo.

– Individualmente ninguém é culpado. Nem o governo, nem os meios de comunicação, nem líderes honestos ou corruptos e seus seguidores. A globalização tem mostrado que a humanidade está cada vez mais doente, só restando o avanço tecnológico. Estamos vivendo um processo, no qual todos fazem parte. Como estamos conversando principalmente sobre a religião, não posso deixar de assinalar que nessa importante atividade, ou sacerdócio como preferem, vocês recorrem a textos interpretados em seu próprio benefício, assim como fazem todas as religiões, para manobras de domínio explícito ou dissimulado. Os fiéis passaram a ser massa de manobra, da mesma maneira como agem os políticos com seus eleitores. Vocês se tornaram os políticos da fé.

– É você que tem o remédio para todas essas doenças? – provoca Caprillo.

– Não sei qual o remédio – responde Lukas – estamos todos em crise de esperança, na grande distância entre o poder e a sobrevivência dos mais fracos. A esperança na transcendência está sendo anarquizada pelos próprios dogmas religiosos. É vital encontrar um novo caminho. Tenho a impressão de que a espécie humana está prestes a dar um novo salto evolutivo, para o alto da montanha ou para o fundo do abismo. Estamos vivendo uma fantasia que assombra o mundo. Drogas, violência, delinquência, impunidade substituindo valores consagrados. Não sei qual o caminho, mas acredito haver outras perspectivas em realidades à espera de serem descobertas. Se não houver mudanças, perderemos milênios de evolução. Somos todos farsantes chafurdando na mesquinhez de desejos fúteis e sonhos insensatos.

Monsenhor Caprillo anda de um lado para outro, procurando meios para satisfazer a contento a expectativa que a reunião dos líderes depositou em suas mãos, sabendo agora do perigo que o enviado representa para o conjunto da sociedade como um todo.

– Você é um farsante! – rebate agressivamente Caprillo, – E seu conhecimento é insignificante para medir todos os homens segundo seus critérios.

Mesmo sabendo do perigo que corre, Lukas não dá tréguas e diz:

– Procuro ser honesto naquilo de quero saber – voltando-se para Caprillo e acompanhado seus passos pela sala, completa – Você só saberá alguma coisa da realidade, quando souber as respostas sobre si mesmo. Todos os livros do mundo, somados ao conhecimento de todas as pessoas, não contêm respostas que estão dentro de você. Se recusar a busca da verdade sobre si mesmo, o que poderá saber? Tudo será uma mentira. De que adianta dizer que conhece Deus, se despreza seus semelhantes? Antes de alardear ser um dos escolhidos, descubra a verdade sobre si próprio e aprenda a ser homem. Com ou sem alma, somos todos simplesmente humanos.

O arrogante Monsenhor fica estarrecido e furioso com esse pobre coitado que ousa duvidar da sabedoria que lhe foi dada pela luz divina.

No mesmo instante, o representante da Cúria Romana se torna um inimigo feroz. Precisa a todo custo emudecer o herege, mas sabe que as leis não irão permitir. Decide apagar suas ideias, destruindo sua memória. Para isso necessita de ajuda. Entregará Lukas aos cuidados do dr. Franz Andenken, diretor da Casa de Custódia e

Tratamento anexa ao Mosteiro. Tendo larga experiência com criminosos e desequilibrados mentais, ele saberá o que fazer.

A Confissão

Caminhando pelo jardim, Lukas sente-se confuso com os acontecimentos recentes. Procura juntar pedaços de conversas. "Totó talvez tenha dito tudo sem dizer nada. Encontrar com ele lá? Lá aonde?" Relembra um pouco temeroso.

Sai à procura do abade Thomas para descobrir o que está por trás da raiva de Caprillo. É informado de que o abade está na capela meditando. A capela simples ostenta unicamente a imagem de Jesus. Encontra Thomas na penumbra, em meditação. Aproxima-se silencioso e senta a seu lado.

Thomas o acolhe com simpatia e pergunta o que acha da vida discreta no Mosteiro.

Lukas responde que gosta da tranquilidade que encontrou, mas está surpreso e preocupado com a hostilidade demonstrada por Monsenhor.

– Caprillo é um homem religioso ao seu modo. Acredita piamente em sua missão, mas às vezes é intransigente – confidencia Thomas.

– Por que fui enviado ao Mosteiro? – quer saber Lukas.

– Porque, segundo me foi dito, suas atividades são facciosas e tem causado transtornos não somente às tradições religiosas, mas também a políticos influentes. Não é só a Igreja Católica que está preocupada, outras também. Pela primeira vez, líderes de diferentes cultos se reuniram para deliberar a respeito, porque temem a expansão de suas ideias.

– Eu não sou escritor ou pregador profissional. Durante a atividade como professor e diplomata, colecionei experiências e pronunciamentos de estudiosos de religião, cientistas, escritores eruditos de várias culturas. Tenho procurado transmitir o que, a meu ver, é um acervo que não deve pertencer a mim somente.

– Então divida comigo esse conhecimento, para que possamos discutir. Talvez eu tenha uma visão diferente de Caprillo. Como abade, não tenho poderes para modificar resoluções da Congregação, mas talvez possa trazer um pouco de paz para sua alma.

Lukas olha agradecido e não deseja ferir os sentimentos do velho abade quando diz:

– Desculpe a franqueza, mas não acredito que a confissão possa perdoar pecados e trazer redenção e paz.

Thomas coça a cabeça e sorri com bondade.

– Não precisa se confessar, mas mesmo assim, nada do que me disser será revelado. Se confiar em mim, o efeito será o mesmo.

– Por essa não esperava. Você também acredita que é a fé que perdoa e não o padre – comenta Lukas surpreso.

– A verdade é a melhor das orações.

Com um suspiro de alívio, Lukas se rende ao abade.

– Estou em suas mãos.

Colocando a mão no ombro de Lukas, sussurra o confessor não oficial:

– O que o preocupa? Você parece temer a Igreja, ou talvez seus próprios pensamentos. Por que tudo isso é tão importante?

Buscando um pouco de tranquilidade, pensa por um momento, escolhe as palavras e confessa:

– Estou perdido em divagações. Não quero intelectualizar o que sinto a respeito de tudo, principalmente sobre os mistérios da vida e da morte. Sinto que nada sei. Quero acreditar, mas não me convenço. Para mim a religião tem a importância de uma coletânea de normas e doutrinas importantes, mas transmitidas em forma de catequese. Sua origem é controversa, diferindo umas das outras pela forma e não pelo conteúdo. Importante é a fé, como sentimento vital. A fé do crente é mais importante que a religião, que o próprio Deus.

– Você fala de fé como se fosse uma simples emoção.

– Emoção vinda de dentro do inconsciente, sem explicação razoável. Sabemos que ela existe porque é vivida no âmago do ser humano. Sua importância atinge o organismo como um todo, através do sofrimento e da esperança, chegando a comprometer sua saúde. Há muito tempo está comprovado que as doenças orgânicas têm importante componente emocional, ou se preferir, espiritual. Procuro por seu Deus através do homem e não em textos antigos ultrapassados por inúmeras descobertas científicas e arqueológicas.

– Esse sentimento lhe faz bem? – provoca Thomas.

– É o que justifica minha existência.

Com simpatia, completa o bom abade:

– Então deve continuar seu caminho como um bom herege. Não pense que é o único a querer saber mais do que está escrito. As coisas mais importantes não estão nas palavras, mas nos enigmas. Não tema duvidar e querer transcender. Deus compreenderá, tenho certeza. Só procure não cutucar muito os demônios, que como os santos, vivem na alma de todos nós.

32 | A Sombra do Abismo

– Tudo está dentro de nós? – diz Lukas provocativo.

– Não. – responde Thomas aceitando de boa vontade a ambiguidade da pergunta – Tudo o que está em nós é a representação da vontade divina em nos submeter a escolhas. Cuidado. Não solte os demônios de quem detem o poder.

Agradecido, Lukas murmura:

– Gostaria de haver conhecido o senhor antes desse conflito. Muito obrigado.

O compreensivo ancião se despede sorrindo.

– Vou relatar a Caprillo, a sua luta contra a angústia gerada pela própria incerteza, e tentar convencer de que o caminho é dar a mão e não o chicote. Não sei se vai adiantar alguma coisa, porque para ele a Igreja vem em primeiro lugar, e não o sentimento humano. Vai em paz e não abuse do destino.

Com uma ligeira benção, abade Thomas se retira da capela.

Mais tranquilo, Lukas observa com carinho o novo amigo que se afasta.

Na manhã seguinte foi transferido para o outro prédio.

Capítulo II

A Casa de Custódia e Tratamento

Após o café da manhã, Lukas é levado por um funcionário, com uniforme semelhante ao de Vecchio Cane, a um edifício anexo fora dos muros do Mosteiro ligado por uma passagem murada de cerca de trinta metros de comprimento. A aparência externa é a de um claustro com janelas gradeadas de difícil visualização por causa dos altos muros, impossíveis de ser transpostos sem auxílio.

É uma construção mais recente do que o Mosteiro. No portão de ferro que dá acesso ao seu interior, uma pequena janela permite a visão do porteiro também uniformizado.

Por um mecanismo interno, o portão é aberto e, ao passar, Lukas já se encontra no interior do prédio. É atendido na recepção do que parece ser um hospital, onde somente é solicitado seu nome para anotação no livro de registros.

Acompanhado pelo mesmo funcionário, que deve pertencer ao sistema de segurança, passa por uma porta gradeada, sendo introduzido em um longo corredor mal iluminado que separa duas alas de dormitórios, alguns vazios e outros com portas de ferrolho e cadeado. Lukas confirma ser um ambiente hospitalar através de seus atendentes de uniforme branco.

De cada lado do corredor, observa os consultórios anexos às salas de enfermagem onde são ministrados medicamentos por via oral a vários pacientes em fila.

Sem qualquer explicação, o atendente de uma das salas lhe dá um comprimido, afirmando que é norma do hospital para todos os recém-internados.

Inutilmente, Lukas pergunta o motivo de sua internação e de quem partiu a ordem. Não recebe resposta. Sem insistir é levado para repousar em um dos dormitórios. A partir desse momento, é acompanhado por funcionários com uniforme da enfermagem e observado por seguranças perambulando pelas alas.

A porta do quarto é fechada. Quer resistir, mas o medicamento começa a surtir efeito, deixando-o estranhamente calmo e sonolento. Deita e em seguida, adormece.

O Dr. Franz Andenken

Depois de algum tempo, é acordado por outro atendente, que lhe entrega vestes hospitalares e informa que está na hora da consulta médica.

– Que horas são? – pergunta Lukas.

– Quatro horas da tarde. – responde o funcionário que parece mais velho e amistoso do que os demais.

– Onde estou?

– Na Casa de Custódia e Tratamento.

– O quê? Casa de Custódia? Tratamento? Por que estou aqui?

– Não faço a mínima ideia.

– Deve haver algum engano e eu tenho o direito de saber – questiona Lukas.

O atendente parece não ouvir e recomenda que se prepare para a consulta médica com o dr. Franz Andenken, médico psiquiatra diretor do hospital, que lhe dará todas as respostas.

No consultório, senta no local indicado, e, ainda vigiado pelo acompanhante, aguarda a chegada do médico.

Depois de pouco tempo, o médico de meia idade entra na sala. Não muito alto, ereto como um poste, cabelos embranquecendo, bigode tingido de preto, parece personagem saído das memoráveis comédias do cinema neorrealista italiano. Entra no consultório com a pompa com a qual pretende desfilar o cargo que ocupa, contorna a escrivaninha coberta de papeletas e prontuários e, só após sentar com elegância na cadeira de espaldar alto, dirige-se ao paciente:

– Bom dia. Sou o dr. Franz Andenken, diretor da clínica.

– Que tipo de clínica? Por que estou aqui? – pergunta ostensivamente Lukas.

– Porque foi encaminhado. – responde com enfado o diretor – É uma clínica especializada em sistema nervoso. Dependendo do seu estado mental, poderá retornar ao Mosteiro, ou nos dar o prazer de sua companhia por algum tempo. Lembre-se de que aqui eu faço as perguntas. – abrindo um prontuário – Como é seu nome?

– Lukas Dijinsky – responde lacônico.

O médico anota no prontuário e diz:

– É um nome estranho, assim como sua pronúncia. Onde nasceu?

– Na Europa Central, não sei exatamente onde – retruca Lukas – minha primeira infância é obscura. Só sei que ainda pequeno, com a morte da minha família, fui escondido por um casal de lavradores. Meus primeiros estudos foram feitos em uma escola paroquial mantida pelo Seminário Católico. Posteriormente, fui levado para a Suíça e adotado por uma família residente nas proximidades de Chur, onde terminei o curso colegial. Quando adulto, consegui emprego em Zurich, ingressando na Universidade de Comércio Exterior. Profissionalmente, fui professor e diplomata. Agora, diplomaticamente, eu pergunto – Por que estou aqui?

Sem demonstrar muito interesse pela história pessoal do homem à sua frente, responde o diretor:

– Atualmente você é paciente da clínica, e deverá ser examinado. A Congregação solicitou uma avaliação de sua capacidade mental, mas ainda não sei o motivo. Receberei o relatório hoje à tarde. Por enquanto, o meu pessoal o ajudará no que for necessário. Qualquer solicitação ou informação deverá ser feita unicamente através deles. Voltaremos a nos ver, cumprindo o calendário de consultas de rotina. Seja bem vindo e, por favor, preencha os formulários da administração.

Sem mais palavras, o dr. Franz se despede, deixando-o a sós com sua dúvidas na companhia de um atendente.

Depois de preencher os papéis de identificação, Lukas é levado a um salão ocupado por poucos pacientes, com os quais tenta se relacionar. Não consegue fazer amizade ou conversar com homens tolhidos de sua capacidade de comunicação devido a tratamentos impostos pela clínica. Parecem fantasmas vagando a esmo, absorvidos pelos próprios pensamentos. Senta-se em um canto isolado, decidido a aguardar os próximos acontecimentos para formar opinião sobre as atitudes que deverá tomar.

Com um sobressalto, é tirado de seus devaneios pela acalorada discussão que irrompe entre dois pacientes que em altos brados sem sentido, brigam pela posse de uma cadeira. Separados pelos atendentes e seguranças, são recolhidos a outra dependência. Soube depois que foram sedados e mantidos reclusos.

Envolvido na característica apatia que observa em faces entorpecidas por medicamentos, Lukas procura novamente ordenar seus pensamentos, arquitetando uma estratégia para escapar desse ostensivo roubo da mente. Teme que o ranço do tempo temperado por conceitos discutíveis e profissionais coniventes, tenha influência devastadora em sua situação atual.

36 | A Sombra do Abismo

Pouco depois, no refeitório, tem a impressão de que a comida é melhor do que a do convento, onde impera o ascetismo religioso que leva jovens a sacrifícios estranhos.

Em obediência às regras impostas, após a medicação, recebe a ordem de repousar em seu quarto, até a hora da consulta médica. Mesmo sem sono, deve se submeter ao repouso de duas horas. Deseja meditar, mas é vencido pelo sono induzido.

Ao acordar, retorna ao consultório onde encontra o dr. Franz à sua espera, com afável pragmatismo.

– Analisei o relatório de encaminhamento – diz o médico, simulando uma simpatia que não condiz com seus olhos – você foi internado para avaliação psiquiátrica. Segundo a documentação enviada, tem agido de maneira confusa, agressivo contra a sociedade e as tradições religiosas que mantém o homem solidário e obediente. Tem consciência dessa conduta?

– Tenho certeza de que não necessito de seus exames porque possuo plena consciência dos meus atos – diz o examinado sem se intimidar – sei também que para ser internado sob medida de segurança, que é a finalidade deste hospital, deveria ter passado por perícia médica a pedido de um juiz e, se constatada insanidade mental ou perturbação que desse ensejo a atos ilegais, ser internado por ordem judicial. Tenho consciência dos meus atos e da minha capacidade de determinação de sua execução. Não me lembro de ter cometido qualquer delito que implique essa medida. Conheço meus direitos e, por isso você me deve uma explicação razoável.

– Minha função é avaliar sua condição mental e tomar as medidas necessárias, – responde o médico com indiferença. – Devo enviar o resultado da perícia realizada ao juiz, com o meu parecer sobre seu entendimento dos fatos. Se o juiz vai aceitar ou não meu laudo, é problema dele. A ele compete o ato legal. A medida de segurança não é de minha competência e sim, do juiz. Quanto à internação, a autorização judicial já foi providenciada e se encontra em minha mesa. E agora vamos iniciar o exame e os testes psicológicos.

Terminado o exame, o médico faz a última e intrigante pergunta:

– Dos fatos que lhe estão sendo imputados, você tem alguma documentação guardada, ou algum relato?

Dada a negativa do paciente, completou:

– Vou analisar o resultado em confronto com o relatório da Cúria. Em poucos dias saberá o que será determinado.

Antes de sair, entrega ao atendente o prontuário com a medicação a ser ministrada. Impotente, Lukas é obrigado a acatar a conduta médica. Toma o comprimido e retorna ao salão onde estão outros pacientes como um rebanho a ser abatido.

Após o jantar, no salão de terapia recreativa onde os pacientes são direcionados a jogar cartas, dominó ou assistir TV, recebe inesperadamente a visita do abade Thomas.

Surpreso, assim que o abade o cumprimenta, pergunta ansioso:

– O senhor é o responsável pela minha transferência?

– Não, Lukas. Não sou – responde com visível tristeza. – Monsenhor foi firme em sua preocupação com suas ideias. Acha que você é uma ameaça para as instituições e me perguntou se existem documentos referentes às suas investidas.

Lukas se sente oprimido com a mesma pergunta. Mesmo querendo acreditar no velho abade, não tem outra alternativa senão negar a posse de material escrito:

– Não existem documentos nem textos secretos – mentiu.

– Eu me preocupo com sua inocência. De certa forma, você é como um novo candidato a seguidor da fé, querendo acreditar e mantendo uma posição que nem sabe direito qual seja. Não sou simpatizante de processos herdeiros da inquisição.

– Antes de prosseguir – pergunta Lukas – quero saber a exata relação entre o dr. Franz e o Vaticano.

– Ele é um profissional competente, mas às vezes age por motivos com os quais não compactuo, – fez uma pausa e completou – responda somente se tiver vontade e a certeza de que vou tentar compreender os seus motivos.

Uma Luz ao Longe

– O que é a religião, ou melhor, a busca de Deus para você? – pergunta Thomas após se acomodar na poltrona.

– Religião é um conjunto de doutrinas que pretendem explicar a necessidade de um Deus cuja existência justifique o destino dos homens.

Depois de pensar algum tempo, Thomas coloca em discussão um tema controverso.

– O destino dos homens depende de muitos fatores sociais, regionais e culturais. Culturas diversas acreditam em religiões diversas. Todas contém a mesma verdade?

Pego de surpresa com a atitude do abade, Lukas, juntando religiões e culturas responde:

– Toda religião é verdadeira para quem acredita com fé. Na Índia, os Livros do Conhecimento podem corresponder aos Testamentos Ocidentais e ao Alcorão muçulmano. Em seu conteúdo aparente expressa a crença, a cultura e os costumes de seus devotos. Segundo a tradição Veda, texto escrito em sânscrito há cinco mil anos, não somos um corpo material, e sim consciência pura, energia de origem desconhecida que é o caminho para transcender a morte. Assim como o calor é manifestação do fogo, a consciência é manifestação da vida, através do espírito individual produzido pela comunhão entre a vida e a matéria. A alma pode ser um dos nomes dados à energia ancestral que permite a existência de todos os seres vivos. Espírito é a tradução mental da comunhão entre a alma e a matéria que compõe nosso organismo. A alma pode ser imortal, mas o espírito perece quando a matéria libera a energia que talvez volte à sua origem. Assim como não conseguimos ver o ar e sim seus efeitos, não conseguimos alcançar a essência da vida, e somente ter a consciência de que estamos vivos. Não podemos negar a existência de todas as possibilidades que não possam ser mensuradas, assim sendo, a extensão em outra vida pode ser sua essência e seu sentido, ou mesmo a expressão de um Ser Supremo conhecido por diversos nomes. Como uma gota do mar pode ter todas as propriedades dos oceanos, nós podemos ter todas as propriedades dessa energia cósmica que pode ser ou não, manifestação divina. Segundo a teoria do "Big Bang", a explosão de matéria condensada deu origem ao Universo, que é um agregado de matéria e energia em continua expansão, em direção a algum espaço do qual não temos ideia, mas que pode existir.

Thomas, tentando assimilar o que Lukas quer dizer, comenta:

– Esse espaço, que para mim existe, é conhecido como o Reino de Deus.

– Nada parece verdadeiramente honesto quando se busca um outro mundo chamado Reino de Deus – murmura Lukas pensativo.

– Essa é uma discutível opinião pessoal – rebate Thomas. Se for esse o conceito em que realmente acredita, compreendo que faça parte de sua história determinando motivos. Talvez você tenha construído fantasias para preencher vazios deixados pela falta de fé.

– Gostaria de ter a fé irrestrita que demonstra. A minha fé se resume em que tudo é possível... Na realidade que conheço, na realidade que não conheço e na fantasia que une as duas.

– Posso até aceitar que duvide do trabalho religioso, cuja meta é tornar o homem livre para alcançar a felicidade eterna, mas não que duvide da existência de Deus. Está fora do meu entendimento.

– Creio na possibilidade de sua existência, mas em uma dimensão que desconheço. A vida pode ser obra divina e a minha existência, parte dela. Tenho consciência de que estou vivo e, portanto existo, mas honestamente, não sei se Deus existe na forma como é alardeada pela religião. O livre arbítrio nos permite abraçar todas as possibilidades, enquanto capacidade de escolha entre a identificação da palpável realidade corpórea e a realidade incorpórea. A experiência mística pode ser mais envolvente do que o prazer proporcionado pelo corpo, mas é preciso ter fé. O objetivo das doutrinas é elevar o sentido da vida através de códigos morais e caminhos para o sentimento de religiosidade, em busca do aperfeiçoamento do espírito para a identificação com o divino. As fórmulas variam de um texto para outro. Todas as grandes doutrinas visam ao bem do homem, mas dependem da verdadeira fé e intenção de seus pregadores na condução das esperanças humanas. Não basta o conhecimento dos textos. Somente a comunhão entre os textos sagrados e a consciência, leva o verdadeiro crente à redenção que seu espírito almeja. O eterno não existe por causa dos profetas, mas pela crença de que exista algo maior do que a aparência da realidade. As profecias podem ter significados diferentes, dependendo da mente de quem as propaga e o uso que pretendem lhes dar. O homem que, com sua fé, conseguir transcender a energia corporificada, poderá viver melhor as fases de nascimento, velhice e morte, desfrutando verdadeiramente a vida que lhe foi doada e sublimando a morte. Somente quem ultrapassa seus próprios limites pode almejar o paraíso ou temer o inferno, apesar de a instância do eterno ser atributo humano, decorrente de um suposto julgamento do bem e do mal. As limitações do homem sem fé salvam da ilusão de eternidade, mas o condenam à expectativa monótona de uma realidade insípida, onde as possibilidades possam conter até um paraíso prometido, mas não o livram dos atos mesquinhos que permeiam sua conduta.

Depois de meditar por longos minutos, Thomas perto de Lukas sussurra:

– Agora sei por que estão temerosos, querendo calar suas palavras. Suas ideias são novas e perigosas, mas não desprovidas de sentido. Não é da mentira que têm medo, mas da possibilidade de verdades – depois de pensar mais um pouco, afasta-se e diz:

– Se a sua preocupação é o homem, por que dá mais importância à religião do que à saúde e o bem estar?

Sentindo-se mais calmo, Lukas aponta o salão e comenta:

– Olhe ao seu redor e observe esses homens que já tiveram sua história e tentaram escrever seu destino, mas foram silenciados. O corpo e a mente saudáveis não dependem somente do alcance da medicina, mas também de como vivemos e defendemos nossas crenças. Somos divididos entre o pensamento em relação à realidade exterior, e o sentimento como realidade interior. Precisamos da saúde para manter a existência, mas também da transcendência de sentimentos para alimentar o espírito que nos liga à vida, ou alma. A vida em si, como energia é abstrata, e nos remete à essência daquilo que realmente somos. A religião é a guia desse caminho. A ciência é tão importante quanto a fé. Juntamente com a consciência e o conhecimento de si mesmo, formam a base da saúde do corpo e da mente.

– A morte não lhe causa medo? – pergunta Thomas, levantando e caminhando entre os pacientes, tentando observa-los sob um novo ângulo.

Lukas aguarda seu retorno à poltrona e diz:

– É inútil temer a morte, por ser inevitável. Preocupante é a maneira de morrer. É lamentável que o corpo morra e apodreça, mas a vida continua. Pretendo não só cuidar, mas usufruir do meu corpo no tempo que for permitido. A eternidade que realmente conheço é o intervalo entre o nascimento e a morte, tempo em que posso julgar meus atos, mas não o significado da vida. O homem difere dos animais porque consegue criar mitos.

Olhando com bondade para Lukas, o abade Thomas revela:

– Meu filho, você me parece honesto em seus propósitos, que merecem compreensão e resposta. Entretanto, o conhecimento pode levar a dúvidas, provocadas por caminhos esparsos e sem direção definida. Não é somente você que procura. Eu também tenho dúvidas para as quais ainda não consegui respostas definitivas... Talvez somente depois da morte. Para mim, a verdade está nas palavras de Cristo – depois de uma longa pausa, envolto em seus próprios pensamentos, diz para Lukas que o olha com carinho – segundo pude entender você pensa como religioso, enquanto ser que sente algo maior influindo na vida de todos nós. A expressão desse sentimento é a palavra, dita em diferentes línguas. Como você deve saber, a palavra não pertence a quem fala, mas a quem ouve. Quem se apossa de ideias que não abraça, pode se tornar hostil.

Lukas sente-se comovido por encontrar alguém que antes de julgar, tenta compreender. Resolve abrir suas defesas e se expor ao abade à sua frente:

– Não combato a religião, pois todas são verdadeiras para quem acredita com fé. Tenho tentado apontar interpretações diferentes e mais próximas do conhecimento atual. Lastimo o que falsos profetas estão fazendo com humildes seguidores.

Surpreso com a tranquila exposição de Lukas, Thomas confidencia:

– Muitas vezes me assaltam dúvidas e chego a pensar em outras possibilidades, sem me afastar do caminho que tracei em direção à crença que me mantém. Suas palavras agora me pertencem e pretendo guardá-las com carinho. Poderão estar em meus pensamentos, mas não em minhas próprias palavras. Espero sinceramente que você não as tenha escrito para ser divulgadas a todos que conduzem pessoas, assim como aos que desejam ser conduzidos. São palavras que irão ferir poderes muito grandes e, um dia se transformar em seu martírio. Você deseja acreditar além da lógica. Espere seu próprio tempo, mas tome cuidado. Vejo nuvens de tempestade em seu destino. Não desanime, mesmo aqui, você poderá encontrar pessoas que o surpreenderão.

– Quais pessoas? – pergunta Lukas com interesse.

– Pessoas totalmente diferentes do que aparentam – diz Thomas sem mencionar nomes – irá perceber depois de conhecer melhor, o que vai ser inevitável. Que Deus o acompanhe, quer você queira ou não.

O velho abade se levanta, abençoa Lukas e se retira.

Logo depois, todos os pacientes são medicados e obrigados a se recolher.

Na manhã seguinte, Lukas decide esclarecer a situação, que para ele não justifica o seu confinamento. Após o café, procura entre os internos, alguém que se enquadre no que disse o abade. O sol brilha forte quando se dirige ao pátio de recreação terapêutica, onde perambulam alguns pacientes. Todos vestidos com trajes semelhantes ao seu, em uma demonstração inequívoca de que, na Instituição, ninguém mais tem identidade própria. Em um espaço de aproximadamente 300 metros quadrados, estão espalhadas algumas mesas semelhantes às encontradas em pequenas oficinas, com algumas ferramentas sob os cuidados de instrutores que supervisionam a atividade dos pacientes. Sua atenção é mais voltada à ordem e controle do que a qualquer cuidado terapêutico.

A apatia devida aos fortes medicamentos é a marca dominante.

Lukas não vê como conversar com pessoas que permanecem alheias ao ambiente, quer pela doença quer pelo tratamento. Senta em um banco de onde tem visão de todo o pátio. À primeira vista, não consegue identificar ninguém com quem possa dialogar e compartilhar a situação em que se encontra.

– Bom dia – ouve uma voz conhecida, atrás de si. É Totó, que vem sorrateiro e cauteloso como um fugitivo, contorna Lukas e para em sua frente, observando-o como de costume, com o olho enviesado.

– Como se sente nesta manhã radiosa, aqui no castelo do homem que vendeu sua alma – diz com sorriso matreiro.

– Bom dia – responde Lukas pego de surpresa.

Recompõe-se rapidamente e diz:

– Estou curioso para saber se você é paciente, funcionário do hospital ou do mosteiro.

– É importante saber? – responde Totó desconfiado.

– Não. Na verdade, não. Só quero saber com quem estou lidando.

– Comigo. Não é o bastante? – arremeda Totó parecendo se divertir.

– Pode ser, mas para haver confiança, convém que se conheça a pessoa.

– Faz sentido – concorda o outro, sentando a seu lado – fui encaminhado ao Monastério e depois, à Casa de Custódia, há mais de 20 anos. Na verdade, nem sei mais direito qual o motivo, principalmente depois do tratamento com o dr. Franz. De qualquer maneira, devo ter mais de 50 anos. Quando jovem me meti em movimentos estudantis contrários ao regime, e criei muitas encrencas. Fui detido diversas vezes por perturbação da ordem. Tive algumas ligações com o mundo do crime, mas sem participar de nenhuma ação realmente criminosa. Na cadeia apanhei bastante para denunciar companheiros e alguns suspeitos de pertencerem à Camorra. Já estive metido com drogas, prostituição, mas o que pesou foi conhecer listas de pagamentos a autoridades. Apanhei o suficiente para ter a perna quebrada que, sem o tratamento adequado me deixou meio aleijado, como dá para perceber. O olho é defeito de infância. Mesmo assim, não denunciei ninguém. Quando fui libertado pela última vez, revoltado com tudo e com todos, entrei em um bando de assaltantes e infernizei a vida de todo mundo, políticos, autoridades e a parte sombria das igrejas.

– O que quer dizer com parte sombria das igrejas? – interrompe Lukas.

– As finanças de alguns aventureiros que exploram a ingenuidade de pessoas humildes e crédulas. Foi aí que me ferrei. Como não havia provas contra mim, mas conhecendo os podres de gente poderosa, foi preciso encontrar uma solução de coxia para me calar, sem aparecer na imprensa. Assim fui encaminhado ao Mosteiro como delinquente perigoso, depois de ser arranjado um diagnóstico de perturbação mental. A ideia geral foi simular doença, tratamento, recuperação e reeducação para a sociedade. O principal objetivo era borrar minha memória para deixar de ser uma ameaça. Fui internado por determinação judicial para receber tratamento com o médico, confessar com o padre, me arrepender, receber o perdão e alcançar o paraíso. Muita coisa aconteceu aqui dentro. Para não piorar a situação e não tendo família para me defender, tive de me adaptar e me transformar no que sou para não me torrarem os miolos. Bem, já falei muito e agora é a sua vez de se abrir comigo. Se houver confiança entre nós, depois conto o resto.

Após olhar em volta, Totó levanta desconfiado, anda de um lado para outro examinando o ambiente e os outros pacientes. Diz que é melhor se dirigirem ao jardim, pois têm permissão de se locomover por onde quiser. Observa com cautela os atendentes e os seguranças, e sai com Lukas, sorrindo e arrastando a perna, como de costume.

Intrigado, Lukas quer saber o motivo de tanta preocupação e diz:

– Está preocupado com os guardas? Que alguém esteja espionando e possa escutar a conversa? Viu alguém suspeito?

– Até agora, não, – responde ainda checando os arredores a caminho do jardim – aqui, até as árvores tem ouvidos, e é preciso cautela para não cair nas mãos do deus do trovão.

– Afinal quem é, e por que deus do trovão? – quer saber Lukas.

– Porque é o homem que decide nosso destino e, com seus aparelhos, tem o poder de produzir raios que atingem o cérebro – revela Totó olhando seriamente para o novo companheiro. – É bom tomar cuidado. Talvez depois até conte o caso da banheira, e você vai entender tudo o que aconteceu comigo.

– Você fala sério ou está inventando histórias para enganar o tempo? – diz Lukas sorrindo.

– Mais sério do que pensa – exclama Totó carrancudo, encarando seu ingênuo amigo – só espero que não descubra a verdade desafiando o dr. Franz.

– Então dr. Franz é o deus do trovão? – comenta Lukas como se tudo não passasse de brincadeira.

– Ele tem o poder de entrar na sua mente e brincar de Deus.

– Como?

– Com seu brinquedo elétrico que lança raios invisíveis. Eu sei. – Responde o outro. Avista Guido que, vindo do interior do edifício, atravessa os arcos e caminha em sua direção. Sempre alegre, Guido tem um modo engraçado de falar, dando estalos com a boca durante as pausas, como um tique nervoso. Seu uniforme é velho e surrado, mas parece não se importar com a aparência estranha.

– Como está esse velho que fala como se tivesse engolido um apito? – diz brincando. Vira-se para Lukas e comenta sorrindo – Você já reparou no jeito que ele olha, como um camaleão virando os olhos? E a risada, como se tivesse um apito na boca... hi, hi, hi, hi – imitando o amigo.

– Estou como sempre – diz Totó sem se importar com a brincadeira e abraçando Guido – e como está esse ridículo Papai Noel carregando o saco dos outros, principalmente do poderoso chefão?

Guido abraça Totó e olha para Lukas:

– Tento sobreviver até conseguir a aposentadoria, que ainda demora um pouco.

44 | A Sombra do Abismo

– Quantos anos para receber o alvará de soltura, arremedo de carcereiro?

– Acho que uns 10 anos.

– Então, não deixa o saco cair – brinca Totó e senta novamente ao lado de Lukas.

– E o camarada aí, qual a sua história? – Pergunta o recém-chegado, dirigindo-se ao novo paciente.

– É mais ou menos parecida com a de vocês. – responde Lukas.

Guido olha sério, dá um estalo com a língua e diz cabisbaixo:

– Vejo que vocês fizeram amizade. Espero que possam ser parecidas, mas sem alguns dos episódios que aconteceram com Totó.

Totó baixa os olhos e nada responde.

Lukas faz uma pergunta direta a Guido:

– E a sua história, posso saber?

Guido fita Lukas longamente e depois pergunta se o novo hóspede é confiável. Sem muita convicção, Totó comenta:

– Conheço um pouco de sua história e, até aonde sei, está limpo.

Guido sugere que conversem caminhando pelo jardim, para evitar olhos curiosos – comecei a trabalhar aqui, quando a Casa de Custódia era somente hospital psiquiátrico para pacientes crônicos e sem família, com tratamento custeado pelo governo e doações particulares. Naquela época, a participação religiosa se limitava à confissão e evangelização dos pacientes. Com pouco arsenal de medicamentos psiquiátricos, a base do tratamento era choque elétrico e insulina, acompanhados de substâncias tranquilizantes. Quando começou uma reforma no tratamento hospitalar, muitos pacientes tiveram alta, mas logo retornaram por não ter onde ficar. O Instituto passou a ser Casa de Custódia e Tratamento para doidos criminosos, ao mesmo tempo em que abrigava pacientes crônicos. Muitas internações ocorriam por ordem da justiça, como medida de segurança, para quem era louco e para quem não era.

– Pessoas saudáveis foram internadas como doentes mentais? – pergunta Lukas.

– Muitas.

– Por que, se não eram doentes?

– Porque se tornaram indesejáveis para algumas autoridades civis, militares e religiosas. Foram separadas da sociedade, para ficar aos cuidados do doutor, que sempre foi um sicário do poder.

– O deus do trovão – comenta Totó com seu rizinho sarcástico.

– Logo depois – continua Guido – Monsenhor Caprillo foi indicado para ser o braço direito da Congregação no tratamento, tornando-se um poder paralelo. Através dele, a Casa de Custódia ficou anexa ao Mosteiro. Aqui conheci Totó, que foi internado por ser criminoso e pecador, de muitas aventuras e segredos. – completa rindo.

– Quais segredos? – quer saber Lukas.

– Ainda é cedo para contar. – intervém Totó.

– E é ele quem deve contar, se confiar em você. – diz Guido.

– Mas você sabe? – provoca Lukas.

– O que sei não é da sua conta, pelo menos por enquanto. – retruca Guido encerrando a conversa, indo para junto dos outros pacientes, resmungando e estalando a língua.

– Totó, por que ele ficou assim nervoso de repente?

– Porque a situação dele aqui é delicada, e porque ainda não é hora de você saber – responde Totó que percebe a aproximação de um segurança. No mesmo instante, retoma a postura de alheamento que Lukas bem conhece, e se dirige mancando para um grupo de funcionários que conversam indiferentes aos pacientes. Passa por eles mancando e sorrindo sozinho.

O atendente avisa Lukas que Monsenhor o espera em seu escritório. Lukas o acompanha, seguido por um segurança atento para qualquer movimento de recusa. Entra na sala conhecida, sem a mesma confiança de antes.

Monsenhor, postado atrás da escrivaninha, não se levanta e se limita a indicar a poltrona a ser ocupada pelo paciente. Este se acomoda e aguarda por nova investida do religioso. Caprillo se levanta lentamente, pega alguns documentos de cima da escrivaninha, e de modo teatral, estende os papéis a Lukas, perguntando autoritário se o mesmo é o autor do que está escrito.

Após ligeiro exame, Lukas confirma e devolve a Caprillo, que esboça ligeiro sorriso.

– Tem algo a me dizer a respeito? – Questiona.

– O que poderei dizer? – São cópias de algumas reuniões que tive enquanto convidado de cientistas, religiosos e livre pensadores.

– E de onde tirou essa matéria?

– De livros, palestras, filmes e principalmente, da minha própria cabeça.

– E como surgiram essas novas ideias sobre assuntos caros às tradições?

– Novas ideias? Não existem ideias completamente novas, é somente uma forma diferente de colocar o que já foi escrito. É evidente que muita coisa que digo traduz o pensamento de outros homens. O conhecimento é o contexto de fenômenos mentais que absorve experiências vividas, materiais e abstratas, de tudo o que acontece à nossa volta, principalmente as palavras e os atos. É tudo parte da evolução. Uma ideia nasce e vai sofrendo transformações, evoluindo para a formação de gerações, com vistas ao futuro. É difícil criar uma ideia que já não pertenceu às palavras de alguém.

– Você manipula as palavras em seu próprio interesse, como um bom professor e diplomata. – acusa Monsenhor.

– É possível. – concorda Lukas pensativo – Intencionalmente ou não, acabo sempre agregando algo do que sou.

– E o que você é?

– Não sei ao certo. – responde Lukas com sinceridade.

– Se não sabe, diga pelo menos, que tipo de homem escreveu e divulgou o que está nos documentos em meu poder – provoca Caprillo com desdém.

Lukas pensa, respira profundamente, tenta coordenar sem medo o que vai responder, esperando que Monsenhor, apesar de antagonista, seja um estudioso dos mistérios da vida. Deseja acima de tudo, neste momento, dirimir suas dúvidas – Para ser sincero, não sei exatamente quem sou, qual o princípio que justifica o fato de eu estar aqui, existindo. Anjos e demônios que eu mesmo crio se debatem em minha mente.

– O debate e a negação de tradições estáveis, podem ser perigosos – sentencia Caprillo – por isso, preciso saber mais sobre você.

– Que tipo de perigo um homem como eu pode representar? São dúvidas na mente de todos os pensadores que desejam acreditar em algo mais do que simples repetições calcadas na tradição. – confessa Lukas.

– Representam perigo para doutrinas estabelecidas através dos séculos. Para os homens de fé, essas doutrinas traduzem a palavra de Deus, criador de todos os Universos possíveis. Através de profetas e santos escolhidos pelo Criador, foram divulgadas para toda a humanidade, e mantém as sociedades civilizadas estáveis – chegando mais perto de Lukas, dedo em riste, insiste Monsenhor – para sua segurança, o que pretende? Quem é você?

– Quem sou eu? – inconformado, Lukas se levanta e aceita o desafio – Sou o que está escrito aí nesses papéis, extraído de uma conferência antiga. Um agregado de matéria, dotada de energia cuja origem desconheço. Não me importa se essa energia é a alma, Deus, ou qualquer outra designação. O que realmente importa é que estou aqui, discutindo com você. Acredito ter início e fim, com uma história entre os dois momentos, da qual agora Monsenhor Caprillo faz parte.

Com desdém, mas algo perturbado, responde Caprillo:

–Não sei se você é um psicopata com motivos secretos, ou um pobre coitado que não consegue acreditar na verdade das doutrinas voltadas para o bem e a paz entre os homens.

– Paz? – exclama Lukas com raiva – A história da humanidade foi escrita com sangue. Atos de guerra, escudados em leis dos homens ou de Deus, sempre se esconderam por trás de falsos propósitos de liberdade e esperança de vida melhor, aqui ou no além. Muitos homens, mulheres e crianças foram assassinados, sob o comando de canalhas travestidos de santos ou heróis.

Caprillo parte agressivamente para cima de Lukas, que não se afasta. Mantendo pouca distância, gesticula raivoso:

– Você, metido a novo mensageiro, teima em não valorizar o martírio de cristãos que morreram nas mãos dos tiranos. Morreram por divulgar o amor de Cristo pela humanidade.

–Reconheço que muitos pregadores acreditam nas palavras de Jesus e tentam fazer o bem, usando com sabedoria a fé de seus crentes. Sua atuação é mais eficaz que leis repressoras e discricionárias aprovadas por políticos de ocasião. Não aceito que a fé seja negociada como moeda de troca – retruca Lukas sem se abalar. Acredito que Jesus e seus seguidores aceitaram o martírio e a morte, defendendo uma verdadeira revolução para o bem da humanidade. Acredito também que toda revolução acaba trazendo uma nova luta em nome de outra perspectiva que se baseia em rótulos, e não na evolução ética do homem.

– Isso é conversa para auditório – ironiza Caprillo – não acredita que é possível construir um mundo melhor?

– Só poderemos melhorar o mundo quando conseguirmos ultrapassar a condição de sofisticados homens das cavernas. Todo sangue derramado não conseguiu fazer o homem melhorar. Temos nos portado como um bando de predadores, fazendo da impostura e da mentira, um ideal de vida, sempre à espera de alguma vantagem. Vivo na ilusão de ter liberdade para fazer a escolha que quiser, mas as possibilidades são limitadas pelo bom senso em optar por escolhas compatíveis com sua realização. Se viver é arte, devo aprender que a verdadeira obra prima, é a sublimação da angústia de seu criador.

– A vida está escrita nas palavras sagradas. É só aceitá-las. Estou avisando, quem não aceita, está condenado – ameaça Caprillo.

– Os mitos, os livros, as profecias, as próprias palavras, não contém a vida – tenta explicar Lukas, seguro de si – somente o relato de seu possível significado. A vida com seu fantástico poder se apresenta desperta em nosso ser, enquanto sua irmã gêmea, a morte, se aconchega adormecida, aguardando o despertar. Entre uma e outra, fazemos nossas escolhas através do conhecimento ou da fé, e assim, escrevemos o destino nas páginas da consciência.

– O homem de fé conhece o traçado de seu destino, escrito por Deus.

– O homem conhece as aparências que lhe dizem respeito – contradiz firmemente Lukas – alheio ao inquestionável fato de estar vivo, se satisfaz em saber, na sinfonia da vida, somente a insignificância de algumas notas desafinadas.

– Isso é blasfêmia! – vocifera Caprilho – Somos a extensão divina, com livre arbítrio, mas nas mãos de Deus.

Desalentado, comenta Lukas:

– Quanta transformação haveria se cada um de nós tivesse a coragem de assumir sua verdadeira personalidade. Quantas vezes demonstramos exagerado carinho na despedida, não por amor, mas na esperança que sintam nossa ausência.

– Talvez você seja só um coitado desiludido, com a vida marcada por aspirações frustradas. Nem sei mais se sinto raiva ou pena, mas alguma coisa deve ser feita.

Monsenhor olha indiferente para Lukas e volta para a escrivaninha. Com desprezo, joga os documentos a um canto. Senta cansado, dando a entrevista por encerrada.

Lukas não se abala. Levanta da poltrona e dirige-se à porta. Ao sair diz:

– Sentir pena de alguém ou de si mesmo é um sentimento muito próximo do desprezo – abre a porta e sai sem se despedir.

A sós no escritório, Monsenhor pensa no que fazer com Lukas Dijinsky. "Não posso tomar medidas extremas porque ele já é uma pessoa bastante conhecida, e foi encaminhado por decisão de muita gente importante. Preciso resolver de modo sutil, mas definitivo. Antes devo saber se existem mesmo documentos que possam causar mais problemas, se divulgados. Talvez o abade Thomas saiba de alguma coisa que me ajude a decidir. Não posso cair em desgraça perante a Congregação".

A tarde já está esmaecida quando Caprillo manda chamar o abade.

Pouco tempo depois, chega Thomas. Após oferecer uma taça de vinho, Monsenhor senta defronte ao abade e pergunta o que este sabe sobre o enviado para exames. Frente à indecisão de Thomas, Monsenhor se torna mais contundente.

– Tenho que tomar algumas decisões importantes e espero contar com sua ajuda e conselhos. – diz Caprillo incisivo, mas cordial. Observa a reação do companheiro e completa:

– Esse elemento enviado por Roma me confunde. Não sei exatamente o perigo que possa representar nem como resolver. Já pensei no dr. Franz, mas não quero tomar uma decisão precipitada. Vocês já conversaram bastante e gostaria de ter sua opinião sobre ele.

Thomas não sabe exatamente o que dizer. Não sabe as intenções do Monsenhor e da Congregação. Não acredita que Lukas seja tão perigoso, mas conhece o clérigo à sua frente, tempo suficiente para temer pelo professor.

– Não concordo com algumas de suas ideias, mas gosto desse homem e respeito sua sinceridade. Não acho que seja um oportunista em busca de notoriedade.

Monsenhor sente-se desprestigiado por um mero abade, mesmo sendo seu superior. Ele deveria apoiar seus propósitos, e não sair em defesa de um proscrito:

– Essa é sua opinião definitiva? – diz Caprillo agastado. Vai para a grande janela e fica observando o jardim, fingindo indiferença pelo colega.

Thomas ri e lembra a Caprillo que não existem opiniões definitivas e diz:

– Nada é definitivo porque nosso saber é sempre limitado e parcial. Compreendo a preocupação de Roma e vou procurar ajudar de maneira consciente e sensata. Essas ideias caminham ombro a ombro com novos conceitos. O perigo maior talvez seja o fato de não serem aceitas novas interpretações que possam atualizar e tornar mais claras posições muito rígidas do nosso conhecimento religioso.

Caprillo se volta bruscamente e diz:

– Você ousa dizer que a Santa Madre Igreja está errada?

– É claro que não. Só acho que devemos conhecer melhor essa pessoa, de passado respeitável, que pode ter opiniões precipitadas. Ele não é o inimigo, bem como podemos rever alguns conceitos marcados pela tradição e não pelo bom senso.

Caprillo anda pela sala e censura severamente o velho abade.

– Você está sendo influenciado por essas ideias modernistas demais. No momento, a Igreja precisa dos seus serviços para descobrir o que queremos. Não estou falando somente em nome da igreja católica, mas de muitas pessoas diretamente atingidas em sua fé e em sua conduta frente à sociedade. Lembre-se dos seus votos de obediência. – depois de uma pausa, analisando o abade, continua:

– Fomos informados de que ele possui alguns documentos secretos muito importantes. A Congregação quer saber que documentos são esses, e se realmente são tão importantes a ponto de preocupar o Cardeal D'Ambrosio.

Contrafeito, Thomas lastima a intransigência de Caprillo e decide ser brando com o investigado, sem se indispor com a Igreja e seus votos. Intrigado com a desconfiança de seu companheiro decide procurar Lukas e saber a verdade.

Encontra o paciente, que perambula pelo pátio e sorrateiramente observa a altura dos muros que circundam o hospital.

50 | A Sombra do Abismo

– Aqui está você pensativo, silencioso, e com certeza, saudoso da vida lá fora. – diz com brandura.

– Estou observando o confinamento dos pacientes... Muita segurança pra pouca terapia. Por que essa gente está internada sem o devido tratamento?

Thomas toma Lukas pelo braço e tenta explicar como funciona a Instituição:

– Alguns foram internados por uso de álcool e drogas, poucos por doença mental e a maioria por distúrbios de conduta, pondo em risco a ordem social. Muitos internos perderam o contato com a família e não tem mais para aonde ir. Recentemente houve uma reforma no tratamento hospitalar, mas sem a devida estrutura fora dos muros do hospital para dar continuidade ao tratamento, não temos como livrar os pacientes da cronicidade institucional.

– E eles não querem sair? Não procuram fugir?

– Alguns tentam, mas sabem que não adianta, porque, não tendo para aonde ir, retornam com os mesmos problemas.

– Nesse caso, por que muros tão altos e tanta segurança?

– Porque muitos estão aqui por ordem judicial, internados por medida de segurança. Nos documentos são doentes, mas na vida real, não. Ficam assim alheios por causa dos medicamentos. Legalmente se tornam inimputáveis, isto é, não podem ser condenados, mas sendo considerados perigosos para a comunidade, são internados e isolados do convívio social.

– E eu? Como sou catalogado?

– Não sei, – responde Thomas. Para Lukas o abade não quer se comprometer – Depende do exame do dr. Franz. Como se sente aqui dentro?

– Como se tivesse cometido um crime que desconheço – voltando-se para o religioso – ou como se estivesse para confessar, mas sem saber o que dizer.

O velho abade, triste e pensativo, responde sem convicção:

– É por isso que está sendo examinado, para avaliar se é consciente dos seus atos. Lukas se exalta.

– Por certo sei o que falo e o que faço. Não cometi delito nenhum, fui internado sem exame ou julgamento. Estou sendo incriminado por interesses absurdos, de delinquentes embriagados pelo poder – gira os braços, gesticulando e apontando para a fortaleza em que se encontram – tem mais alguém como eu, trancado aqui sem saber por que motivo?

– É possível. É bem provável que sim, mas a essa altura nem sabem mais direito quem são. Não conheço todos os casos – argumenta Thomas sem querer se aprofundar no assunto. Parece não querer se revelar para Lukas, afirmando:

– Você sabe que não represento a justiça leiga. Sou um representante da palavra de Deus, e nem sempre concordo com as palavras e atos de meus superiores, mas acredito que precisamos tanto das leis de Deus, quanto das leis dos homens, para que a humanidade não volte à idade da pedra.

Decidido a esclarecer a farsa do Mosteiro, Lukas investe com determinação:

– Se essa casa de Custódia é usada como prisão para transgressores cujo crime é denunciar alguns propósitos anacrônicos, incoerentes e espúrios de falsos benfeitores, seus gestores estão se comportando como mercenários do poder seja ele qual for. É esse tipo de hipocrisia que combato, e por isso, estou sendo excluído como um câncer que só interessa a tipos como vocês, extirpar.

– A religião e a justiça ainda são o esteio da esperança humana, para evoluir em direção ao reino dos céus, no bem e na liberdade – se defende Thomas – não acredita nessas premissas? – diz o abade em tom de admoestação – se você se sente acima desses valores seculares, no que acredita?

– Se nem sei o que sou, não posso estar situado nem acima nem abaixo. – desabafa Lukas – O que sei, é que o direito e a religião não existem para tornar os homens livres e melhores, mas para agrupá-los em sociedades. A vida aceita o direito natural sem nenhum arbítrio, somente para suprir necessidades vitais, agrupando o direito natural, o direito constituído pelo Estado, e a religião, como regras que devem ser seguidas pelo ser social. Sei que o meu tempo é finito, mas enquanto durar para mim, pode brilhar como único no mundo.

Após refletir por algum tempo, expõe mais confiante seus pensamentos – assim como acredito na existência de uma realidade perceptível, acredito em mistérios ainda desconhecidos. Não existe linha divisória definida entre a realidade que conhecemos e a realidade a ser descoberta, entre o que pensamos e o que sentimos. Até o estágio em que nos encontramos, a inatingível verdade absoluta é a somatória das verdades relativas com as quais convivemos. Somente podemos imaginar a perfeição, enquanto sonhamos alcançá-la com atos imperfeitos, porque nesse contexto, não existem caminhos lógicos.

– O Universo é uma obra perfeita – assegura Thomas.

– Não importa o quanto conhecemos do Universo – retruca Lukas – importa o quanto sentimos pela oportunidade de estar vivendo nele. A mente só consegue chegar a um determinado ponto além do qual nada sabemos. Não é a morte que amedronta, mas o reconhecimento de não ter aproveitado a vida em sua plenitude, antes do salto para o desconhecido.

O bom abade discorda, afirmando:

– Para o verdadeiro crente, bastam as palavras dos profetas e evangelistas.

– O verdadeiro crente está além dos dogmas propostos pelas religiões – rebate o professor – porque tem fé em algo que transcende a necessidade de regras, e faz parte de sua consciência intuitiva. Não necessita de um pressuposto Deus pessoal, porque crê nos valores da vida que faz parte de todos e não pertence a ninguém.

– A religião é uma necessidade espiritual! – Protesta Thomas.

– Acredito que sim – concorda Lukas – mas a harmonia universal é uma necessidade científica. Para o pensamento científico ou filosófico, um sistema harmônico demanda uma programação que o antecede, e um ser que o tenha projetado. Se a sistematização do caos inicial continua em expansão a caminho do infinito, seu resultado poderá ser, mesmo que aleatório, mais importante para o espírito humano do que para o saber científico.

Após breve pausa para coordenar o que está expondo, prossegue dizendo o professor:

– Os grandes homens sempre se comportaram como guiados por um anseio universal, alheio a posições dogmáticas. A luz das novas perspectivas é ofuscante, e com uma atração estranha que chega a amedrontar. É entre os santos e os crentes abertos a todas as possibilidades, que encontramos o verdadeiro sentimento religioso. Estamos muito sequiosos de explicações razoáveis, como se fossem a única resposta para os nossos sonhos. Por trás de todos os fenômenos, existe o mistério da energia que os impulsiona, da qual podemos aprender o mecanismo, mas não a natureza de sua origem. Desconhecemos o significado da própria existência, e somente discutimos digressões acadêmicas que sublimam a vaidade. O verdadeiro crente sabe que em muitas discussões estéreis, somente importa a impressão que se deseja causar, e seus possíveis benefícios. Percebe que a própria vida fornece a possibilidade de todos os pensamentos e conquistas. O velho religioso defende seus pontos de vista – todo homem precisa de aprendizagem oferecida pelos mais sábios.

– O que verdadeiramente importa – assegura Lukas – não necessita de explicações formais para que o homem deixe de ser um ente incompleto. O que nós sabemos ajuda a viver melhor, mas o que sentimos pode independer de nossa vontade consciente. Pensar é compreender, sentir é estar em comunhão.

Após longos minutos, Thomas discorda de algumas colocações de Lukas e diz:

– Aceito muita coisa do que você expôs, mas não compreendo misturar Ciência e Religião no que diz respeito à fé. Nesse campo são incompatíveis.

Tentando contornar a situação, Lukas procura explicar seu entendimento, de modo mais completo.

– Assim como a ciência, a religião vive no pensamento e no sentimento, ambas fazendo parte da natureza humana, como crença ou como negação. Ajudam a compor o bem estar físico e mental de todas as pessoas. Se a fé não fosse importante, os templos estariam vazios. Em essência, todas as doutrinas pregam que o respeito pela vida é a religião mais sensata. Se atentarmos para a história recente da humanidade, verificaremos que não foi a tecnologia que permitiu o desenvolvimento dos povos. Foram a evangelização, a disseminação do islamismo e a expansão do Budismo, que propiciaram a congregação das diversas culturas espalhadas pelo mundo, com a promoção do comércio e fusão de nova visão de vida. Os propagadores da religião, em sua maioria, não eram artistas ou agricultores, e sim, comerciantes. Unindo a infiltração das três grandes religiões com as relações comerciais, as rotas de caravanas prosperaram principalmente em direção à Ásia e posteriormente à África, mesmo antes de findar o primeiro milênio da Era Cristã. Com o crescimento da necessidade de consumo, cresceu o intercâmbio comercial e a atividade belicosa. Todas as guerras e invasões têm como componente principal a motivação econômica. As chamadas guerras santas, incluindo as cruzadas, com suas incursões invasoras, tem em seu bojo a conquista e com ela a agregação de povos visando o aumento de poderio econômico. Até hoje é assim. Essa é uma faceta real e pouco discutida do outro lado do espelho, além da conquista da mente pela fé.

Depois da exposição persuasiva do diplomata, o bondoso abade propôs uma ligeira pausa para reflexão durante uma refeição leve.

Estava fora de questão tomar uma decisão precipitada por medo de que as palavras de Lukas possam transmitir questionamentos que estremecem a crença passiva de muitos religiosos. Não poderá estar confuso no momento decisivo para o futuro desse homem, que começa a ver com simpatia. Quer aproveitar o intervalo para analisar o que foi dito, com o propósito de compreender o pensamento do professor e penetrar em seus sentimentos. Com alguma relutância percebe que deseja penetrar em sua própria alma.

Enquanto Lukas percorre o jardim, observa seus companheiros de hospital e percebe que a maioria se comporta como autômatos, cuja mente foi roubada. Alguns talvez pela própria doença mental, mas outros, visivelmente pela ação de métodos utilizados na Casa de Custódia. Poucos têm condições de manter comunicação verbal constante e coerente. Calmamente se aproxima de um interno de meia idade, que parece mais lúcido e permanece absorto em meio a seus colegas. Tenta conversar. Precisa saber mais sobre a Instituição que está manipulando seu destino. Nos poucos dias de internação, ainda não foi submetido a um programa de tratamento médico que justifique estar confinado com doentes mentais.

Com um sorriso amigável cumprimenta o companheiro que se volta calmamente com gesto tranquilo e olhar impassível. Traja vestes hospitalares bem compostas e, como se olhasse através do corpo de Lukas, parece admirar as flores que resistem ao frio e se insinuam entre os arbustos próximos. O céu desliza limpo como a alma de um recém-nascido.

– Bom dia – cumprimenta Lukas.

– Bom dia – responde o.interno como um animal treinado.

– Como é seu nome? Está no hospital há muito tempo?

– Por que quer saber? Foi o médico que mandou? – pergunta assustado, parecendo emergir um pouco da apatia.

Lukas, procurando ser amigável responde:

– Não, é claro que não. Eu também sou um paciente como você. Estou aqui há poucos dias e estou meio perdido, sem saber o motivo de estar neste lugar. Por isso perguntei.

Mais tranquilo, o outro responde com indiferença:

– Meu nome é Gunther e estou aqui há alguns anos. Fui internado porque era viciado em drogas e matei uma prostituta. – Olha para Lukas como se tivesse sido um acontecimento banal e sem importância.

Confuso com a espontaneidade do paciente, procura demonstrar real interesse:

– E como se sente aqui no hospital?

– Isto aqui não é bem um hospital como os outros. – diz Gunther com meio sorriso – É um zoológico onde somos alimentados, dormimos e recebemos tratamento para esquecer o mundo lá fora, do qual não fazemos mais parte, pelo menos por enquanto.

– Mas como você se sente? – insiste Lukas.

– Nem sei mais. Não me lembro de muita coisa, mantenho algum resto de memória que prefiro guardar comigo, antes que também seja roubada – depois de breve vacilo, comenta – Também não tem muita importância, porque o mundo lá fora parece um filme antigo em câmara lenta e com muitos cortes.

Lukas preocupado com o que vê e ouve, pergunta curioso:

– O que você quer dizer com memória roubada?

– Já ouviu falar em E.C.T?

– Já ouvi falar, mas não sei como funciona.

– É um tratamento por choque elétrico na cabeça. – Gunther torna-se sério, segura a cabeça com as mãos. Olha para o chão escondendo o rosto, e depois volta o olhar desconfiado para Lukas, dizendo com raiva:

– E por que insiste em saber? Quem é você para falar comigo sobre coisas que não lhe dizem respeito? Eu não sei mais de nada. Deixa-me em paz!

Surpreso com a reação, responde Lukas na defensiva:

– Calma, sou só um paciente novo querendo saber como é o sistema aqui dentro.

– É isso que está vendo –retruca Gunther ainda agressivo e demonstrando medo.

– Tudo bem. Não quero ser indiscreto nem me meter em sua vida. Estou só pedindo para explicar como a memória é roubada e por quê – contemporiza Lukas.

– Não é da sua conta! – responde Gunther encerrando a conversa.

Lukas fica observando o homem se afastar. Poderia ter sido um bandido comum, um traficante, um assassino ou um simples chefe de família. Pensando em sua situação reflete – pode também ter sido um grande empresário bem relacionado ou mesmo alguém de projeção social, sequestrado legalmente por homens de poder. Ao que parece, aqui dentro não existe identidade ou relacionamento com o mundo de fora.

Fica mais apreensivo do que antes, mas não pode se tornar inerte, aguardando que decidam por ele. Sente como se estivesse se transformando em um fantasma vivo. Anda sem rumo por cerca de meia hora, quando percebe a aproximação de Thomas que procura na Bíblia, a tranquilidade de que sua alma necessita.

Silenciosamente caminham lado a lado, ambos sabendo que o destino de Lukas parece se esboçar de maneira trágica.

Independentemente do desejo de Monsenhor ou mesmo da Congregação, Thomas quer saber a história desse homem e, como ele mesmo disse, qual o demônio criativo que o atormenta. Está inquieto com o que Caprillo pode fazer para conseguir seu intento, e agradar os superiores, visando a galgar novas posições na Igreja.

Resolve, sem levantar suspeita, ajudar o homem a seu lado.

Não encontra motivos honestos para silenciar Lukas.

Sabe até que ponto pode chegar a ambição de Franz Andenken, quando se compromete a cumprir o que lhe ordenam.

Confessa a Lukas que está disposto a ajudá-lo e tem certeza de que Totó e Guido, companheiros de muitos anos, irão colaborar.

É preciso conquistar a confiança do professor para seu próprio bem. Enquanto conversam, percebe olhares sinistros vigiando seus passos e sabe que, apesar de ser o

Superior do Mosteiro, na Casa de Custódia deve ser cauteloso, porque lá, a finalidade não é o aprimoramento dos jovens na aprendizagem e exercício da religião, e sim, vagos motivos políticos, religiosos e de comportamento social, embasados juridicamente em pretensos exames de sanidade mental. Qualquer plano ou ação exige absoluto sigilo. É possível que até Caprillo esteja observando.

Propõe que se encontrem à noite em seu próprio quarto, para elaborar, se necessário, um plano de fuga. Lukas observa o velho que o aconselha a ter cuidado com o que faz e, principalmente, com o que fala.

Aceita as palavras de Thomas e se propõe a fazer o que o velho abade achar melhor. Se Totó e Guido concordarem, deverão se encontrar após o jantar, por volta de 21 horas, quando todos se recolhem.

– E os guardas? – quer saber Lukas.

– Guido o acompanhará todo o tempo. Uma de suas funções é estar sempre junto aos internos. Não tenha receio. Espere em seu quarto. Ele o apanhará no horário combinado e o levará em segurança.

Caminhando solitário à sombra do longo corredor que circunda o pátio, Lukas não vê outra saída além da proposta do abade.

Logo após o jantar, Lukas anda a esmo pelo salão de jogos, sendo medicado com um comprimido que finge engolir, e se dirige ao quarto para esperar Guido.

Deitado sobre as cobertas do catre, no quarto de paredes brancas e impessoais, não encontra motivos para confiar em ninguém. Mas sem amigos, a esperança de escapar da Custódia é nula. Forçosamente terá de se entregar aos cuidados dos três e contar, pelo menos, parte de sua vida.

Decisão tomada, espera pela presença de Guido, que pouco depois entra silenciosamente. Acompanha o funcionário até o edifício conjugado, protegidos pelo luar esmaecido do quarto minguante que prenuncia frio intenso por mais alguns dias. Em silêncio, percorrem o Mosteiro em direção aos aposentos do abade. No interior do prédio antigo, o labirinto de corredores mal iluminados leva à parte mais afastada do claustro, onde descansa uma pequena capela. Pela porta ao lado, encaixada em um nicho semioculto, penetram no quarto de Thomas, onde Totó também os aguarda.

– Entrem depressa. Ninguém viu vocês chegarem? – apreensivo Thomas fecha a porta, depois de rápida pesquisa dos arredores. – Muito bem – começa inquieto – se acomodem como puderem porque isso aqui é tudo o que possuo – assumindo a reunião, o abade alerta sobre as implicações do que estão para fazer e, antes de anunciar as propostas, devem assumir a responsabilidade do que poderá acontecer, fazendo juramento de silêncio e confiança mútua, prometendo honrar a palavra empenhada. No fundo, sabe que não pode confiar cegamente nem em Guido e nem e Totó.

Lukas chega a sorrir dos cuidados excessivos em um lugar supostamente sagrado, a respeito de algo que lhe parece banal e até inocente.

– É preciso todo esse cuidado? – pergunta sarcástico.

– Sim, é preciso. – responde Guido lacônico – Não há risco de ser morto, mas, pior que isso, ser esquecido.

– Por quê? Por quem? – se assusta Lukas.

– Com o tempo você verá, se não tomar cuidado. Nada do que acontece na Casa de Custódia atravessa estes muros – complementa Guido.

– Só os chefões ficam sabendo – diz Totó taciturno e melodramático.

– Está bem, tenho que concordar, pois não há outro jeito – responde Lukas – vamos em frente, fazer o juramento.

Para amenizar o início da reunião, intervém o abade – como somos homens de palavra, consideremos o juramento feito. Certo? Então vamos começar de uma vez – escolhendo as palavras, prossegue – antes de mais nada, a verdade deverá estar em todas as palavras. Nós, do Mosteiro e do Hospital, nos propomos a responder tudo o que Lukas quiser saber, e prometer segredo – dirigindo-se a Lukas – você, como protagonista principal deve se comprometer a dizer tudo o que sabe. Quem quer começar?

Lukas toma a palavra e promete dizer tudo o que for necessário, mas em troca, espera sinceridade e auxílio.

Guido e Totó topam divertidos, como se fosse um jogo no qual não tem nada a perder. Thomas aceita como um ato de fé.

– Em primeiro lugar – insiste Lukas – por que estou aqui?

O abade, sendo o mais idoso e líder da comunidade, responde:

– O que sei é que você, com títulos de professor e diplomata, usando de prerrogativas universitárias e posição profissional enveredou conscientemente por caminhos tortuosos, que podem criar situação de risco, por afrontar tradições antigas e sólidas, desrespeitando inclusive dogmas religiosos e sagrados. É mencionado ainda um misterioso documento que está causando uma celeuma dos diabos, com o perdão da palavra. Existem interpretações de textos que não devem ser divulgados a todo mundo, porque podem perturbar a mente de quem não tem condições de pensar sozinho. A Santa Congregação em Roma, bem como outros líderes religiosos e até políticos de peso, querem saber até onde vai seu conhecimento real e se existem documentos que comprovem tudo o que está sendo dito. Se for mero disparate de sua parte, oriundo de imaturidade emocional ou cultural, sua reconsideração será levada em conta. Está disposto a revelar segredos?

– Na situação em que me encontro, seria infantilidade não confiar em vocês. De qualquer maneira, o que pode acontecer comigo? – virando-se para Guido – O que quis dizer com esquecimento pior do que a morte?

– Depende do que você contar ou esconder – responde Guido estalando a língua e sorrindo.

– A questão do esquecimento e memória, é especialidade do dr. Franz, que conheço muito bem – intervém Totó, fuzilando Lukas com o olho vesgo.

– Será interessante contar desde o início – completa Thomas.

Todos se acomodam para ouvir a história do professor que se levanta, olha cada um demoradamente, anda indeciso de um lado para outro do quarto e resolve aceitar o risco, contando de sua vida, o que possa interessar a quem se propõe a salvá-lo.

Capítulo III

O Início

– Como já mencionei, nasci na Europa Central, em um país embrutecido pela miséria, na década de trinta, em uma aldeia não muito distante de Varsóvia. Meus pais eram católicos praticantes, assim como a maioria dos habitantes do lugar. Meu pai era mestre de escola, gostava de ler e colecionar livros e manuscritos antigos. O dinheiro sempre foi escasso, mas o suficiente para dar instrução e uma vida digna para a família. Minha mãe, Sofia, cuidava da casa e dedicava-se à costura, para melhorar o orçamento. Nossa casa era iluminada por um pequeno anjo chamado Anna, minha irmãzinha buliçosa e adorável. Eram tempos difíceis.

Quando tinha seis anos, os alemães invadiram a Polônia, dando início à Segunda Guerra Mundial. Fomos discriminados, mas não molestados. Em 1942 muitos habitantes foram confinados no Gueto de Varsóvia, um local fechado por muros construídos pelos soldados alemães para isolar os judeus, considerados como raça impura.

–Se os seus pais não eram judeus, por que ficaram no gueto? – pergunta Guido.

–Eu era pequeno e não lembro direito – explica Lukas – depois de muito tempo, soube que os alemães desconfiaram do que meu pai ensinava aos alunos, sendo considerado dissidente. Estavam à procura dos papéis que ele colecionava, pois diziam que possuía documentos e manuscritos antigos que interessavam ao partido nazista. Nunca vi esses papéis – se esquiva Lukas – só sei o que ele me contou. Alguns, segundo meu pai, eram escritos com palavras estranhas de uma língua desconhecida.

Thomas, não satisfeito, quer saber mais:

– Conta tudo o que sabe sobre esses documentos. Monsenhor quer saber e nós também, pois podem ser o motivo de estar aqui.

– Pelo que lembro, não era bem um documento, só um texto antigo que havia pertencido a um monge.

– A um monge? O que um monge tem a ver com os nazistas, e se não tem importância, por que esconder? – diz Totó com seu risinho característico.

– Bem, vou dizer o que lembro. Devem levar em consideração que eu era apenas uma criança – concorda Lukas, se dispondo a revelar um pouco mais do que sabe, sem se comprometer – não sei o que existe de verdade no que vou confessar. Pode ser simplesmente uma lenda medieval contada por menestréis. Diz respeito a um dos aspectos mais discutidos e controversos do Cristianismo. Entre outras implicações, envolve o Santo Graal.

Thomas se sobressalta e não aceita as palavras de Lukas:

– O Santo Graal não é uma lenda. É um fato comprovado e faz parte da história de Jesus. Muitos curiosos se aventuram em especulações heréticas e descabidas, em busca de fama. Espero sinceramente que não seja esse o seu caso.

– Calma, tudo bem! Acredito que possa ser como diz. Estou somente atendendo ao pedido de revelar o que sei.

– Vamos lá, então diga! – pedem em coro.

– O mito do Graal – explica o professor como se estivesse em uma sala de aula – foi compilado na Idade Média por volta do ano 1200, segundo relatos de sua história. Teve muitos significados diferentes para autores diferentes, principalmente ingleses e alemães. Na Inglaterra, envolve o Rei Arthur e seus cavaleiros, principalmente Sir Galahad, e na Alemanha, o herói Parcifal. Cada qual com motivos próprios e regionais.

– É também mencionado em um livro que teria sido escrito com as palavras de Jesus, para iluminar os escolhidos de Deus no caminho da virtude. É uma alegoria sobre valores humanos e sua origem divina. Essa versão não o relaciona a copo de vinho ou cálice sagrado. Para mim não importa se é de ouro ou de madeira. Importa seu conteúdo simbólico que representa a sagração da vida. Mais do que a preocupação com a verdade, procura mostrar os valores herdados que compõe a semelhança entre o homem e seu Criador, conforme revelado no Gênesis.

– Os Templos das várias tendências religiosas têm esquecido o conteúdo, para se preocupar com a existência de um cálice, seu poder místico e sua história fantástica. De forma burlesca, o Santo Graal foi identificado com uma mulher a quem talvez Jesus tenha amado, e até casado, mas os evangelhos referem Jesus como Filho de Deus, e como essênio, fiel ao celibato e à doutrina de redenção, acreditando em um Reino que queria compartilhar com toda a humanidade. É também possível que nada disso tenha acontecido.

– O Santo Graal nunca foi encontrado – explica Thomas.

– O Santo Graal ainda não foi encontrado nos lugares indicados porque está no espírito humano, onde deve ser procurado. Essa premissa abstrata, tem a força de uma ideia inquietante, maior que a realidade de um objeto de veneração. – retruca Lukas com segurança.

Pensativo, Totó resmunga:

– As ideias são as maiores armas do homem, mas podem ser amigas ou inimigas. Depende de como são usadas.

Lukas completa o sussurro de Totó:

– O homem tem ideia porque pensa, e só consegue pensar através de símbolos chamados palavras. Sem palavras, o pensamento tropeça, é disforme e não consegue ordenar as ideias.

– Na verdade, o pensamento não depende de palavras – contesta Thomas – mas, sem elas, não pode ser expresso.

– E aí são mal interpretadas e muitas vezes usadas em benefício próprio e desonesto – arremata Guido, como se lembrasse de alguma coisa pessoal.

– O sentimento é o emaranhado de emoções abstratas – continua Lukas – e o poder da palavra diferencia o homem dos animais, mas é o valor dos sentimentos conduzindo as ações que o eleva acima dos demais seres vivos, e não suas palavras.

Thomas levanta da cadeira, olha Lukas como se este fosse um aprendiz, e com gestos estudados, fala como se estivesse pregando nas orações vespertinas:

– Deus faz a diferença entre os homens e os animais.

Totó continua sarcástico:

– Um fala como se fosse um filósofo lunático que ninguém entende, e o outro, pensa que está em um curso de catecismo. O meio termo é a cachorra.

– Que cachorra é essa no meio da conversa? – reclama Guido.

Totó olha matreiro para os debatedores e diz com a sabedoria da experiência:

– Se vocês observarem com atenção uma gata cuidando de seus gatinhos e uma cachorra amamentando um porquinho, coisa até comum, aprenderão alguma coisa sobre sentimento, que nunca foi descrita na Bíblia.

Lukas aprecia a colocação de Totó, que faz Thomas ficar pensativo. Assume novamente a papel do professor e continua a expor suas convicções:

– A divinização da humanidade é ambígua, oscilando sempre entre o prazer e o pecado. O bem e o mal refletem a hipertrofia dessa ambivalência que faz parte da natureza humana, determinando a cultura e o relacionamento social e em última análise a felicidade ou o sofrimento. O homem social mente com palavras e atos, mas não consegue mentir o tempo todo para os sentimentos mais profundos. É atormentado pela voracidade, muitas vezes mais exigente do que a necessidade. Diferentemente das palavras, o sentimento não consegue ser hipócrita.

Totó, como sempre, desafia Lukas:

62 | A Sombra do Abismo

– Você falou bonito, mas são só palavras sem conteúdo. O que se diz do Santo Graal – provoca com sutileza – pode até ser a divinização do homem através da elevação dos sentimentos em seu espírito, mas o que tem a ver com esse interesse todo, que levou seus pais à morte e agora põe em risco sua própria liberdade?

Lukas prefere não responder à provocação nesse momento, para não entrar no jogo perigoso que já provocou muitos danos.

Thomas fica desconfiado:

– É tão importante e secreto que nem pode ser mencionado?

– Ainda não – responde Lukas cauteloso. Piscando para Totó, repete o jargão:

– Tudo a seu tempo...tudo a seu tempo.

– Então, por enquanto, não sei como ajudar – determina Thomas desapontado. Entendendo a posição dúbia de Lukas, diz Totó em tom de brincadeira:

– Cuidado com o deus do trovão.

– E eu vou dormir, porque essa conversa não me diz respeito, está muito atrapalhada e não leva a nada – comenta Guido ao se levantar para sair.

– Amanhã voltaremos a nos encontrar? – pergunta Lukas.

– Talvez – responde Thomas secamente.

Despedem-se, com dúvidas ainda pairando no ar.

No dia seguinte é Thomas que procura Monsenhor.

Após resumir a reunião da noite anterior, o abade confirma a possibilidade de existir algum material escrito não revelado por Lukas, e a suspeita de que o diplomata não contou tudo o que sabe.

Assegura que marcará novo encontro, antes que medidas rigorosas devam ser tomadas.

Ao sair do gabinete de Caprillo, encontra Lukas no jardim, conversando com Gunther. Ao se aproximar, Gunther se afasta rapidamente.

– Bom dia. – cumprimenta Thomas com um sorriso benevolente – Vejo que ainda não confia em nós. Não me parece que contou toda sua história. Se não acredita em pecado e redenção pela confissão, pelo menos acredita em honestidade de propósitos?

– Acredito – retruca Lukas – e acredito em você. Não contei tudo ontem porque ainda tenho restrições quanto a Totó e Guido.

– Para mim são confiáveis – afirma Thomas – porque simplesmente eles não têm o que ganhar ou perder. Por que simplesmente não diz a verdade agora, que estamos a sós? Lukas Dijinsky é mesmo seu nome de família?

Capítulo III – O Início | 63

– Não. – confessa Lukas – Esse nome foi criado por mim na adolescência. Meu pai se chamava Estanislau Petrovski. Minha família era cristã praticante. Por segurança, adotei o nome de um evangelista e o sobrenome alusivo a uma crença do deserto.

– Lukas eu sei, mas Dijinsky?

– É uma forma adaptada de um nome que faz referência a gênios do deserto, capazes de assumir a forma humana e exercer influência para o bem ou para o mal. Como para mim o bem e o mal fazem parte do consciente, tanto faz derivar um pouco para entidades imaginárias ou reais. Existe em nosso ideário, uma entidade invisível que tem vários nomes, como espírito, gênio, djin ou demônio criativo, que liga o homem ao etéreo, alma ou essência da vida. Meu demônio criativo tem falado sobre novas possibilidades de transcendência, mas sem muito sucesso. Voltando ao que interessa, para atenuar a desconfiança que percebi ontem, confesso que tenho algum material que restou de minhas aulas e de minhas andanças pelo mundo. Referem-se a entrevistas, conversas, conferências e palestras.

– Não sou ingênuo a ponto de advogar verdades, mas quero discutir possibilidades que criam novas ideias sobre tradições e esperanças antigas. Baseiam-se em novas descobertas da ciência, do pensamento filosófico e manifestações de estudiosos das religiões. Como já afirmei, está comprovado que sentimentos e fatos da realidade exterior interferem no funcionamento cerebral que regula a mente e o corpo. O bem estar físico e mental não depende só da medicina, mas de tudo o que nos cerca, visíveis ou não.

– Qual era sua cadeira como professor?

– Ciências naturais e depois, Filosofia.

– Como um refugiado chegou a ser professor?

– Trabalhando e estudando, como meu pai. Como expliquei, lecionei por muito tempo, tendo sempre em mente o estudo do homem, suas angústias e esperanças movidas pelo cérebro e pela mente. Para ser sincero, acredito que a mente é infinita, assim como o Universo. Lembro-me de um episódio em Madri, na Plaza Mayor, quando fui assistir a uma conferência de extensão universitária. Durante a apresentação sobre a vida e a morte, que é o questionamento maior da humanidade, entrou em discussão o chamado instinto homicida. No fim da palestra, eu levantei e disse que matar é o desejo insano de capturar a vida. Foi como se eu tivesse gritado "Viva a Revolução", pela celeuma que causou uma simples frase.

Alguns jovens recém-formados e seminaristas que se encontravam no prédio, começaram a fazer perguntas sobre tudo, abrindo comportas para dúvidas reprimidas. Fui convidado a tomar parte da mesa expositora e dar minha opinião sobre o tema.

Naquele momento, percebi quantas questões não respondidas pairavam na mente dos jovens. Quando assumi a palestra, pediram que não seguisse esquemas didáticos, que cada um pudesse se expressar livremente. Sem programação definida, comecei a dar vazão aos meus próprios questionamentos, sem preocupação com a censura e mesmo com a verdade estabelecida – o mestre retorna ao passado:

"Meu nome é Lukas, vou simplesmente expor o que penso. O debate é livre. Podem fazer as perguntas que quiserem, mas aviso que muitas respostas se resumirão em um simples talvez, ou mesmo, não sei.

Ao contrário do esperado, onde os presentes sempre querem receber certezas, os jovens gostaram da oportunidade de discutir livremente, sem o tacão de verdades pré-estabelecidas, e sem se preocupar com arranhões em sua vaidade.

O mais afoito perguntou:

– Qual o sentido da vida?

Respondi sem a preocupação de apoio ou desagrado:

– Essa pergunta é a maior premissa retórica dos livros de autoajuda. É o filão dourado para aprisionar mentes incautas e inseguras. A vida tem o sentido que você lhe der. Se um dia eu me conformar com a falta de sensibilidade para compreender a vida, passarei simplesmente a reclamar de tudo e fazer de conta que vivo bem. Lembre--se de que não é agradável reconhecer nossa verdadeira imagem refletida nos olhos dos outros. Existem pessoas que necessitam tanto de amor, que sentem dificuldade em amar. Sentem-se inseguros pelo risco da perda. Facilmente sentem ódio gratuito, sem pensar que o ódio pode matar o amor, mas não o desejo. Quem realmente ama, não deseja a posse, apenas o amor comum, simples, inseguro e inconstante. Esse é um dos sentidos da vida. Outros devem descobrir por si mesmo.

– E o amor fraterno das religiões ensinadas por Deus? – propõe o seminarista.

– Em todas as tradições escritas, os personagens somente adquirem vida quando o autor transmite a mensagem, movido pelo demônio criativo. É quando os personagens assumem o controle do que deve ser dito. O profeta sabe que a mensagem já deve ter a última palavra escrita no inconsciente, antes mesmo de começar a narrá-la. O amor fraterno já deve habitar a consciência profunda do leitor, antes mesmo de a mensagem ser conhecida.

Uma jovem, no fundo da sala, provoca:

– Durante um relacionamento estável, a ocorrência de um amante é boa ou ruim?

– Os amantes são trágicos respeitáveis e menos ridículos que maridos ciumentos. Com o tempo, o companheiro estável tende a se tornar um chinelo confortável, uma peça útil do mobiliário da casa, importante para preencher espaços e emoções requentadas. O homem medíocre teima em ser convencional mesmo em relacionamentos agonizantes. Quem é infeliz não tem inveja do semelhante, e sim da própria felicidade que escapou pela janela. A lembrança de um amor perdido é mais dolorosa do que a separação, que remete ao amargo sentimento de ter sido desprezado.

– Por que sofremos por atos cometidos no passado? – pergunta o rapaz de óculos e barbicha.

– Quem se prende muito ao passado, procura um porto seguro onde tenha todas as explicações e desculpas convencionais. Não se pode mudar o passado, mas nada impede que mudemos nossa interpretação sobre ele, com ou sem ajuda de terceiros.

O estudante de Ciências Sociais não deixa por menos:

– Se todos fossem realmente iguais na sociedade, não haveria sofrimento.

– Um sistema absolutamente igualitário somente pode ser conseguido com total falta de liberdade, e sustentado pelo máximo de medo. Tanto faz se a obediência é tributada a um Chefe de Estado ou a um líder religioso, porque todo sistema totalitário é, de alguma forma, regido por uma teocracia dissimulada, com o poder nas mãos de um fantoche que se sente divino. Para o homem sensato, a liberdade de pensamento, condenada por todos os títeres, é o motor da história.

– Na democracia escolhemos os líderes e o resultado também é medíocre – brada uma voz ao fundo.

– Conseguimos nos sentir à vontade convivendo com grandes mentiras, porque nos acostumamos a viver rodeados de pequenas mentiras. A convivência social só existe para amenizar a solidão virtual das pessoas. Nada prejudica mais uma relação, do que tentar desvendar os segredos dos outros. Desconfio dos atos gratuitos que, quase sempre, servem para compensar alguma culpa. É muito difícil conhecer realmente alguém, para que se faça a escolha certa.

Depois de meditar um pouco, Lukas continua:

– Se quiser conhecer uma pessoa, procure senti-la como uma criança sente a outra, sem lançar mão do seu próprio julgamento que geralmente não é mais do que um amontoado de fórmulas. Não corra o risco de querer trazer a pessoa para dentro de si, em conformidade com seus próprios conceitos. Procure entrar no íntimo dos outros, livre de pré-julgamentos e preconceitos. O bom relacionamento e as escolhas não precisam de fadas açucaradas alardeando virtudes, porque se baseiam principalmente em contradições discutidas.

O seminarista volta ao ataque:

– Se todos seguirem os mandamentos, todos serão felizes.

Depois de vários minutos pensando no contexto entre relacionamento interpessoal e mandamentos bíblicos, Lukas dispara:

– Após Moisés mostrar as Tábuas sagradas ao povo judeu, incluiu alguns preceitos próprios para evitar tendências pagãs, ainda herança do Egito. Para viver socialmente de maneira sensata, basta seguir honestamente preceitos estabelecidos pelo próprio homem, independentemente de tradições religiosas, com a consciência de que a moral e as leis devem ser cumpridas para reger o comportamento que vise preservação e crescimento do ser humano. Os sonhos mais simples trazem felicidade por serem passíveis de realização. O conforto eterno só é garantido pela religião.

– O desejo de acreditar que exista algo além do conhecimento proporcionado pelos sentidos e pensamentos é importante para amenizar os sofrimentos quando a realidade fere. Não deixa de ser um caminho angustiante para o devoto, porque a busca dos mistérios da vida tende a tornar o homem, um asceta solitário. Em nossa realidade, convém lembrar que a política se sustenta entre o altar e o prostíbulo, com aventureiros se locupletando enquanto bajuladores medíocres esperam a vez de comer as sobras. A verdadeira doutrinação de conteúdo religioso continua sendo necessária para amenizar a árida realidade, porque o poder tem sido usado para exercer domínio, e não para educar e esclarecer, a fim de que o adulto saiba realmente escolher seus líderes.

Após todo esse debate, levanta-se um velho professor e calmamente começa a dizer:

– O aprimoramento de uma sociedade depende de sua cultura, que se inicia em educação de qualidade desde a infância. O modelo de educação familiar ou escolar não tem se preocupado em preparar a criança para a vida, apenas a treina para satisfazer as expectativas dos pais. Devemos sempre jogar limpo com as crianças e não só treinar a memorização para futuro sucesso profissional. As crianças querem acima de tudo os pais como presente. Desejam ver nos pais, amigos e não provedores. Devem ser preparadas para a adolescência, onde se dá a descoberta trágica da realidade. O crescimento sempre envolve um pouco de autodestruição. Deve ser ensinado o ato de viver. Ensinar que o que mantém a chama da vida são os projetos sonhados, como expectativas do vir a ser."

– Quando o velho professor se calou e se sentou, tive a impressão de que os presentes haviam recebido de sobremesa, o maná celestial. O ruído insistente dos aplausos foi a resposta para todas as perguntas. Esse foi o meu primeiro contato real com novos projetos. Conhecer o mundo e seus habitantes. Uma forma viável de voltar aos bancos escolares e aprender uma arte chamada diplomacia.

A tarde já se aconchegava nos raios dourados do crepúsculo, mas ambos relutaram em encerrar o encontro entre amigos recém-formados. Com a concordância do venerando ancião, Lukas se dispôs a continuar o relato de sua busca, para satisfação do abade.

– Na carreira diplomática tive a oportunidade de viajar muito, abrir o leque de conhecimentos e criar ideias.

– O novo projeto foi satisfatório? – pergunta Thomas.

Acomodando-se no banco embaixo de uma macieira que se prepara para florir na primavera que se aproxima, Lukas pergunta se Thomas deseja ouvir sua peregrinação em busca de si mesmo.

– Temos o tempo todo até a eternidade – brinca o abade – Por dois motivos quero saber quem é Lukas Dijinsky e conhecer sua alma.

– Dois motivos?

– Sim. O primeiro é saber o que dizer para Caprillo, e o segundo é como dizer o que ele deseja, sem colocar você em risco aos cuidados do dr. Franz Andanken.

– Qual o risco? – pergunta Lukas assustado e se ajeitando incomodado no banco de madeira.

– Fique tranquilo. Direi somente o necessário e agirei no momento certo, seguindo minha própria consciência. Pode falar sem medo.

As palavras do abade não chegam a tranquilizar totalmente, mas Lukas resolve arriscar.

– Muita coisa já foi dita, mas como era realmente o gueto para onde sua família foi confinada? – quis saber Thomas.

– Logo após a invasão, os alemães começaram a planejar o isolamento dos judeus em um único espaço e de fácil controle. Em outubro de 1940 o gueto já contava com 380 mil poloneses – 30% da população de Varsóvia. O tifo e a fome se alastraram. Os reclusos recebiam cerca de 180 calorias por dia em alimentos. Em 1942 os habitantes do gueto foram transferidos em massa para Treblinka, um campo de extermínio. Os prisioneiros do campo não se constituíam somente de judeus, mas também negros, homossexuais, ciganos, deficientes, inclusive alemães contrários ao regime. O problema de seus mentores não era só o extermínio em massa, mas o que fazer com os corpos. A resposta foi a chamada solução final, com câmaras de gás e fornos de cremação – Lukas se detém para uma pausa necessária porque mil lembranças corroem seu cérebro, que não tem um arquivo especial para o esquecimento.

– Sobraram no gueto cerca de 70 mil habitantes trabalhando como escravos. Nessa ocasião os moradores começaram a se organizar, preferindo morrer lutando, pois sabiam que a vitória era impossível. A organização clandestina planejou os esconderijos e fuga de muitos moradores, inclusive a minha. No ano seguinte houve um levante, liderado por um jovem oficial polonês chamado Mordecai, sendo esmagado pelas forças alemãs. Meus pais e minha irmã foram levados para o campo logo após minha fuga. Fui levado para o interior, mais ao sul, e entregue aos cuidados de uma família de camponeses cristãos. Segundo relatos da época, o soldado alemão podia fazer o que quisesse com os judeus, desde a simples humilhação até a execução repentina e sem motivo. Muitos prisioneiros remanescentes foram executados com um tiro na cabeça, no que restou do gueto arrasado.

– Você foi entregue a uma família de camponeses na própria Polônia?

– Sim. Foram pagos para cuidar de mim. Era uma aldeia mais ao sul, não muito distante da fronteira.

– Você concorda em contar para nós sua vida na aldeia?

– Por que não? Amanhã poderemos nos encontrar após o café e continuar o relato, como se estivéssemos nas orações matinais.

– Então vamos nos separar porque já podem estar de olho em nossas conversas. Até amanhã e que Deus o proteja.

– Até amanhã.

O Estranho Andarilho

Juntando pedaços de sua história, Lukas inicia a narração de fatos que Thomas e a Congregação podem saber para traçar de modo mais justo e suave seu destino no Mosteiro.

– Talvez a parte mais marcante de minha vida tenha sido a infância, com a qual tento conviver em paz, apesar das lembranças doloridas que perseguem meus sonhos e forram o caminho que escolhi. Como já sabe, nasci na Polônia antes da invasão do exercito alemão em setembro de 1939. É desnecessário relatar todas as atrocidades cometidas porque já foram exaustivamente narradas em livros e filmes. Meu pai lecionava, e nos momentos ociosos colecionava manuscritos antigos que podem ter concorrido para levar minha família ao campo de extermínio.

– Aos domingos íamos à missa na pequena igreja católica da aldeia e depois, tomar sorvete no armazém próximo de casa, para alegria da pequena Anna, que sempre pedia chocolate. Passeávamos pela praça arborizada, onde os vizinhos se encontravam para contar as peripécias da semana. Depois do passeio, algumas crianças sentavam à sombra de uma grande árvore para ouvir as histórias de papai, enquanto minha mãe se divertia com as fofocas das vizinhas. Lembro-me de meu pai, com sua barba aparada enfeitando os óculos de aros metálicos, alto e forte como um urso e cortês como um cordeiro. Minha mãe, loira e alta, trançava os belos cabelos em coques domingueiros. Minha irmã brincava alegremente no gramado com suas amiguinhas, com seu vestido mais bonito enfeitado de rendas. A vida era simples, tranquila e pobre. Eu, sentado defronte ao urso gentil, sorvia fascinado as histórias, às vezes engraçadas e às vezes trágicas, mas todas com o sentido moral das fábulas.

– Em uma dessas ocasiões, quando estávamos a sós, mencionou um manuscrito que havia recebido de um monge há muitos anos. Estava escrito em uma língua estranha que, a muito custo, conseguiu traduzir com o auxílio da pequena biblioteca da aldeia. Consta que esse papel foi escrito por um feiticeiro druida que morava nos confins da Inglaterra e se referia a uma das lendas medievais sobre o Santo Graal. Continha o segredo do poder místico do Graal quando usado com uma mistura de ervas sagradas e outras substâncias mágicas conhecidas somente pelos sacerdotes druidas. Segundo a lenda, a união da poção misteriosa com o poder do Santo Graal usada em rituais por pessoas predestinadas e no momento certo, juntando a magia pagã e a fé cristã, confere ao iniciado, qualidades sobre-humanas. Para os nazistas essa seria a origem do homem hiperbóreo que, em seu delírio de raça superior, foi cantada por poetas e filósofos.

– E o que aconteceu com o pergaminho? – pergunta Thomas ansioso.

– Não sei. Parece que foi entregue ao homem que me levou do gueto – procura dissimular Lukas.

– E onde está esse homem?

– Não faço a menor ideia – responde Lukas com cuidado – depois que deixei a Polônia, não tivemos mais contato. Sei que tinha amigos na Suíça – olhando tristemente para Thomas comenta – tudo indica que esses documentos foram os responsáveis pelo que aconteceu com minha família. Desculpe, prefiro não falar no assunto.

– Tudo bem, eu compreendo. – concorda o religioso – O que aconteceu com os seus pais no gueto?

– Depois de algum tempo confinados, foram levados para Treblinka para serem exterminados juntamente com milhares de judeus.

– Treblinka foi usado como campo de extermínio. Por que seus pais foram levados para lá e não permaneceram no gueto como tantos outros poloneses?

70 | A Sombra do Abismo

– Porque alguém disse aos alemães que ele possuía um antigo pergaminho cujo segredo poderia transformar arianos em raça superior e alterar a face da guerra. Foi submetido a torturas, mas negou ter conhecimento de qualquer segredo a respeito.

– Existe alguma prova da origem e existência desses papéis?

– Não sei. Consta que foi encontrado com um sábio monge eremita que afirmava conhecer seus poderes mágicos. Com o conhecimento do segredo, as forças nazistas se tornariam invencíveis. É tudo o que sei.

Percebendo a aproximação de Totó, o professor procura mudar o rumo da conversa:

– Como vou conseguir me safar daqui?

– Essa parte deixa por minha conta e do Guido – intervém o recém-chegado – nós sabemos o caminho das pedras. Posso participar da conversa ou devo me afastar? – pergunta com sua costumeira ironia.

– Não há por que se afastar – diz simplesmente o abade – você faz parte da equipe – virando-se para Lukas – o que aconteceu depois?

Incomodado pela presença de Totó, mas dependendo dele para futuros empreendimentos, Lukas prossegue a contragosto:

– Deixei o gueto percorrendo um túnel que me levou ao esgoto da cidade, saindo nas cercanias de Varsóvia. Fui entregue ao homem do qual falei e, mediante certo pagamento, levado para longe da cidade. Tinha oito anos de idade. Fui transportado em direção à fronteira do sul e entregue à família que me criou.

– Por que você foi salvo e não sua irmã? E sua mãe, seu pai?

– Porque foi organizado no gueto uma espécie de programa para proteger as crianças. Eram escondidas nos porões e nos sótãos das casas e, quando possível, retiradas através dos túneis. Esse o motivo para minha mãe ficar, o outro motivo foi por não querer abandonar meu pai.

– E sua irmã? – insiste Totó.

Lukas demora uma eternidade para responder. Com o rosto em lágrimas, soluçando convulsivamente enquanto caminha como um ébrio, responde atormentado:

– Porque minha irmãzinha já estava morrendo. No ambiente sórdido, úmido e frio em que vivíamos, com cerca de quinze pessoas ocupando um quarto sem luz, ventilação ou calor, muitos ficavam doentes e sem tratamento. Anna ficou com difteria, como muitas crianças e velhos do gueto. Quando houve possibilidade de fuga para uma criança por família, meus pais optaram por minha salvação. O abraço de minha irmã e o olhar compreensivo no rosto de anjo devorado pela doença, compassivo e triste na despedida, segurando minhas mãos como se a única exigência de sua vida fosse um sorvete de chocolate, me envolvem e sufocam em cada noite que tento dormir – chorando, para de falar e se retira para um canto isolado.

Os companheiros esperam, condoídos com a dolorosa lembrança que grudou como uma cicatriz na memória de Lukas. Depois de longo intervalo, Lukas se reúne aos dois e pede para darem um tempo antes de continuar sua história na aldeia para onde foi levado.

A Aldeia

– A aldeia em que cresci era distante, isolada e de difícil acesso. Durante toda a ocupação houve o risco constante de ser encontrado, com castigo severo aos meus protetores. Sem hospitais, com uma escola precária que pouco contribuiu ao que aprendi com meu pai. As estradas eram somente caminhos agrestes de terra batida, e a região era dividida entre católicos romanos e ortodoxos, muitos semialfabetizados e a maioria analfabeta, todos brutalizados pela pobreza, apesar do constante e duro trabalho na terra.

– Minha nova família vivia em uma cabana muito diferente da casa em que nasci. Meu pai, sempre estudioso e amigo, foi substituído por um rude camponês bebedor de vodca. Minha mãe doce e bonita deu lugar a uma mulher precocemente envelhecida, supersticiosa e com eterno medo da violência do marido. Cresci entre três irmãos primitivos, para quem a sobrevivência se transformou em ideal de vida. Tratavam-me como um intruso com quem deviam dividir o alimento, sendo castigado ao menor descuido, com ou sem motivo. Pelos cantos da cabana suja e fétida sofria calado, chorando em silêncio e sentindo que até a saudade de minha pequena Anna, meiga e querida, se esvaia no passado como a bruma que escapa entre as folhas da manhã. Muitas vezes fui roubado de minhas recordações, por aquela mulher emagrecida, com cabelos cor da poeira que enfeitava a cabana. Trazia no rosto a aceitação calma da miséria ancestral, alisando meus cabelos com mãos esqueléticas, crispada por dores constantes, na tentativa de passar o carinho de uma fé incompreensível na ânsia de viver. Manteve em segredo o motivo de querer tanto continuar viva naquele destino esmagador.

– Vivíamos sob o jugo de uma invasão sangrenta e desumana, com soldados enlouquecidos pelas drogas fornecidas pelo próprio exército e pelo delírio de um líder

72 | A Sombra do Abismo

assassino. Registros médicos da época referem que, de 1942 até sua morte em 1945, Hitler foi medicado com anfetaminas, chegando a receber diversas injeções por dia. Esse medicamento pode levar à euforia, com alterações da crítica e fazendo a pessoa se sentir poderosa. Em doses menores, os soldados recebiam a droga para lutar com bravura. Nessa opressão, um dia, sem motivo, aquela mulher sofrida e calada levou um tiro na cabeça e morreu como um traste imprestável. Não consegui saber seu segredo, mas descobri que, se a fé não move montanhas, ajuda o homem a se encantar com sua beleza, quando consegue ver além da fria realidade.

– A fé poderosa e incompreensível dessa mulher humilde e apenas aparentemente fraca marcou para sempre minha visão do mundo. Apesar da pobreza quase total dos moradores, o vilarejo era invadido com frequência pelas tropas alemãs em busca de alimentos, saqueando e matando quem se negasse a ceder o pouco que tinha. Fuzilavam os moradores que ousavam pedir misericórdia, estuprando mulheres e seviciando jovens, como bandos de alucinados empunhando a bandeira que, para eles até hoje, simboliza a ridícula superioridade étnica dos arianos. Uma diversão recorrente era escolher uma jovem bonita, que obrigavam a se despir em frente dos vizinhos e familiares e, no clímax da paradoxal sensibilidade de raça superior, forçá-la a urinar em público e beber a própria urina.

– Nessas ocasiões, quem conseguisse escapar se escondia em grutas no meio da floresta. Finalmente em 1945, os soviéticos entram e libertam um país totalmente devastado pela guerra. Dois anos depois, a Polônia realiza suas primeiras eleições. Vence o Partido dos Trabalhadores, sob o domínio da ideologia socialista. Aos onze anos voltei a ter uma vida praticamente normal, estudando em uma escola pública.

– Durante a ocupação soviética, a força da igreja católica foi um baluarte na oposição ao socialismo, em defesa dos direitos civis. Desde criança aprendi a respeitar a religião como um poderoso caminho nos destinos do homem, principalmente quando exercem sua vocação secular. Talvez hoje, em função do que já vivi, respeito mais o abade Thomas em sua virtuosa humildade, do que Monsenhor Caprillo com sua suntuosa arrogância e propósitos discutíveis. Caprillo representa o que há de mais retrógrado nas religiões usadas como refúgio do conquistador. É a ideologia já praticada nos porões do Vaticano, por ocasião das incursões bélicas de domínio, e do silêncio constrangedor da conivência papal durante o massacre nazista.

– Permaneci na aldeia até a idade de quinze anos, quando obtive permissão para viajar até a Suíça à procura da família Lindmann, parentes distantes de minha mãe. Com minha nova família, agora ligado por laços de sangue, em um país livre, trabalhei como aprendiz de relojoeiro e completei o ensino médio em Chur. Em 1952, já com dezoito anos, fui para Zurich estudar na Universidade, onde obtive graduação em Filosofia, passando a exercer o magistério, como meu pai. Aliando os novos conhecimentos de Filosofia às doutrinas religiosas que aprendi na infância, fiz pós-graduação em Relações Exteriores, conseguindo posteriormente trabalhar no Consulado polonês, retornando às minhas origens. Nessa nova atividade me tornei um homem do mundo, um diplomata andarilho de muitos lugares e culturas diversas.

O Medo do Abismo

Não satisfeito com o relato de Lukas que, apesar de rico em detalhes pessoais não explica, e muitos menos justifica o interesse da Igreja e seus pares, Thomas se levanta, coça o gordo pescoço e caminha taciturno pelo jardim. Depois de um tempo, volta e para diante de Lukas, que o observa com curiosidade.

O abade olha para Totó que permanece impassível ouvindo a história e, com as mãos na larga cintura, investe com mau humor:

– O que disse pode ser muito importante para sua história pessoal, mas não oferece os motivos para a preocupação que suscita. Falta alguma coisa para ser dita. Quero saber de tudo, como amigo e como membro do clero.

Lukas se mantém calado por breves momentos e finalmente diz, sem demonstrar convicção:

– Não tenho certeza sobre a atual existência de documentos que possam ter tanta importância, mas o que sei é muito sensato e pode ser verdade – percebe que estão desconfiados e tenta ganhar tempo.

– Em outra ocasião poderemos conversar a respeito. Agora é melhor me reco-lher para não levantar suspeitas – com um breve aceno de despedida, se dirige ao seu quarto.

A sós com Thomas, o esperto Totó comenta:

– Gosto desse homem, mas ele sabe mais do que soltou.

Thomas confirma a suspeita:

– Logo saberemos. Espero que nada lhe aconteça por causa disso.

Despede-se de Totó e se prepara para as orações noturnas e o repouso de um sono tranquilo. Apesar do canto gregoriano que suaviza o espírito, o sono não é tranquilo, nem o coração se acalma.

74 | A Sombra do Abismo

Lukas é conduzido com segurança para o quarto e aproveita a oportunidade para perguntar a Totó o que aconteceu a Gunther.

– Ah, o classe alta? Ele está meio fora de órbita, não é mesmo? – diz Totó com olhar estranho. Foi trazido para cá porque matou uma prostituta de alto escalão que fazia programas em festas da alta sociedade. Para livrar muita gente, o juiz alegou que a perícia médica constatou uso de entorpecentes e que Gunther não sabia o que estava fazendo. Conversa mole. Matou porque teve vontade. Não conseguiu aguentar as gozações e a chantagem que ela estava preparando para os companheiros. Poderia estar até cheio de drogas ou na fissura da abstinência, mas em festa de ilustres com meretrizes na mansão de um deles, ninguém deve meter o bico, para não haver comentários. Tudo é encoberto. Veio para cá em medida de segurança sob sigilo de justiça. Como não se submeteu à custódia e aprontava muita confusão, ameaçando denunciar todo mundo, foi encaminhado ao dr. Franz. Isso já faz alguns anos. Com o tratamento especial, até agora não se recuperou e está do jeito que você viu, consciente, com melhora do comportamento e parte da memória apagada. Desapareceu para o mundo em que vivia. Continua medicado, e não lembra do que lhe aconteceu, falando sempre a mesma coisa. Quem permanece aqui dentro tem que se acostumar com o inferno de Dante e esquecer quem foi lá fora. Por isso, volto a dizer – cuidado com o deus do trovão.

Com o andar capenga e o sorriso maroto, se despede e desaparece nas sombras da noite.

Na penumbra do quarto, Lukas decide de uma vez por todas por um fim na situação insustentável em que se encontra.

Irá procurar Caprillo e resolver essa história maluca de custódia e medida de segurança como se fosse um criminoso a vagar pelas ruas. Afinal, já foi professor e diplomata. Felizmente conhece algumas pessoas que poderão prestar ajuda.

Na manhã seguinte, logo após a primeira refeição, se dirige ao gabinete de Monsenhor. Entra sem ser anunciado. Caprillo está lendo a correspondência e não se surpreende com sua presença.

– Bom dia, Lukas – cumprimenta com um sorriso teatral. Vejo que levantou cedo. Está a fim de conversar? Estou à disposição. Do que se trata?

– Bom dia, Monsenhor. Vim à sua procura para esclarecer minha presença neste asilo de loucos e dar um basta em toda essa situação ridícula e perigosa para ambos – responde rispidamente Lukas – já estou internado ou preso a tempo suficiente para uma solução.

Monsenhor calmamente se levanta, revisa os papéis que tem na mão e os coloca em cima da mesa como se contivessem o destino do Universo gravado em suas folhas. Com estudada beatitude caminha até janela e observa demoradamente alguns pássaros que brincam no jardim começando a florir cumprindo as ordens da primavera que se aproxima.

Olha absorto para o céu como se estivesse sozinho em sua prece matinal e recita como uma homilia:

– Os homens tem muito que aprender antes de merecer a grande dádiva de Deus. Veja esse jardim elevando os braços floridos de suas árvores ao azul infinito como se buscassem o Criador, suplicando bênçãos para homens insensíveis à sua beleza. Observe como as aves sabem fazer parte da harmonia – aspira profundamente o ar, absorvendo a vida que envolve o jardim, antes de voltar a esse homem obstinado em sua sala, que não compreende a lógica inquestionável da obra divina. Observa com vagar seu visitante e confidencia – honestamente creio na sabedoria infinita do Criador e sei que algum caminho será aberto para dar luz a essa situação, que infantilmente chama de ridícula. Você, ilustre professor e diplomata, se recusa a aceitar que, afrontando a disposição transmitida diretamente aos profetas de Deus, está destruindo a beleza que a vida oferece de modo compreensível para devotos que esperam entrar no Reino da paz e da justiça. Acredito piamente que a Bíblia seja a palavra de Deus e nela está o caminho para o Reino.

Lukas anda em direção à janela, sente o olhar do religioso penetrando em sua nuca e se volta para o jardim onde pássaros ainda brincam aguardando a nova estação. Reverenciando a paz que a cena provoca, se dirige ao Monsenhor – reconheço que tudo o que aprendi não alcança a profundidade de tanta cor, luz e vida. O que tenho tentado transmitir é exatamente a insignificância de nossa soberba e limitado conhecimento, em um Universo movido pelo mistério. Gostaria de ter sua fé, mas a religião não permite.

– Como assim, não permite? – exclama surpreso Monsenhor.

– Alguns textos sugerem passagens controversas e, por vezes imposturas fantasiosas, que são interpretadas para servir aos interesses da Igreja.

– Por exemplo? – esbraveja Caprillo exaltado.

– Se não estou equivocado, como a compra da primogenitura por Jacó, burlando a seu favor o direito sagrado segundo a lei, e prejudicando Esaú. O povo autodenominado eleito sempre tirou proveito de narrações semelhantes, sem ter a preocupação de esconder pormenores ou mesmo justificar os infratores.

– É um povo imbuído da verdade na fé de suas tradições históricas – tenta contemporizar o religioso – mesmo que algumas interpretações possam ser questionáveis.

Lukas volta a assumir o papel de debatedor com mais fé na vida do que em palavras:

– Todos os povos costumam construir a imagem de um deus próprio, que seja seu protetor e não titubeia em ser vingativo e tirânico na defesa do povo supostamente eleito através da palavra de seus líderes. Jesus tentou remediar essa situação, irmanando toda a humanidade no amor. Foi crucificado pelo Império Romano, com a conivência do poder subserviente dos religiosos e de seu rei, que optaram pela governabilidade, sufocando as palavras de quem propunha mudanças visando o bem da comunidade na fé e no amor cristão. Como sempre, portaram-se como fantoches e oportunistas de ocasião. Cerca de três séculos depois a Igreja Católica confirmou como verdadeiros somente evangelhos de seu interesse. Os cristãos acreditam que Jesus seja o Filho de Deus, enquanto os judeus ainda aguardam o Messias prometido, condizente com suas próprias expectativas. Muitos relatos bíblicos têm sido cientificamente aceitos como ocorrências possíveis, através de pesquisas e estudos antropológicos, arqueológicos, geofísicos e biofísicos. O dilúvio é um deles, assim como as pragas do Egito. Sua interpretação cultural é que ficou documentada com prerrogativas religiosas. Atualmente é difícil ser filósofo ou religioso diligente e insensível às premissas e descobertas da ciência moderna.

Monsenhor contesta:

– A Ciência e a Filosofia jamais conseguirão alcançar a essência divina e o verdadeiro significado das religiões. A fé é a nossa premissa eterna.

– Tudo bem – pondera Lukas – mas o Universo continua em movimento, assim como o saber. Como afirmar que é impossível que tudo possa ser diferente?

– Porque a verdade está nas palavras de Cristo reafirmando a gloria divina.

– Estou longe de ser conhecedor das palavras de Deus, mas quando instado a responder, Jesus não silenciou sobre a verdade? – desabafa Lukas.

– Porque jamais seria compreendido, dadas as circunstancias de momento – se esquiva Caprillo.

– A verdade absoluta é um conceito tão abstrato e acima do entendimento, que está ficando fora das necessidades atuais do homem moderno. Restam as verdades úteis – provoca Lukas com um jogo de palavras.

– O que é uma verdade útil? – diz Monsenhor com desdém, olhando em direção à sua vasta biblioteca.

– Até há pouco tempo – explica o professor – as peças necessárias para fazer o mais pesado que o ar se desgrudar do solo e voar por força própria existiam esparsas e espalhadas sem conexão objetiva. A possibilidade de voar era heresia, baseada no fato de que Deus não deu asas aos homens. Alguém apareceu, juntou os dados existentes e ofertou à humanidade um aparelho capaz de voar em liberdade. Depois de algum tempo, através de novas ideias, estamos aprendendo a conviver com a realidade cibernética. A expansão do universo tem alcançado novas e insuspeitadas dimensões. O estudo do genoma atravessa fronteiras, antes inconcebíveis. Talvez um dia, poderá acontecer a mesma coisa com a realidade transcendental e ainda misteriosa. Para explicar a vida em sua total dimensão, todas as manifestações do pensamento têm caminhado no interior de um círculo, quase sempre à mesma distância do núcleo inicial. Tudo o que sabemos é que a vida é o mistério do qual fazemos parte.

Monsenhor Caprillo, furtivamente impressionado com a exposição do velho professor, responde com certo alvoroço:

– Deus, e somente Ele, é o criador de milagres. Faça por merecer sua vida na Terra como dádiva divina, para alcançar a salvação de sua alma no Reino dos Céus.

Embalado pela própria oratória, Lukas completa:

– Acredito que possa haver Céu e Terra, como realidades justapostas fazendo parte de um único Universo. Elas interagem formando mundos que se completam, mas ainda são intuídos pela ciência e pela religião, pois nosso conhecimento consciente esbarra nos limites dos mistérios e dos mitos.

Perturbado com as palavras de Lukas, retruca Monsenhor com a voz alterada pelo desconforto:

– Depois de ter visto por esta janela tanta beleza gratuita pela benevolência de Deus, como ousa contestar as palavras sagradas, que nos conduzem ao amor, à misericórdia e ao conhecimento de que necessitamos? O que pretende com essas transgressões, fazer parte da legião de Lúcifer?

Um pouco intimidado com a violência verbal, Lukas não se deixa abalar pelo que lhe possa acontecer nos domínios de Monsenhor:

– A figura de Lúcifer foi colocada como se fosse o contraponto subversivo às ordens divinas – afirma com convicção – ao seduzir Adão através de Eva, deu-lhe a oportunidade de obter conhecimento proibido. Essa desobediência talvez pretendesse desafiar o poder de Deus; outra possibilidade seria a de evitar a permanência do homem na ignorância de alguns desígnios do Senhor, principalmente os que dizem respeito ao bem e o mal. A intenção do anjo de luz teria sido para prejudicar o homem, ou por amor, esperar que a criatura tivesse conhecimento do que podia fazer e do que evitar? Deus, em sua sabedoria, estaria agindo com severa intransigência paterna, ao querer manter o filho na inocência do paraíso terrestre? Não nos cabe discutir os desígnios do Criador, mas em uma livre interpretação, é proibido ao homem conhecer a essência do amor de seu Pai. Deus poderia ter simplesmente excluído a ameaça antes mesmo de sua criação, mas preferiu jogar com a fraqueza de seus filhos, na expectativa de que permanecessem inocentes para sempre. Quem não sabe a diferença entre o bem e o mal não tem livre arbítrio, não devendo ser condenado e sim, receber ajuda e cuidados de aprendizagem. Apesar de sermos conscientes nas escolhas, muitas vezes a vontade suplanta a ética e a moral. O crente credita suas tentações e erros ao demônio, com a fantasia conveniente de ser seduzido pelo anjo caído ou por espíritos das trevas. Seus pecados decorrem de textos que parecem mostrar que o conhecimento do bem e do mal, nos faz incorrer em crime de desobediência. Quando o primeiro homem pretendeu saber, foi condenado e expulso. Fica a dúvida se o castigo foi aplicado por desobediência pura e simples, ou decorreu da vontade de saber. Há erro de interpretação ou não dependemos de tais mitos, porque carregamos na consciência profunda, os princípios que conduzem ao bem e ao mal. Somos meras contingências sob o olhar vigilante de um Ser Superior? Aquilo que buscamos nas palavras já está escondido nos sentimentos mais profundos, mas somos suficientemente hipócritas para responsabilizar forças misteriosas, situadas além dos desejos mais secretos. Temos muito medo dos monstros à espreita, nos labirintos da mente. Enquanto a vida for pautada por palavras, ouso afirmar que cada um diz aquilo em que sua consciência quer acreditar, baseado no que melhor lhe convém, tendo ou não certeza da verdade.

Monsenhor Caprillo fica possesso com as afirmações de Lukas. Anda nervoso pelo gabinete, pensando no que fazer com o ódio que sente pelo seu oponente.

Vira de repente para Lukas e exclama como um juiz pronunciando a sentença:

– Não sei ao certo o que já escreveu ou disse em seus delírios. Para mim você não passa de mais um herege reformista em luta contra a Santa Madre Igreja e o bem estar da alma de seus devotos. Em outras épocas, mais austeras com a importância da verdade, seria julgado e condenado. Como a religião tem se tornado mais flexível e preocupada em adaptar algumas regras doutrinárias de acordo com conceitos modernos, uma medida extrema não seria compatível com os dias de hoje, levando-se em consideração tratar-se de um professor e diplomata. De qualquer maneira, devo me ater aos votos que fortaleceram minha vida. Novamente, peço que reconsidere suas afirmações e retorne aos verdadeiros caminhos de Deus.

– Não sou e nunca fui antagônico aos desígnios de Deus. O verdadeiro caminho não leva a certezas incontestáveis, mas a um leque de realidades possíveis. Gostaria de acreditar com fé, mas não posso ser hipócrita e fazer de conta que sou um crente sem restrições, cultivando aparências. O mistério da minha existência é a verdadeira transcendência. Minha vida, por si só, é o grande milagre. Eu existo, e este é um fato. O resto é especulação. Sou como uma vela, sem saber se o pavio foi aceso por uma faísca trazida ao acaso, ou por uma vontade consciente. Importa como a vela ilumina o quarto, e não o destino que poderá ter quando a chama se apagar – rebate o professor.

Um pouco mais calmo, tentando compreender o que move o velho andarilho, Caprillo diz na esperança de amenizar as diferenças:

– Por que não deixa o Pai Divino cuidar da vela? A humildade é também um dom de sabedoria. Somos todos importantes no plano divino, mas não a ponto de contestar por arrogância.

Ao ouvir as palavras do religioso, Lukas se detém frente à possibilidade de ser vaidoso ao insistir no que verdadeiramente não tem certeza.

Senta-se na poltrona envolvido por um estranho cansaço.

– Desculpe minha eventual soberba. – diz com simplicidade – Acredite, não é o desejo de aparecer que move meus pensamentos. Sei que sou pouco mais que insignificante no contexto Universal. A única coisa que ouso tentar fazer, e que todos deveriam, é ter escolhas que façam alguma diferença, que possam um dia se transformar em ideias possíveis. Como disse, vivemos em um Universo que evolui constantemente, e não é o homem inerte e crédulo que provoca mudanças, mas quem propõe ideias – argumenta Lukas.

Resignado com a dificuldade de cooptar Lukas para o seu rebanho, o velho Monsenhor, demonstrando a fadiga que o tempo impõe, se dirige ao diplomata irredutível, como um mestre ao aluno rebelde:

– Lastimo que continue a pensar assim. Não tenho mais como lutar. Cheguei à conclusão de que suas ideias são doentias, e não tenho capacidade de mudar. Será encaminhado para os devidos cuidados de terapia especializada. Não tenha medo. Não lhe quero mal. Cada qual com seu destino nos momentos decisivos. Estou velho e esgotado – estende a mão, mas a retira em seguida – aguarde tranquilo e procure o conselho do abade Thomas. Que Deus o ilumine.

Dirige-se para a porta que é aberta em silêncio e aguarda Lukas deixar o gabinete.

Ao voltar para a solidão de seu escritório, Monsenhor reflete sobre o que ouviu, e nova dúvida o assalta – e se Lukas tiver razão em alguma coisa do que diz? – com medo de questionar sua própria crença, resolve por um basta na situação. Lukas não pode ser condenado porque há muito risco de levantar suspeitas, no meio diplomático e na mídia. O professor deve esquecer e ser esquecido. Com a face tensa e as mãos trêmulas aperta os olhos, preocupado, porque custa admitir o medo de que esteja errado. Mesmo assim, tem que comunicar sua decisão ao abade Thomas.

Pela primeira vez Lukas se sente acuado e um temor frio se infiltra em seu corpo, como um veneno a lhe percorrer as entranhas em direção ao cérebro cansado.

Não pode mais deixar o destino nas mãos de Caprillo. Teme as insinuações de Totó sobre ser condenado ao esquecimento com o que chamou de roubo da memória.

Nessa manhã, sente-se como um fruto ressecado e pronto para ser colhido por seus captores. Fica tentado, mas não consegue aceitar as imposições de Monsenhor como remédio para sua salvação.

Sai para o jardim pensando em buscar refúgio na beleza simples da natureza, mesmo sabendo que ela não conseguirá resolver seus problemas. Sem rumo, precisa de Thomas para confessar o medo que começa a se avolumar de maneira real e consistente.

Procura o velho abade, mas só encontra Guido acompanhando jovens noviços. Contempla seu jeito de simpático farsante, estampado nos trejeitos da face e sorriso histriônico.

Os jovens debutantes da divina verdade, alegres como sempre, estão envolvidos na vida simples do monastério, com a esperança de que as portas do Reino se abram, após uma vida dedicada ao bem e ao conforto do sofrimento de pequenas almas devotas. Vivem uma fantasia que, para alguns, poderá se transformar em realidade. São os artífices do canto gregoriano, que semeia paz nas salmodias vespertinas.

Lukas disfarça a inveja que tem dos jovens idealistas devotos e murmura como em uma prece:

– Meu desejo mais profundo é que permaneçam no ideal que abraçaram, sem resvalar na secular política corporativa da Congregação.

Procura um banco para sentar e fica observando Guido. Parece que está sempre incorporado no personagem que criou, mantendo-se como um coadjuvante que vive à espera de algo importante. Comenta em voz baixa:

– Como poderá ajudar no que pretendo? Guido não passa de um número registrado na folha de pagamento da Instituição. O que faz o abade diretor ter confiança em tal pessoa? – olha os tristes ocupantes daquele lugar perdido nas colinas – tenho a sensação de estar enredado nas teias de uma aranha gigantesca.

Aproxima-se do inocente bando buliçoso de noviços que se divertem como crianças felizes na borda do mundo real. Chama Guido, com quem precisa conversar.

– Bom dia – cumprimenta preocupado – preciso falar com você, Totó e Thomas. Estive com Monsenhor Caprillo e chegou o momento de adotar medidas práticas sobre minha saída do Mosteiro. Por favor, transmita a Thomas a minha decisão. Ficarei aguardando a resposta.

Guido se afasta olhando Lukas como um espectador desinteressado e soltando um pequeno grunhido, sai em busca de Thomas.

Depois de longa espera, o abade se aproxima cabisbaixo, com seu andar descontraído de pato e cumprimenta Lukas, que sentado, observa um escaravelho no jardim transportando com esforço uma bolota de estrume que usará em sua próxima refeição.

– Salve, meu bom e desmiolado professor. Como está? – diz Thomas alegremente.

– Olá, Thomas – responde Lukas de semblante sombrio – estou observando este besouro, comedor de esterco e mesmo assim, venerado no antigo Egito como símbolo da ressurreição.

Com bom humor, responde o abade:

– Cristo disse que pecado não é o que se come, mas o que sai da boca. – voltando a ficar sério, pergunta – O que o preocupa?

– Estou me sentindo perdido entre essas paredes – responde com sinceridade, pedindo que Thomas sente-se a seu lado.

Baixando a voz em tom confessional diz:

– Conversei com Monsenhor e não gostei nada do tom na despedida, como se eu fosse um alienado perigoso que deve ser tratado pelo dr. Franz. – agora demonstrando toda sua ansiedade – Não é para me preocupar? O que devo fazer? O que você pode fazer para eu deixar a Custódia? Estou com medo do que possa acontecer nos domínios desse médico!

Thomas também se torna ansioso e pensativo. Não sabe se já é hora de contar toda a verdade sobre os métodos utilizados pelo *herr doktor*. Senta ao lado de Lukas e depois de um longo suspiro diz simplesmente:

– Não é tão fácil satisfazer o que deseja. A ordem de internação partiu de um juiz após perícia médica e precisamos levar em consideração quem possa estar atrás da trama. Preciso de algum tempo para pensar.

Lukas, que já está nervoso se exalta:

– Afinal você está do meu lado ou do Caprillo, feito uma vaca de presépio?

– Lembre-se de que você está na casa de Deus.

82 | A Sombra do Abismo

– Casa de Deus coisa nenhuma. Estou na casa de vocês, que como sicários deslumbrados posam de Cavaleiros Templários, como se fossem o próprio Deus. Você não está no púlpito. É o meu destino que está em jogo.

– Calma, eu sei disso, mas prefiro não entrar no mérito de um exame médico e da decisão de um juiz. Já está havendo exagero do Monsenhor, espero que não cometa o mesmo erro. Esta não é a primeira vez que isso acontece neste hospital. Conhece alguém de fora que possa se interessar pelo seu caso? Algum parente, amigo ou colega de consulado?

– Diversas pessoas, mas como posso me comunicar com alguém se nem ao telefone tenho acesso? Caprillo vai me mandar para o dr. Franz. O que isso quer dizer?

– Que está mais grave do que pensei – responde Thomas – nosso projeto não pode mais ser adiado. Como posso fazer contato com alguém de sua confiança?

– Tenho amigos no consulado em Roma, e uma pessoa em Zurich, que cuida dos meus interesses pessoais.

– Ótimo. Prefiro falar com o consulado, que tem mais poder de barganha. Vou dizer a Guido que ele será o mensageiro, porque mora fora da Instituição. Voltaremos a conversar quando souber o dia em que Guido está fora, e se ele pode ir a Roma.

Lukas segura firme o braço do abade:

– Tem certeza de que são de confiança? Não posso piorar a situação.

– Fique tranquilo. Os dois têm motivos pessoais para que você consiga escapar. Aviso quando for o momento certo.

Thomas se levanta e abençoa Lukas com se tivesse ouvido uma confissão, fato corriqueiro em sua vida no Mosteiro. Afinal, naquele ambiente estranho nunca se sabe quem poderá estar vigiando. Afasta-se lentamente, como se nada importante tivesse sido revelado, mas seu íntimo se agita. Não há outro jeito senão confiar em um funcionário descontente e em um paciente há muito tempo morador na Casa de Custódia, onde foi submetido a humilhações e injúrias físicas.

Finalmente, Thomas elabora um plano. Tentará manter contato com alguém do consulado, amigo de Lukas, que possa ter influência e livre acesso na Instituição, mediante solicitação diplomática.

Manda chamar Totó e Guido para estabelecer a ação.

À noite, os três se reúnem no quarto de Thomas.

– Mandei chamar porque não há mais tempo a perder. Lukas está sendo encaminhado ao Franz para o tratamento que conhecem. Não podermos permitir que isso se complete. Não quero ter esse peso na consciência por não ter feito nada. Estão de acordo?

Totó é o primeiro a responder:

– De acordo. Fizeram isso comigo e, mesmo que talvez merecesse, é crime. Minha memória quase foi destruída, mas graças a você, não terminei o esquema de tratamento. Não pense que esqueci sua intervenção quando afirmou que, mesmo em confissão, eu já não lembrava nada. Ensinou como me portar como paciente em "recuperação" e me livrar do dr. Franz. Aprendi a simular esquecimento e deficiência mental. – virando para Guido – Além de saldar a dívida com meu benfeitor, minha consciência será absolvida. Com uma boa ação tiro um inocente das garras de Monsenhor, a quem desprezo, e do dr. Franz, que se julga um deus capaz de fazer o que bem entende com os pacientes, mas é um mísero e asqueroso servente da Congregação. Odeio esse homem e espero que torre os testículos no fogo do inferno.

Sorrindo, repreende o abade:

– Sem exageros, sem exageros.

Volta-se para Guido e explica:

– Se for preciso, você irá a Roma em sigilo falar com uma pessoa que eu indicar. Todas as despesas serão pagas, mas ninguém pode saber. Digo ao Monsenhor que o dispensei para ver um parente que está muito doente.

– Pode contar comigo, já que você vai me ajudar com a aposentadoria, certo? – diz o esperto Guido.

– Certo – garante Thomas – aguardem meu sinal. Quando tudo estiver acertado, espero contar com os dois.

Falando a Totó:

– Não se esqueça de vigiar sempre Lukas, para que ele proceda exatamente como planejado e não comprometer a operação. Quero só ver a cara do Caprillo quando tudo terminar – diz o abade sorrindo com antecipada satisfação.

– Se tudo der certo – corrige o cauteloso Totó – senão, quem vai torrar os bagos aqui dentro somos nós.

– Que Deus nos ajude – pede Thomas absorvido pelos próprios temores, afrontando pela primeira vez as decisões superiores, sem saber com certeza onde está pisando.

– Agora saiam sem ser percebidos e que Deus nos proteja.

– Amém – diz um estalando a língua e o outro capengando, enquanto se dirigem aos corredores do Mosteiro.

Capítulo IV

O Roubo da Memória

Amanhece quando Lukas é novamente levado ao consultório.

O diretor clínico do hospital está sentado protegido pela escrivaninha. Sua cadeira de espaldar alto, é inversamente proporcional à altura de seu caráter. Levanta os olhos com arrogância em direção ao velho professor, que não abaixa o olhar nem a altivez de sua cabeça erguida, emoldurada por serena aura de dignidade.

– Então, estamos outra vez frente à frente, não é mesmo, *herr* professor?

– Não pela minha vontade, mesmo porque não costumo me imiscuir com gente de sua estirpe – responde Lukas com aparente tranquilidade – de qualquer maneira, como refém, estou à disposição do nobre doutor.

– Para mim não é refém, somente um paciente como qualquer outro. Quero examinar sua capacidade de julgamento e compreensão – responde sarcasticamente o médico.

– Já conversamos suficientemente a respeito, mas como acredito que mesmo antes de qualquer exame você tem opinião formada e tudo não passa de uma farsa, exijo diplomaticamente que se digne a dizer o que pretende, para que eu possa compreender a situação em que me encontro e o motivo de estar aqui. Conheço parte de sua trajetória e, se verídica, não o abona nem para o exercício da profissão e muito menos para merecer o mínimo respeito.

O médico, não acostumado a ser tratado dessa maneira, procura se controlar ao responder:

– Então o diplomata está começando a mostrar sua habilidade verbal? Ótimo! Talvez agora possa avaliar em definitivo sua capacidade de entender os próprios atos, e agir de acordo com essa compreensão.

– Esse jargão profissional é perfeitamente desnecessário – retruca Lukas – vamos ao que interessa. O que está disposto a fazer para agradar Roma?

– Usar meus conhecimentos profissionais dentro da mais absoluta ética para atender à justiça – resume com raiva evidente.

| 84 |

Em tom de zombaria Lukas provoca:

– Não tenho direito a uma segunda opinião profissional?

– Minha atuação neste caso não comporta segunda opinião porque se trata de uma perícia. Se com todos seus títulos não sabe o que é uma perícia, é um ignorante, se sabe e está jogando, é simplesmente um tolo. Somente o juiz que intimou, pode aceitar ou não a conclusão. Se não aceitar, você será encaminhado a outro perito que irá elaborar um parecer.

– Desista. – completa sorrindo com desdém – isso jamais aconteceu no meu serviço.

Resolvido a colocar o professor na simples condição de paciente, o médico parte para a afronta:

– Chegaram ao meu conhecimento alguns fatos sobre sua infância e adolescência, que provavelmente foram o bastante para determinar a distorção patológica que moldou sua personalidade. O documento solicitado será entregue ao juiz que irá julgar e, certamente, o colocará aos meus cuidados para tratamento especializado em distúrbios de comportamento, prejudiciais à sociedade. Quando, e se tiver alta médica, a autoridade legal será informada – com um sorriso malicioso – no momento, você não tem condições psicológicas para reger seus atos.

Essa afirmação surpreende Lukas:

– Você nem mesmo vai examinar meu estado mental?

– Já estou examinando desde a primeira vez que pisou em meu consultório. O resto é mera formalidade. Tenho o material e a conclusão. Só por curiosidade, gostaria de saber por que essa fuga da realidade e a preocupação exagerada com mitos? Você nem sequer respeita os códigos de ética e moral que mantém a sociedade em condições viáveis.

Lukas, cansado de ser jogado como marionete em um circo de saltimbancos, perde a paciência, esquece as recomendações recebidas e encara a discussão, mesmo que seja seu último ato:

– Você não tem lastro de honra para questionar meus códigos de ética e moral. Já nem sinto mais raiva ou medo, somente vergonha de pertencer à mesma espécie de um ser tão desprezível.

Com essa atitude parece ter quebrado um pouco a couraça do oponente, mas foi um perigoso engano:

– Vou lhe dizer o que penso, mesmo que não mereça a menor consideração e respeito, como homenzinho vil e sórdido que é, na tentativa de ajudar a alcançar a condição humana.

Lukas ataca com determinação, pois não pode fugir de suas verdades.

– O homem considerado normal, na sua inquietude e insatisfação pela realidade dura e fria da convivência diária, sentindo o peso da impotência frente ao que sabe e ao que não sabe, que nenhum livro ou religião consegue satisfazer, criou inúmeras sociedades secretas ou não, para ultrapassar o sensível e alcançar o conhecimento pleno. Os sonhos não substituem a realidade, mas possibilitam acreditar em outras dimensões. Para esse homem que só deseja ser feliz, amar e ser amado com todas as incertezas que os sentimentos despertam, a verdade absoluta é menos importante do que a fé irrestrita que o faz se sentir ligado a um sonho maior. Todo grande homem é sempre menor do que seus sonhos. A fé não precisa necessariamente estar dirigida a uma visão transcendente. Basta ter fé nos valores da vida, enquanto cultivamos a própria existência. O mito da verdade revelada e da imortalidade só pode ser concebido na abstração chamada alma que deve sobreviver além da matéria. Se o corpo fosse imortal, a humanidade desapareceria na autodestruição, por matar o mito da imortalidade da alma em uma dimensão divina. A alma se torna desnecessária se a matéria não tiver um tempo finito. Os sonhos e os mitos se tornam importantes à medida que dão suporte mágico à realidade aparente. É preciso crer e ter fé, se não nos mitos, na vida que propicia a única realidade que conhecemos. Somos mocinhos e bandidos, bons e maus, sábios e ingênuos. Tudo depende do que sentimos. Mesmo frente a grandes dificuldades, somos os últimos senhores de nossos atos. Quando necessária, a principal ajuda deve nascer no interior de cada um, estimulada pela verdadeira autoestima. É fácil procurar soluções em livros de autoajuda ou de religião, difícil é verdadeiramente ensinar qualquer pessoa se autoajudar. A autoajuda vinda de fora é um paradoxo, quando não uma desculpa para quem vende e para quem compra. Ninguém pode nos conduzir pela mão ao núcleo da consciência íntima que move as emoções e a vida. O máximo que se consegue fazer é manipular botões de resposta. É impossível ensinar como sentir a vida. Não somos a luz e sim o pálido reflexo da própria consciência. A imaginação é um caminho fascinante que permite todos os voos, com o risco de se ver o brilho da luz intensa, e a verdade permanecer nas sombras, mesmo com o poder de traduzir a realidade que desejamos.

– Quanto aos valores que você despreza porque não os possui, afirmo que os códigos éticos e morais tendem a proteger o homem e a sociedade visando à preservação da espécie, enquanto que a religião procura a preservação da crença nos mistérios, moldando o espírito e visando à preservação de sua essência. A diversidade de doutrinas religiosas, muitas vezes conflitantes, deveria traduzir a expansão da fé na busca de um objetivo comum: a introdução da divindade na essência humana. As doutrinas se baseiam em conceitos culturais específicos de um determinado povo ou região. Mesmo o mais humilde dos mortais está sempre à espera de um mundo diferente guiado por líderes iluminados, aspirando por uma causa imortal que compartilhada por todos, o livre da alienação. Assim como os textos sagrados elevam os religiosos ao êxtase, a ciência tem procurado descobrir segredos do corpo humano em sua estrutura e funções, que beiram a fantasia. Através de pesquisas, verificou-se que somos projetados para ter células com destinos pré-determinados para todo o organismo, com funções específicas e adaptáveis. São células embrionárias de grande potencial. No DNA, designação da substância responsável pelo desenvolvimento genético dos seres vivos, descobriu-se a possibilidade de ocorrência de erros passíveis de ser corrigidos. Esse fato levou à hipótese de haver outro código além do que se conhece. Seguindo os passos da física quântica, que é a ciência das possibilidades, fica em aberto a existência de um código imaterial que permite erros e acertos no próprio determinismo genético, como se houvesse paralelamente outra consciência alerta para o mundo de possibilidades fortuitas, não mensurável materialmente. São fenômenos que talvez um dia, permitirão que nossa consciência se integre a um mundo imaterial. Sabemos que o organismo produz a semente da criação, mas a origem da vida ainda é desconhecida. Há um caminho muito grande a ser percorrido entre a terra e o céu. Não há porque temer a existência de Deus e sim, tentar conviver com ela. Não devemos esquecer que, existindo Deus, pode também existir o Diabo, na suposição de que o bem sempre combate o mal. O mito do demônio faz parte da cultura hebraica há milênios, não como um ser que representa o mal, mas como um ente que procura causar empecilhos e limitações, utilizando a fragilidade humana frente à possibilidade de evolução do espírito criativo. A igreja cristã transformou o diabo no ser mítico que personifica o mal incitando o homem a pecar contra os mandamentos. Muitos autores atuais o situam como parte do inconsciente humano, no papel de mentor de comportamentos antissociais. Na esteira desse inconsciente coletivo, as religiões racionalizaram a abordagem do mal, na figura do Diabo extraída do Belzebu fenício e do Pan grego, estereotipado como um ser maligno e amedrontador que mora no inferno. Nesse caso o Deus da bondade deve morar no céu, e não no espírito humano como parte de sua vida. Quando crianças, necessitamos de um pai humano, sem dar conta de suas limitações. Quando adultos, esperamos que um Pai divino, poderoso, justo e bom, nos ampare e conforte. Você não passa de um pobre diabo, incompetente e servil, que precisa se fantasiar de Deus, para brincar com a fragilidade de pessoas

88 | A Sombra do Abismo

que nem conhece, e são encaminhadas muitas vezes por motivos torpes. Apesar de eu estar em suas mãos, quero encerrar esta ridícula entrevista, assegurando que o ilustre dr. Franz Andanken representa para mim, o resquício de esgoto da humanidade, comparável aos piores espíritos deteriorados que conheci em minha infância.

Incontinente, quase acometido de apoplexia, o médico chama seus auxiliares que, segurando firmemente Lukas, o arrastam para uma sala contígua.

Apesar dos esforços, é preso a um leito, por faixas de contenção. Amedrontado, vê o médico se aproximar e colocar um tubo de borracha em sua boca, enquanto um auxiliar traz um aparelho junto à cabeceira da cama. Percebe diversos botões e luzes piscando.

Sem poder agir, em suas têmporas é colocada uma espécie de pasta úmida e fria, onde são aplicados dois terminais do aparelho. Repentinamente sente a invasão da corrente elétrica em seu crânio, fazendo seu cérebro se perder na escuridão do desmaio.

Não teve consciência dos bruscos e extensos movimentos convulsivos que varreram todo o seu corpo, iniciando o terrível processo de esquecimento. Após a corrente, seu corpo permanece inerte, largado na cama e envolvido por seus próprios fluídos orgânicos, decorrentes de relaxamento das válvulas de contenção que funcionam com o cérebro desperto. Após a higiene feita por assistentes, é levado ao quarto, como um imprestável boneco de pano.

Passadas algumas horas, acorda com forte dor de cabeça e com o corpo moído como se tivesse sido atropelado no asfalto. Com a visão ainda borrada, quase não reconhece o próprio quarto. Confuso e desorientado tenta levantar do leito, mas não consegue. Nunca havia sentido uma ação esmagadora como essa.

O que havia acontecido? Não consegue lembrar com nitidez os fatos ocorridos nessa manhã sinistra. Sente na boca ferida, o gosto de sangue misturado à saliva. Volta a se recostar no travesseiro para conciliar o sono, sentindo-se indisposto, inquieto e aterrorizado. Percebe vagamente a enfermagem colocando um comprimido em sua boca. Engole com dificuldade e dorme logo depois. Após um sono agitado, acorda com a persistente dor de cabeça e percebe o abade ao seu lado, preocupado e triste.

– Oi, Thomas. O que aconteceu? Estou me sentindo estranho e confuso. Que dia é hoje?

O abade sentado ao seu lado, segura sua mão com cuidado:

– Começou o tratamento que temíamos. Está sob os cuidados do doutor. É ele quem estabelece a série de aplicações. Tente repousar até a ceia e não pergunte aos funcionários o que aconteceu. À noite deverá ser novamente medicado para dormir. Antes de voltar a ver o dr. Franz, passarei aqui para conversar. É chegada a hora de agir, antes que os efeitos sejam catastróficos. Amanhã deverá ser somente observação clínica. Procure dormir à noite, que precisamos montar um plano de ação. Está me entendendo?

Após afirmativa de Lukas, o abade se despede prometendo vê-lo pela manhã.

Entre o café da manhã e a consulta médica, Thomas procura Lukas que já se encontra no pátio, juntamente com outros pacientes. Dirigem-se à sala de recreação e sentam-se em um canto isolado.

– Como se sente hoje? – pergunta Thomas.

– Melhor, sem dor de cabeça.

– Bom – estimula Thomas – precisamos agir sem demora. O programa de choques é prolongado e não deve chegar ao fim. Portanto preste atenção no que vou dizer e procure fazer tudo como eu mandar.

– Quantos choques ainda vão aplicar na minha cabeça? – pergunta Lukas preocupado.

– Depende do andamento do nosso plano. Isso já aconteceu antes e não quero que o mesmo ocorra com você. Foi submetido ao primeiro eletrochoque, que no seu caso, não tem nada a ver com terapia. Depois, de acordo com sua reação, poderão acontecer mais sessões, sem número definido de aplicações. Aja como se os choques estivessem produzindo o efeito que pretendem. Finja sempre estar meio confuso e desorientado e, principalmente, com enfraquecimento da memória. É preciso dar a impressão de que você está esquecendo as coisas antigas e recentes. Aos poucos, faça acreditarem que não lembra bem do que falou ou escreveu e muito menos de documentos antigos. É o único meio de se livrar de Franz, que irá pensar que o processo foi bem sucedido. Entendeu tudo o que eu disse? É para seu próprio bem – complementa Thomas.

– Entendi o necessário, se bem que um pouco fragmentado. Estou começando a me sentir melhor, mas aos poucos.

– Aguenta firme esse início, faça o que eu disse e poderemos ter sucesso. Vou pedir ao Totó ficar mais tempo com você. Siga todas as instruções que ele der.

– Por que o Totó e não você?

– Porque ele já passou pelo mesmo problema e tem experiência pessoal. Preciso de um endereço ou telefone de algum amigo seu em Roma, de preferência do Consulado. Marque neste papel.

Lukas escreve o telefone e o endereço de um colega diplomata.

– Agora descanse. Não desanime e confie em Deus, ou na vida se preferir.

– Confio em você.

Após essas palavras o abade se levanta e diz:

– Aguarde Totó e pode confiar nele também.

Após conversar com Thomas, sentindo-se mais confortado e com esperança de deixar a Instituição, o professor se prepara a novo entrevero com o médico. Para sua surpresa, é recebido como se nada houvesse acontecido.

Dr. Franz o examina, verifica seus dados vitais e pergunta como se sente.

– Um pouco cansado e meio esquecido. No mais, tudo bem.

– Ótimo – diz o médico confiante – está reagindo bem ao tratamento. Se continuar assim, não será muito longo.

Ao deixar o consultório, Lukas sente-se observado de modo mais atento pela enfermagem. Caminha, e displicentemente pergunta as horas. Sem mais problemas, deixa a Instituição e vai para o Mosteiro a procura de Totó. Tem ainda mais de uma hora até o almoço.

Não está com fome, mas lembrando das palavras do abade, porta-se como nada tivesse acontecido. Sente-se bem e quer demonstrar aos demais. No jardim mistura-se com os noviços, monges e pacientes que tem permissão de atravessar o pátio interno e usufruir da paz do monastério. Não demora muito para ver a figura singular mancando em sua direção, com o sorriso que lhe é peculiar. Inevitavelmente lhe ocorre um pensamento

– Será que ele é assim mesmo, ou é tudo encenação?

Ao se aproximar, Totó faz sinal para que ande até a sombra de algumas árvores no lado oposto distante de olhares curiosos e ouvidos treinados. Lá chegando, Lukas senta no banco, mas Totó prefere ficar em pé à sua frente como se tivessem se encontrado de forma fortuita e parado para uma conversa inocente.

Mais sério do que de costume, Totó pergunta:

– Já começou o tratamento com o deus do trovão?

Lukas somente confirma com um aceno de cabeça.

– Então já sabe como é. Tive a mesma experiência por mais de vinte vezes. Devo minha mente e minha vida ao abade Thomas, que ensinou a me comportar para enganar nossos tutores.

Lukas pergunta cabisbaixo:

– Confia plenamente em Thomas?

– Plena e cegamente. Confio até a alma a esse homem – com o sorriso costumeiro, completa – se bem que você não acredite nessa coisa de alma.

– Acredito de forma diferente – defende-se Lukas.

Totó encara Lukas com o olho vesgo e o repreende como a uma criança mimada e travessa:

– Pois a partir de agora você começa a acreditar de todas as formas, entendeu? Disso depende o seu futuro como homem normal capaz de pensar e sentir, agindo como Monsenhor deseja.

Um pouco mais calmo:

– Está a fim de seguir os conselhos de um pobre deficiente manco e vesgo?

– Sim. Pode falar.

– Então preste sempre atenção na maneira como eu ando e falo com os outros – com postura comedida e semblante sério

– Não sou filósofo, nem professor, nem diplomata, mas tenho uma coisa que espero você nunca venha a ter... A experiência do que pode fazer esse marginal que usa avental branco. Sei como se livrar dele. Engane sempre. Dissimule. Faça com que pensem que ficou como eu, deficiente, um pouco confuso e não confiável, com a cabeça fraca e dependente de cuidados, mas não de vigilância. Principalmente com a memória imprestável. Comece a não se lembrar de mais nada, inclusive da arrogância do idealista. Consegue fazer isso?

– Vou tentar – diz Lukas.

– Vai tentar coisa nenhuma. Vai fazer. Estou arriscando meu pescoço, mas tenho um compromisso com o abade Thomas, meu salvador, e vou cumpri-lo mesmo que tenha de rachar sua cabeça dura. Você pode ser melhor que eu lá fora, mas aqui dentro é o gado de abate, a caça nas mãos de caçadores experientes e cruéis.

Com nova ênfase:

– Fui claro?

– Está bem. Está bem. Somente diga o que devo fazer e prometo cumprir a minha parte.

– O que deve fazer já foi dito e repetido – confirma como um velho e cansado mestre escola.

– Fingir que está ficando um imbecil desmiolado, dando a mesma impressão que teve a meu respeito em nosso primeiro encontro. Procure enganar aos poucos, para não levantar suspeitas, entendeu?

– Já entendi, não precisa ficar repetindo. Agora me diga uma coisa, por que você tomou choque?

– Porque sabia de muita coisa. Lá fora conhecia o mundo corrupto do poder, com acesso a uma lista de envolvidos, na vida pública, na igreja e em alguns templos cristãos, onde pastores vendem milagres brigando com a concorrência. Aqui dentro foi por outros motivos. Lembra quando falei que um dia poderia contar a história da banheira? Lembra?

– Lembro.

– Pois é. – diz Totó sério – Ocorreu há algum tempo, quando ainda existiam banheiras para um negócio chamado hidroterapia com banho gelado. Depois chegaram à conclusão de que era papo furado, como ainda ocorre com cristais, triângulos milagrosos, cores, pedras e passes. O que funciona é a crença e não o ato. Bem, continuando, colocavam o paciente na água fria para ficar tranquilo e melhorar a cabeça. Certo dia, um doente completamente doido varrido afogou um rapazinho franzino e deficiente na banheira, sem motivo aparente. Como era doente mental, no dia seguinte o doido nem sabia o que havia acontecido e por isso, nada foi feito com ele. Estourou em cima do papai aqui, que viu tudo. Ficaram com medo que eu abrisse o bico e revelasse o assassinato. Isso iria manchar a batina dos santinhos e o avental branco do doutor. O que fizerem por ordem do Monsenhor para garantir que o escândalo fosse abafado? Tentaram abafar a cabeça do Totó com uma carga pesada de choques que poderia iluminar toda a vila. Churrasco de miolos. Fui salvo pela intervenção desse velho gordo que tem a alma dos verdadeiros evangelistas. Com a orientação que me deu, e que passei a você, salvou minha pele e mais que isso, minha mente, senão agora eu estaria como o Gunther. Agora o que ele mandar, eu faço. E você também.

– E o Guido? – quer saber Lukas.

– Ele é outro caso. Não é paciente e seu problema é com a aposentadoria que não vem, mas se quer saber, pergunte para ele, que não sou menestrel. Só digo uma coisa. Nele eu confio também. Pode confiar em nós, porque achamos que você é inocente, incauto e ingênuo perto do Monsenhor. Confie em nós, mesmo porque, não tem mais ninguém. Agora fique na sua, faça o que eu disse e tudo dará certo. Por algum tempo esqueça que é professor e diplomata, até a hora chegar. É só um paciente submetido a tratamento. Fale só quando precisar. Tenha a determinação de um cruzado em campo de batalha porque não vai ser fácil. Confie e reze para quem quiser.

Dito isso, virou-se e saiu capengando como sempre.

Escalando a Montanha

Com Totó e Guido, o abade quer planejar a maneira de libertar Lukas das garras do Dr. Franz, sem levantar suspeitas.

Encontram-se no pátio e se dirigem à pequena capela ao lado do quarto de Thomas, onde poderão conversar com a relativa segurança de devotos fazendo suas orações.

– Precisamos encontrar um meio de tirar Lukas do prédio. Como poderá passar pelo portão e pela vigilância? – indaga Thomas.

Guido estala a língua, mas não tem resposta.

Por sua vez, Totó com a experiência adquirida em ruas e becos escuros, comenta com simplicidade:

– Saindo pelo portão e cumprimentando os guardas.

Incrédulo, pergunta o abade:

– Caminhando e assoviando com as mãos nos bolsos?

– Exatamente – responde Totó rindo da situação.

– Como? – quer saber Guido, participando da conversa.

– O Lukas não tem amigos influentes em Roma? – reponde Totó admirando o pequeno altar despojado e simples que ilumina a capela.

– Tem – responde Thomas – isto é, acho que tem.

– Tem ou não tem?

– Tem – confirma Thomas impaciente.

– Então o Guido vai dar um jeito de viajar até Roma e falar com eles.

Virando-se para Guido:

– Pode ser?

– Tudo bem, eu vou.

– Parece que Lukas tem um amigo com quem já trabalhou quando diplomata. Que tipo de influência ele precisa ter? – quer saber o abade.

– Precisa ser alguém do próprio Consulado, que se disponha a vir até aqui conversar com o Lukas – explica Totó.

– Acho que só isso não basta para sair tranquilo e assoviando – dúvida Guido maneando a cabeça e estalando a língua.

Depois de pensar por alguns instantes, Totó resolve assumir de uma vez a direção do plano:

– É claro que não basta, mas deixa comigo. É melhor eu cuidar do projeto. Bandido por bandido eu sou o mais qualificado. Vamos distribuir as tarefas, que há muito que fazer. O abade Thomas é o responsável pelos endereços e pela saída do Guido. Você Guido é o pombo correio, por ser o único que pode deixar o Hospital Psiquiátrico Judiciário – diz o nome pomposo com um sorriso maroto.

– Nós não somos uma equipe? – diz Totó como se estivesse em uma reunião de trabalho.

– De posse dos endereços, o Guido vai falar com os amigos de Lukas. Esse amigo procura alguém de confiança e prestígio dentro do Consulado, que vem falar com Lukas, portando uma autorização judicial de visita oficial.

Observando a atitude de seus companheiros, Totó complementa:

– Acho que só isso não basta para levar o professor para fora. Por experiência, conheço a força da imprensa quando quer denunciar alguma coisa. Essa ajuda extra é o ponto chave. O amigo de Lukas tenta por via diplomática, mas é preciso que a mídia tome conhecimento, como, ainda não sei. O quinto poder ainda é mais forte do que a política e a diplomacia. É preciso fazer alguns arranjos aqui dentro para que isso aconteça e acho que sei o caminho das pedras – se deliciando com a imagem – quem vai prestar atenção a um pobre doido, vesgo e manco como eu?

– Como é que você sabe essas coisas? O que pretende fazer o velho manco e vesgo? – brinca Guido.

– Não nasci aqui dentro. Nunca se deixe levar pelas aparências. Vou falar com aquele médico francês idealista e jovem, que faz parte do corpo clínico desde o ano passado. Ele é adepto dessa reforma psiquiátrica que está sendo implantada a passos de tartaruga. É contra a existência de manicômios tradicionais como este, se bem que muitos já foram reformulados ou fechados. Não aceita muito o tratamento com choques elétricos, mesmo que tenham finalidade terapêutica. Imaginem se ele desconfiar que os pacientes encaminhados à Casa, são submetidos a processos de esquecimento forçado pelos choques. Quando chegar a hora, poderemos ter um forte aliado no jovem dr. Henry Chavel, promissor psicoterapeuta da nova geração. Se não me engano, quando morava em Paris, conheceu uma jovem que trabalha em jornalismo e cairia como uma luva em nosso empreendimento. Preciso trabalhar o dr. Henry e convencê-lo a cooptar a moça para aderir à causa, como se o compromisso fosse o de mudar a filosofia deste hospital para os padrões modernos. Vou continuar vigiando o professor para que não fale demais, e o Guido fica à espera dos endereços para a viagem. Vamos lá! – diz Totó com entusiasmo.

– Mãos à obra! – exclama Thomas, satisfeito por participar de uma atividade diferente da rotina monástica.

Deixam a capela e cada um toma seu rumo, alegres por ter um projeto em que se dedicar.

Após a reunião, Thomas procura Lukas para pegar os endereços. O professor escreve os nomes em um papel e passa para o abade. Deve ser mantido contato com Roberto Busanti, amigo de Lukas que mora em Campo dei Fiori, perto do rio.

Busanti é funcionário do Consulado e deve fazer a ponte entre o professor e alguém mais graduado que possa interferir no processo. O homem escolhido é Frederic Bauer, adido consular em Roma.

Em seguida, Thomas procura Monsenhor e comunica que Guido precisa ir a Roma visitar um parente que se encontra hospitalizado em estado grave. Monsenhor se oferece para entrar em contato com o hospital, no que é contido por Thomas que afirma não haver necessidade, pois Guido não sabe ainda qual hospital e quando deverá viajar, e se irá sozinho ou com a família. Retorna ao pátio do Mosteiro onde espera encontrar Guido. Depara com Totó conversando despreocupadamente com alguns pacientes. Quer lhe passar o papel com os endereços:

– Aqui estão o nome e endereço do amigo de Lukas.

– Esse papel deve ficar com o senhor. Primeiro porque não posso dizer ao Guido o que ele deve fazer e segundo porque estará mais seguro em seu hábito do que no meu bolso. Ninguém irá revistar o abade superior.

Thomas então procura Guido e lhe entrega o papel, dizendo que dentro de dois dias ele deverá estar em Roma.

Como combinado, dois dias depois Guido deixa o Mosteiro e se prepara para a viagem porque sabe que Roberto já foi avisado.

Nas primeiras horas da manhã, Guido se dirige à estação próxima do centro da cidade para tomar o trem das 7h30. Acomodado na segunda classe, prepara-se para apreciar a paisagem ao sul da Toscana, no caminho para a capital.

Em Roma, desce na Stacione Termini e vai a pé ao Policlínico Humberto I, próximo à estação de trens, para conhecer o hospital onde supostamente está seu parente. Talvez precise de respostas a perguntas capciosas. Dirá que seu parente já apresenta melhoras e está fora de perigo. Em seguida toma o ônibus para a Piazza Venezia e daí aproveita a bela manhã para uma caminhada até o ponto de encontro. Roberto Busanti está à sua espera.

Roberto é um homem magro, óculos redondos de aros metálicos, cabelos pretos repartidos ao meio e fixados com brilhantina barata, vestes um tanto surradas, mas em bom estado. Tem o esmero de trajes e gestos típicos de um funcionário público de carreira que, pragmático, executa as tarefas ordenadas sem questionar. Após os cumprimentos de praxe, se dirigem a um café para conversar, saboreando um cappuccino com vermute.

De pronto, Guido tem a impressão de que não deve falar mais do que o estritamente necessário, porque Roberto não lhe inspira confiança.

– Você é amigo de Lukas Dijinsky? – pergunta Roberto com cerimônia – Em que posso ser útil? Como ele está?

– Conheci o professor há pouco tempo e fui designado para procurar o senhor e solicitar sua ajuda – diz Guido lacônico – Lukas está internado em um hospital psiquiátrico para tratamento.

– Lukas está doente, mentalmente doente? – pergunta o amigo preocupado.

Guido, sem saber se falou demais, fica ansioso e começa a estalar a língua em seus trejeitos de face, sob o olhar curioso de Roberto.

– Internado sim, doente não, e mentalmente doente menos ainda – estala a língua para o sorriso divertido do outro.

– Não entendi nada. Explique direito.

– Não sei quando Lukas deixou a carreira diplomática, mas quando isso aconteceu, resolveu fazer algumas palestras meio estranhas sobre a vida, religião, sociedade e não sei mais o quê. Depois de algum tempo, religiosos e políticos se sentiram atingidos e resolveram tomar providências para silenciar o que chamaram de heresia subversiva. Não sei direito o que ele falou, mas mexeu até com a Congregação do Santo Ofício que, veja só, se aliou em surdina com outras correntes religiosas para conseguir sua internação, com medida de segurança expedida por juiz de direito, como se não tivesse mais capacidade de saber o que faz. Bem, mais ou menos foi isso o que me contou o abade Thomas para repassar ao senhor.

– Então o Lukas, apesar de internado, não tem problemas mentais?

– Se ter ideias próprias, diferentes da tradição, e querer divulgar novas possibilidades de enfoque a conceitos antigos for doença mental, Lukas está com problemas. Só acho que o problema real é estar confinado naquele hospital, levando choques na cabeça – afirma Guido com uma careta.

– Choque na cabeça? – pergunta Roberto como que atingido por um soco no estômago.

– É isso mesmo, para esquecer as coisas. É um método estranho, às vezes usado em alguns infelizes que estão lá.

– Então o negócio é mais sério do que pensei. Não tenho poderes suficientes para ajudar, mas o Frederic tem. Vou falar com ele e pode ter certeza de que vamos encarar a situação do Lukas. Agora preciso voltar ao serviço e cutucar o consulado. Estão ferindo a cidadania de um amigo e colega. Avise ao professor que estamos com ele. Esse é o meu telefone – entrega um cartão para Guido – terei alguma novidade dentro de uma semana. Foi um prazer conhecê-lo – Roberto levanta e deixa a conta para Guido, que não se importa porque o dinheiro é do abade.

De posse das informações, Guido resolve aproveitar a estadia e volta a pé, passeando até o Terminal.

Enquanto isso, no hospital, Totó fingindo estar nervoso, procura o dr. Henry. É atendido no consultório do médico.

– Bom dia, doutor. Desculpe incomodar, mas estou muito nervoso com algumas coisas que acontecem aqui e que dizem respeito a todos nós. Preciso do seu auxílio como médico e como homem de bem. Posso sentar?

O dr. Henry, que já conhece Totó, se mostra atencioso:

– Pois não. Você me parece mesmo nervoso. Em que posso ajudar?

– O senhor dispõe de algum tempo para me ouvir? – diz usando a dramaticidade que aprendeu no hospital – Preciso contar tudo.

– Para isso estou aqui.

– Antes de qualquer coisa, o que vou dizer vai além de uma simples consulta médica. Preciso de sua garantia, tanto do sigilo profissional quanto do segredo de uma confissão. É possível?

– Se não for nada que envolva quebra legal do sigilo – responde o médico com cautela.

– O que pode quebrar o sigilo? – pergunta Totó amedrontado.

Agora é a vez de o médico sorrir com o recuo de Totó.

– Por exemplo, doenças contagiosas que podem levar perigo à comunidade, possibilidade de cometer algum crime, concordância do paciente.

– Não tem nada disso – garante Totó – posso contar sem medo de ser envolvido em denúncia que possa me prejudicar?

– Conta comigo – assegura o médico já curioso para saber o que se passa.

– Muito bem. Confio no senhor. Sei que o senhor não está muito de acordo com o exagero de choques que o dr. Franz aplica. O diretor não segue o que está disposto em lei já publicada, quanto ao processo de humanização de tratamento e atendimento fora dos hospitais. Estou certo?

– Sim. Mas o que você tem a ver com o tratamento do diretor do hospital? – pergunta o médico incomodado com o que ouve, e suas possíveis consequências.

98 | A Sombra do Abismo

– Atualmente nada, mas como o senhor deve saber, já tive experiência pessoal com esses choques. Levei uns trinta. Até hoje não me recuperei totalmente e acredito que nem precisasse de tanto choque elétrico. Quem resolveu aplicar foi o dr. Franz, não sei se por sugestão de alguém de fora, para eu esquecer de um crime cometido aqui dentro.

– Que crime? E quem de fora tem autoridade para dizer o que o diretor deve fazer? – questiona o médico meio assustado.

Com paciência, Totó conta sua odisseia, referindo o Monsenhor como o poder nas sombras, usando a conivência do dr. Franz.

– Se é verdade o que diz, deveria ter denunciado às autoridades competentes. Por que não fez? Pergunta dr. Henry desconfiando das intenções do paciente.

Totó levanta, aponta o dedo para o médico e o fustiga com o olho vesgo, como sempre faz quando fica com raiva.

– O senhor supõe que alguém iria prestar atenção a um pobre diabo que cometeu alguns crimes menores e foi internado como perigosa praga social? Sem amigos, sem família, esquecido neste castelo do homem sem alma? O que eu poderia conseguir? – suas palavras atingem o médico como uma bofetada.

– Você pode provar o que disse?

– Não existem testemunhas. E quem pode qualificar como crime o livre arbítrio de um médico na escolha do tratamento que quiser? Muitos aqui conhecem a falsa terapia que recebi.

– Quem sabe?

– Preciso ter certeza de que posso confiar no senhor. Afinal de contas faz parte do corpo clínico.

Como integrante do corpo clínico, o dr. Henry sabe que pode ser penalizado por se envolver nos procedimentos médicos de colega, ainda mais diretor da instituição. Pensa nas consequências e resolve enfrentar o campo minado.

– Tem minha palavra de médico quanto ao sigilo e de homem honrado quanto ao segredo pessoal. Seu relato faz parte da angústia que o trouxe à consulta – declara o médico.

– Assim está melhor. Estão comigo o abade Thomas, superior do Mosteiro, Guido, funcionário antigo do hospital e o professor Lukas Dijinsky, paciente internado, mas lúcido como um anjo.

– Você confirma quem determinou o eletrochoque?

– O dr. Franz, a mando do Monsenhor Caprillo, representante da Cúria que está no Mosteiro para cuidar de algumas questões estranhas. Meu caso não é único.

Aconteceu também com o Gunther, que o senhor conhece e agora é um pobre coitado como eu, com a vantagem de não ser manco nem vesgo. Agora estão usando o mesmo método com o professor.

– Ele não é aquele diplomata internado há pouco tempo com diagnóstico de demência senil?

– É ele mesmo, só que essa história de revolucionário doido é montagem para justificar a medida de segurança. Converse com ele por algum tempo para tirar suas conclusões sobre o diagnóstico.

Durante longo tempo o médico anda pelo consultório pesando as palavras de Totó. Há algum tempo tem percebido atitudes discutíveis do diretor, que agora são confirmadas. Desta vez é o médico que para à frente do paciente e, encarando sua face retorcida em um esgar de expectativa, decide aceitar suas palavras.

– Acredito em você e pode contar comigo. Tenho que ser muito cuidadoso porque estou me envolvendo em denúncias sobre atos de um colega e, se não forem provadas, sofrerei graves consequências. O que devo fazer?

– Acima de tudo, não se envolver abertamente. Fique rondando o dr. Franz, preste atenção nas sessões de eletrochoque e dê a impressão de interesse acadêmico na conduta do diretor. Não devemos conversar fora do ambiente estritamente profissional. Não deixe o diretor perceber que o senhor está investigando para colher provas. Procure somente estimular a ambição do dr. Franz em contraposição à ética médica, deixando-o em dúvida sobre sua postura. Não o pressione para justificar o ECT. Converse sobre a reforma psiquiátrica em andamento e as possíveis consequências de seu não acatamento. Deixe com ele a dúvida plausível que poderá começar a corroer sua armadura de prepotência.

– Isso eu posso fazer. E daí? Só isso não basta para enfrentar esse pessoal.

Totó, vendo parte do caminho já vencido, arma o segundo item da trama:

– Também acho pouco. O grande lance é o público ficar sabendo o que queremos que saibam. Conhece alguém na mídia? Seria excelente oportunidade para aquela jornalista que o senhor conhece em Paris, não acha? – solta a isca o malandro Totó.

O médico fica em dúvida se deve envolver a antiga namorada de quem lembra com muito carinho.

– Pode ser. Talvez ela queira entrar – Henry se lembra da jovem impetuosa e idealista que não teme riscos quando tem a oportunidade de uma boa reportagem – não sei se ela vai topar levando em consideração os riscos e o interesse do público em algo que acontece em outro país e não na França. Ela não trabalha especificamente em nenhum órgão de imprensa. É *freelancer* e vende sua matéria a quem interessar e pagar o preço.

– Não esqueça que o envolvido é um professor de prestígio, diplomata conhecido em muitos países e conferencista de respeito. Mesmo sem ser sensacionalista, um caso desses pode ter muita repercussão. Duvido que não queira se arriscar. Por que não tenta falar com ela? Se não quiser se envolver, me passa seu telefone ou endereço que já temos como fazer contato com gente importante.

– Está bem. Vou telefonar a ela. – intimamente O Dr. Henry agradece a oportunidade de reencontrar sua querida Michelle – se ela topar, dou o telefone e o endereço. Vale a pena tentar alguma coisa, mas estou avisando, se houver alguma jogada suja quem vai providenciar seus próximos choques sou eu.

– Se não acredita, converse com o abade, com o Guido, ou com o próprio professor.

– Tudo bem, vou telefonar, mas da minha casa. O hospital pode ter escuta.

Animado, diz Totó.

– Posso falar para eles que o senhor está dentro?

– Pode – confirma o médico pensando na causa e em Michelle Renard, sua doce jornalista.

À noite, Guido chega à abadia e procura Thomas para contar o que fez. Totó está presente. Após o relato, Totó diz que já falou com o dr. Henry Chavel, conseguindo seu apoio e participação.

Por enquanto, tudo corre conforme planejado. Os três se sentem felizes como adolescentes em busca de aventuras.

Depois de poucos dias e três sessões de eletrochoques em Lukas, o adido consular da Polônia em Roma, Frederic Bauer, chega ao Mosteiro para falar com o abade Thomas e, se necessário, com Monsenhor Caprillo, sobre seu desejo de visitar o amigo internado, antigo membro do consulado. Está munido de representação diplomática com aval da justiça italiana. É escoltado até Thomas que o recebe com cordial expectativa.

– Bom dia. Sou Frederic Bauer, do Consulado Polonês. Estou aqui para visitar o diplomata Lukas Dijinsky que, segundo consta, está internado no hospital anexo ao mosteiro.

– Bom dia – responde Thomas satisfeito – sou o abade superior do mosteiro e aguardava sua visita. Lukas está realmente no hospital que, devo esclarecer, não é anexo ao mosteiro. Temos ligação apenas para levar a palavra de Deus aos internos.

Frederic analisa friamente o abade. Bem mais alto que Thomas, não tem a arrogância de se postar como superior e sim como um amigo interessado em analisar algo que diz respeito a duas nações amigas. Com quase um metro e noventa de altura, corpo de quem já foi atleta e se conforma com o aumento da cintura, tem os olhos curiosos e serenos como convém à sua atividade. De certa forma, lembra o velho professor que, aparentemente tem a mesma idade. Com elaborada cortesia se dirige ao abade:

– Então não é o senhor quem autoriza as visitas?

– Sim, posso autorizar, mas necessito do aval do dr. Franz Andenken, diretor clínico do hospital e de Monsenhor Caprillo, representante da Cúria Romana. Devemos nos dirigir a eles, principalmente por se tratar de um caso de aludida manifestação herética com comprometimento antissocial. Monsenhor é membro da Congregação do Santo Ofício, que trata de tais casos a nível religioso. Por favor, me acompanhe até o seu gabinete.

Lá chegando, encontram Caprillo que já está a par da intromissão do visitante. Com os olhos, o severo religioso fuzila o abade como se este fosse um inimigo mancomunado com o diabo. Desconfia da presença de Thomas e sua impertinente participação no evento inédito e perigosamente desagradável.

– Com sua benção, Monsenhor – cumprimenta Thomas com estudada humildade – este é o senhor Frederic Bauer, adido consular que veio em visita ao professor. Já lhe expliquei a necessidade de seu conhecimento e concordância.

Caprillo observa de modo hostil o visitante e dispara com a força que o cargo lhe dá:

– O senhor veio visitar um paciente que se encontra sob medida de segurança. Permite que eu confira suas credenciais?

– Pois não – concorda Frederic sem dar importância à pose do Monsenhor – meu nome já é de seu conhecimento. Faço parte do Consulado em Roma. Aqui estão as credenciais e a autorização para a visita solicitada via mala diplomática.

Caprillo pega os documentos e demonstrando forjada indiferença diz que vai pensar, e marcar uma hora conveniente para atender ao pedido.

Acostumado a semelhantes impasses casuísticos, Frederic simplesmente alerta que não está em visita familiar e sim de caráter oficial, formalizada por país que mantém relações diplomáticas com a Santa Sé

– Desejo ver Lukas Dijinsky agora, pois tenho outros compromissos inadiáveis – diz com autoridade.

Pego de surpresa por alguém que discute abertamente sua autoridade, o imponente religioso se sente desarmado, sem saber o que fazer no momento.

Aproveitando a indecisão do clérigo, Frederic ataca:

– Gostaria também de saber por suas próprias palavras, porque esse homem está confinado sob alegação de tratamento, visto que o Tribunal da Rota Romana da Santa Sé somente cuida de fatos relevantes dentro da própria Igreja e não de supostos crimes de ordem leiga.

Pressionado pelo poder de fogo do adido, Caprillo tenta uma saída:

– Apesar de ter levantado bandeira de forma herética contra a religião e a Igreja, o paciente não está aqui por causa da Cúria Romana, mas por determinação judicial após o regulamentar exame de perícia médica sobre sua capacidade civil.

– Ótimo – rebate o experiente Frederic – então não há por que discutir a autorização de visita, visto que já a possuo legalmente.

– Se Monsenhor é alheio ao processo, conforme sua própria declaração, peço licença para me retirar e cumprir a missão que me foi confiada – virando-se para o abade – por favor, o senhor pode me acompanhar? Quero falar também com o diretor do hospital.

– Com todo prazer – diz o abade sorrindo e olhando sorrateiramente para o furioso Monsenhor, que rebate o olhar com promessas de vingança.

O abade fica momentaneamente preocupado, mas a satisfação que sentiu ao ver a face transtornada pela impotência do orgulhoso superior, deverá compensar todo aborrecimento futuro. Com seu jeito jocoso de pato gordo, acompanha Frederic à saída do gabinete como se tivesse recebido um prêmio. Por enquanto não tem com o que se preocupar e, para o futuro, já tem idade suficiente para gozar os anos vividos. No momento, deseja apenas a gloriosa experiência do desafio de um novo e diferente projeto, nunca antes experimentado. Deixa a sala, não somente como o bondoso monge, mas como o garboso Cavaleiro Andante em busca de seu graal. Satisfeito, absorve o estimulante sentimento que a pacata vida monástica jamais propiciou.

Lukas está no salão recreativo em companhia dos pacientes, tentando passar o tempo no jogo de cartas, sem conseguir se afastar de suas preocupações. Deixa os companheiros e procura um canto isolado para se acomodar. Está deprimido com a expectativa de novos choques a lhe varrer o cérebro. É difícil se conformar com a situação absurda em que se encontra. Tristemente percebe que pouca coisa mudou desde os tempos de Torquemada. As ações ficaram mais sofisticadas e aceitáveis. O palco e a encenação foram modernizados, mas o conteúdo do texto é muito semelhante, com algumas interpretações religiosas convenientes. Vê o abade e seu velho colega entrarem no salão, como se fossem raios de sol rasgando a madrugada sombria. Levanta mais confiante.

Frederic fica constrangido ao ver o parceiro com vestes hospitalares que desnudam a identidade e empobrecem a serenidade altiva de seus antigos feitos. Abraça o amigo e sentam-se a uma mesa de jogos, indiferentes aos olhares vigilantes dos funcionários. Um deles tenta se aproximar, mas é dispensado por Thomas. O abade vigia, para não serem ouvidos.

– O que aconteceu, Lukas? – pergunta Frederic demonstrando preocupação.

– Não sei muito bem. De acordo com um diagnóstico médico, supostamente fui internado por não ter mais condições de reger minha própria vida. É um absurdo tão grande que nem sei como me defender. Estou recebendo um tratamento que, sem a mesma violência, faz lembrar o que presenciei na infância, quando era morador do gueto. Sem a brutalidade de antes, mas com propósitos semelhantes em sua essência.

– Medicamentos pesados?

– Não, choques elétricos.

– Choques? – diz Frederic incrédulo, apesar de ter sido alertado por Roberto Busanti.

– Sim. Com eletrodos ligados ao crânio.

– Não é possível. Não posso acreditar!

– Acredite porque é verdade – confirma Thomas – é para destruir a memória do que escreveu e evitar que seu trabalho seja divulgado. Foi encaminhado ao dr. Franz especialmente para isso. Como acreditam que esconde segredos que, se revelados e aceitos pelo povo, podem conturbar a crença dos devotos e trazer problemas para as igrejas, o caminho mais simples e sem grandes explicações, é borrar suas lembranças. É um meio prático, mas cruel, que algumas ditaduras já utilizaram para queimar arquivos humanos.

– E vocês não fazem nada? – questiona Frederic já pensando nas atitudes que deverá tomar.

– Eu não tenho alternativas neste caso – defende-se Thomas – sou somente abade superior do Mosteiro, com ação restrita a aconselhamento e conforto pastoral. Como meus superiores estão ultrapassando limites, não vi outro meio senão apelar para quem pode ter influência suficiente para agir na legalidade e de modo efetivo – o consulado.

– Fez muito bem – agora preciso conversar com Lukas e saber mais de sua história – dirigindo-se ao colega – alguma coisa já sei, porque tivemos muitos caminhos paralelos. Diga exatamente o que aconteceu.

Lukas, um pouco mais animado com a presença do amigo responde:

– Nos conhecemos quando deixei o magistério para me dedicar à diplomacia, lembra? Nesse novo trabalho visitei muitos lugares, novas pessoas, adquiri novos

104 | A Sombra do Abismo

conhecimentos e ouvi ideias revolucionarias sobre tradições rançosas. Durante alguns anos mantive contato com gente simples, e luminares do pensamento científico e religioso. Estive nas Américas comparando estilos de vida e oportunidades socioculturais e econômicas muito distantes entre os dois hemisférios. Democracias cambaleantes na América do Norte, com heróis de barro no poder e sucessão de ditaduras civis e militares na América do Sul. Vivi a decadência europeia, a vida trágica na África, a mítica e milenar cultura de nações do Oriente Médio e Ásia. Partilhei da sabedoria das altas montanhas do Tibete e da veneração de tradições ancestrais dos vales da Índia e a sobrevivência quase animalesca das savanas africanas. No início da peregrinação profissional, conheci Gertrud, que veio a ser minha esposa. Tivemos nosso tempo de amor infinito durante alguns anos e acabamos por nos separar por incompatibilidade de sonhos. Estava no início de projetos diplomáticos e sociais, com viagens obrigatórias a mundos diferentes em busca do sonho de conhecimento da realidade palpável junto às comunidades, e da realidade invisível junto à minha consciência no reverso do espelho. Gertrud, por sua vez, rígida religiosa criada sob o dossel da doutrina abraçada pela família patriarcal, desejava um casamento estável, circunscrito aos afazeres restritos à casa e aos filhos, sob a supervisão tradicional da mãe. A casa deveria ser sempre próxima à dos pais que, por sua vez, era próxima ao templo onde seriam depositadas a esperança e a alegria de viver. Nessa época, chegamos à conclusão de que éramos incompatíveis, não por falta de concessões, mas por perceber que os caminhos se cruzaram e se dispersaram nas fantasias do destino que criamos. Foi quando mais viajei, na verdade caminhando à procura do caminho. Ainda não o encontrei, mas consolidei ideias que até hoje tento repartir. Basicamente esta é a história do peregrino perdido na vastidão deste estranho mundo que absorve a mente de todos os sonhadores. Como minha irmã, pertenço à classe dos espécimes em risco de extinção. Por sorte, por alguns lugares por que passei, tive a felicidade de encontrar pessoas que deram alento aos sonhos e fantasias que nortearam minha existência, na busca de todas as realidades possíveis.

Sorrindo com a lembrança da qual participou em pequena escala, diz Frederic:

– Você era conhecido em nosso meio como "a cabeça de nuvem", sabia?

– Sim, eu sabia, mas não me incomodava porque sempre gostei de cavalgar montado no vento – brinca Lukas, ficando sério em seguida – infelizmente essa cavalgada me trouxe até aqui – encerra com tristeza.

– Espero que não por muito tempo. Existe algum meio concreto de ajudar? – pergunta Thomas demonstrando desânimo.

– Vou pensar em alguma coisa, mas podem ter certeza de que farei tudo o que estiver ao alcance de minha posição. Vou recorrer a todos os canais que mantêm relações com a Cúria – baixando a cabeça e olhando o vazio – honestamente, não sei se vai ser suficiente.

– Acha que seria interessante acionar a mídia ou pelo menos mexer com a opinião pública? Talvez essa gente pense duas vezes antes de continuar nesse jogo – diz Thomas com a face contraída pela dúvida.

– A ideia é boa – responde Frederic – tem alguém em especial que possa se interessar?

– Talvez sim – responde o abade com novo alento.

Colocando afetuosamente a mão no braço de Lukas com a intenção de animar o amigo, diz Frederic:

– Bem meu amigo, conheci sua vida profissional e familiar pois trabalhamos juntos por muito tempo, mas você abandonou a carreira para seguir no seu sonho, do qual não participei. Agora preciso saber mais sobre seu trabalho após deixar o escritório. Talvez não saiba, mas assisti a diversas palestras e conferências e, na verdade, sinto medo de acompanhar algumas delas. Você ainda tem os textos?

– Estão com um amigo em Zurich – confessa Lukas, para surpresa de Thomas.

– Você nunca me disse – protesta Thomas magoado com a falta de confiança de Lukas.

– Não era o momento certo – diz o professor como se desculpando.

– Bem, vai dizer ou não alguma coisa em que possa me apoiar? Preciso saber exatamente o que motivou essa reação intensa que culminou com o ECT – diz Frederic tentando colocar uma pausa no mal estar dos dois.

Constrangido com o desconforto da sua atitude anterior, Lukas coloca a mão no ombro de Thomas pedindo desculpas, e voltando-se para Frederic explica:

– Lembro-me de algumas coisas esparsas que não foram atingidas pela varredura do eletrochoque, e ficam pairando indecisas na mente. Em vista disso, se começar a falar, prefiro não ser interrompido, porque atualmente os pensamentos têm dificuldade de se transformar em palavras audíveis. Parece até que caem do cérebro antes de chegar à boca.

– Serei como um túmulo, ou dois túmulos não é mesmo Thomas?

– Sem dúvida.

Enquanto o abade observa a movimentação de funcionários e pacientes, Frederic se ajeita e diz:

– Quero que faça uma exposição envolvendo tudo o que lhe vier à cabeça, como religião e política. Enfim, me dê uma visão global de suas ideias e propósitos.

106 | A Sombra do Abismo

Lukas respira fundo, coça a cabeça, olha ao redor para se sentir mais seguro e medita durante longo tempo, juntando os fios de ideias. Resolve falar, reiterando não ser interrompido até achar conveniente:

– Tudo bem, já é hora de falar e agir. Vou começar tentando relembrar as palavras que ouvi de um sábio nas encostas da cordilheira do Himalaia. Tenho a impressão de que foi lá onde tudo realmente começou.

Depois de alguns instantes calado, juntando as lembranças que dão sentido ao que pretende expor, inicia o relato.

– A jornada começou no aeroporto de Délhi, onde tomei o avião para Katmandu. Imaginei que fosse uma viagem cansativa, de algumas horas, mas do alto, a visão estonteante me fez agarrar nos braços da poltrona e respirar profundamente para recuperar o fôlego. Em lugares de esmagadora beleza, é muito difícil imaginar que tudo seja obra do acaso, sem a visão criativa de um cérebro fantasticamente superior. Nunca havia sobrevoado a região. Através das nuvens, vislumbrei paredões escuros entremeados de nuvens brancas e diferentes tipos de vegetação, a mais de três mil metros de altura. Nuvens esparsas formavam uma grinalda sobrenatural e fantasmagórica. Atravessamos a reserva Natural de Corbett, sobrevoando próximo das encostas até Katmandu. Ao pisar o chão senti como se estivesse invadindo solo sagrado. Na aldeia em que chegamos, algumas regras simples e incomuns deviam ser obedecidas, como evitar o consumo de carne, tirar os sapatos antes de entrar em casa e respeitar as cerimônias vespertinas. Abaixo e acima da aldeia, o terreno é cortado em terraços. Pelos meus registros, não existe lugar no mundo que se assemelhe ao que vi em sítios tão altos. Grande parte da região contém uma beleza inacessível e inabitável, recoberta por neves eternas. Com a incidência direta de raios solares, entendi porque Himalaia quer dizer Morada do Sol. Ao entardecer, tive a impressão de ser dissolvido entre a luz se espreguiçando em cores vivas nos picos mais altos, e a escuridão engolindo os vales abaixo. Na manhã seguinte, com o único guia local, parti em direção a um pico nevado, distante alguns quilômetros do vilarejo, à procura de um ancião reconhecido por suas palavras sábias. Fui conhecer a morada do anacoreta, para observar como alguém consegue sobreviver em região de recursos tão precários. Após horas de caminhada chegamos a um pequeno platô onde foi erguida a casa do velho eremita. Senti um impacto um pouco decepcionante para minha fantasia de citadino a respeito de homens solitários morando em rústicas cavernas no alto da montanha, iluminadas por tochas precárias. Essa fantasia alimentada pela literatura universal sobre esquivos sábios que vivem isolados do mundo caiu por terra como a chuva de verão. Deparei com uma cabana construída para o conforto necessário e um simpático velho tomando chá na varanda, observando a natureza ao redor como se estivesse apaixonado por uma joia bruta, de valor incalculável. Levantou-se à nossa chegada e nos convidou a sentar e compartilhar de seu chá. O convite foi prontamente aceito, coroando a surpresa que senti. Após os cumprimentos e apresentações, riu muito quando lhe contei meus pensamentos a seu respeito, e como julguei que vivesse um eremita. Sentamos em simples e confortáveis cadeiras de fibras, e ousei perguntar sobre sua vida. Tendo se recusado polidamente a tecer comentários sobre si mesmo, com toda a diplomacia de que dispunha naquela situação, solicitei, com a reverência que aprendi no cinema, para que indicasse o caminho de uma vida calma e contemplativa no seio de um mundo agitado como o nosso. Com um divertido sorriso, olhinhos brilhantes cor de amêndoa, acomodou o corpo aparentemente franzino que, sob observação mais acurada se mostrou esguio e rijo como o de uma pantera. Parecia uma delicada armadura de ossos e músculos resistentes como ferro forjado no fogo de uma mente situada entre duas dimensões da realidade – a que estava observando com os olhos, e a que o mais profundo de sua consciência alcançava. Com bom humor, falou durante muito tempo palavras que fizeram um sulco profundo em meu espírito, separando os mundos possíveis – o visível e o invisível. Bebi o máximo que pude de sua sabedoria simples, mas eficaz como uma navalha. Agora vou tentar passar para vocês o que restou na arca da memória, procurando preservar as palavras do sábio, entremeadas do sentido que formou a pálida visão de quem sou, ou do que julgo ser.

"– A existência deve ser vivida com encantamento porque a vida é mágica em sua essência. Como o ar que se respira, os mitos, os deuses e os demônios fazem parte intrínseca da natureza humana. Os fantasmas não são produtos de nossos sonhos, mas de nossos medos. Como o homem ainda é pequeno e mesquinho, a crença em algo maior é necessária para a humanidade. São poderes que transcendem a realidade e dão sentido de como o homem deve agir. Nem é necessário que esses mistérios sejam verdadeiros, mas é fundamental que se acredite com fé na possibilidade de sua existência, para nos orientar na escolha entre o bem e o mal. Até o bom ateu, acredita com fé. A maior doutrina é simples: devemos ter um propósito definido, perseverança para sua conquista, e caráter para merecer seu credito. Estamos acostumados a buscar novos caminhos através de velhos símbolos. A vida está em toda parte, para ser vivida como ela é, simples e boa. Nós a complicamos com escolhas fúteis. A alma não é o homem, mas sua essência. O homem morre, mas talvez essa essência permaneça no contexto cósmico onde teve origem, como energia capaz de levar alguma coisa do ser

108 | A Sombra do Abismo

a quem deu vida. Ninguém tem certeza do que acontece. O futuro que se pretende não é garantido a ninguém. É somente a possibilidade de continuação do dia de hoje. Hoje pode significar eternidade. A certeza de existência é só o momento presente. O passado existe na memória, e o futuro no desejo. O tempo presente é mágico e merece ser vivido em sua plenitude, como uma obra de arte cuja virtude é transmitir o sopro invisível da emoção sentida pelo autor no momento de sua criação, que transcende a própria obra. O conhecimento pode criar a obra, mas é a emoção que cria a arte. O profeta recebe a palavra e a transmite, o crente ouve e acredita, mas a essência permanece no espaço, intocada. A fé é uma emoção muito mais profunda e poderosa do que qualquer palavra transmitida. A alma, enquanto energia que dá vida e torna o homem um ser que existe, nada tem a ver com as emoções conscientes, desejos ou atos. Caminhamos cada vez mais em um mundo artificial onde a realidade está presa entre o cenário pré-fabricado da era moderna e a inteligência cibernética. O desejo mais profundo do homem é ser eterno entre deuses, mas para isso é preciso fantasiar a realidade visível. A sublimação da ciência envolvendo o genoma, descobrir o momento certo do aparecimento ou termino da vida, a terapia paliativa que mitiga o sofrimento de pacientes terminais, se assemelham a um delírio místico e gratificante de homens brincando de Deus."

Após essa breve exposição de palavras do eremita entremeadas de pensamentos próprios, Lukas faz um rápido intervalo para observar a reação de seus ouvintes.

Aproveitando a pausa, o abade atento a todas as palavras de Lukas, pergunta com genuíno interesse:

– E você, brincando com a fantasia humana, o que é?

Lukas sorri tristemente para o bom velho e com um gesto de desalento reponde:

– Minha maneira de ser derrapando entre realidades, me tornou um marginal inqualificável, e quem não pode ser catalogado, incomoda as pessoas a ponto de ser marginalizado. A realidade é evidente para qualquer ser humano, mas no fundo, todos sonham com uma realidade superior que é a razão de ser da fantasia.

Frederic, envolvido pela narrativa do amigo, jamais imaginou que aqueles antigos voos pelas nuvens, em inocentes cavalgadas no dorso do vento, pudessem amadurecer com a força das palavras que ouviu. Precisa saber o que Lukas sente sobre si mesmo, para separar o delírio da realidade. Quer ter a certeza de pisar em solo fértil e não em pântanos instáveis:

– Você usa termos genéricos, mas não fala de suas profundezas. Quem é Lukas Dijinsky? O que realmente deseja?

Lukas ouve o amigo com bom humor e revela não estar bem certo do que seja e qual seu caminho:

– Sou confuso, cheio de contradições, caótico. Não sei o que quero, mas sei o que não devo fazer. A consciência tem o poder de mudar o mundo e não adianta tentar encontrar a paz no não pensar, pois o sentimento de que sou parte do Universo não permite que seja somente racional, mesmo que, às vezes, não compreenda quem sou. Já fui questionado algumas vezes sobre isso e até hoje não tenho a resposta certa. Estou tentando chegar a alguma conclusão sobre mim mesmo.

– Como espera ser ouvido nesse emaranhado de dúvidas? – pergunta Frederic com o semblante sério e preocupado.

– Espero ser ouvido com a mente aberta e sem julgamento preconceituoso. Que minhas palavras levem ao questionamento sobre as infinitas possibilidades a respeito de pregações doutrinárias que implicam nas aspirações e conduta do homem, determinantes de sua felicidade e destino. É uma difícil arte não julgar os outros pelos nossos próprios padrões, tentando compreender escolhas e aprender a conviver com elas. Às vezes somos juízes implacáveis por medo de olhar dentro de nossos próprios olhos. Mesmo conflitantes, as formas de justiça buscam a união dos indivíduos dentro de uma determinada cultura, através da qual possam ser satisfeitos e conduzidos. A maioria dos homens não busca a unidade na honra, mas na autoridade. Disse certa vez, e continuo com a mesma sensação de ser um agregado de matéria que procura manter a consciência profunda e ancestral transmitida por gerações desde o aparecimento do primeiro ser vivo, formando uma unidade que convive com a evolução e, através dos atributos dessa convivência, criar um espírito capaz de partilhar a vida com sentimentos mais altruístas que destrutivos. O espírito a que me refiro existe enquanto a matéria que o formou sobreviver, pois a energia inerente à vida se equilibra no mistério que formou o Universo. É possível inclusive, que algumas qualidades agregadas ao que entendo como espírito, em parte criado por nós, possam ser absorvidas pela energia chamada alma, que volta ao contexto universal.

Frederic fica pensando a respeito do que ouviu e procura brechas para executar o projeto de libertação do professor. Para completar o quadro, pergunta, enquanto agregado de matéria com essência desconhecida:

– Qual o seu ponto de apoio para se relacionar com as pessoas, suas tradições e com a própria vida? Qual o conteúdo para sua redenção junto a seus detratores?

Lukas procura traduzir em palavras o que fustiga sua mente com o açoite de ideias revoltas:

110 | A Sombra do Abismo

– Por não conhecer totalmente o próprio íntimo, ninguém pode redimir a si mesmo, assim como nenhum homem pode purificar outro homem. Não podemos afirmar com certeza, que conhecemos outra pessoa. Sendo a morte decorrência do nascimento, pertence exclusivamente a cada um, e é ela que dá sentido para a vida. Apesar do medo do desconhecido, a vida é mais importante do que a morte. Durante a existência, não se deve acreditar em palavras simplesmente por ouvir dizer, transmitidas por longas gerações, mesmo que tenham sido ditas e repetidas por muita gente. Não se permita acreditar por hábito ou por conveniência. Acredite no que sentir como verdadeiro. O início da jornada do conhecimento tem que ser em direção à própria consciência, para depois se ter uma pálida imagem da aparência do mundo.

Esta é minha mulher, este é o meu filho, estes são meus amigos, esta é a minha terra. Como posso fazer tais afirmações se nem a própria vida me pertence? O máximo que posso fazer é cuidar dela da melhor maneira. Não sou dono do canto das aves. Ter um pássaro preso dá a sensação de poder, mas jamais a alegria de ouvir seu canto em liberdade. O deus de todas as religiões pode conter o destino humano, mas é incompreensível para o nosso precário conhecimento. Não é possível conceituar o divino, mas através da fé posso procurar a possibilidade de sua existência em sentimentos que ultrapassam as doutrinas manietadas por pregações milenares. Não tenho a intenção de negar sua existência, mas a de encontrar um novo contexto para sua realidade.

Frederic ainda não se mostra à vontade com as palavras de Lukas. Pergunta a Thomas se já elaboraram algum plano. Precisa de mais certeza sobre os motivos que desencadearam a contenção do amigo e do perigo que corre.

Thomas recorre a Lukas para que exponha tudo o que for importante, mesmo que sirva de argumentos para seus adversários. É preciso esboçar uma posição de peso, mesmo que envolva riscos junto à multidão de devotos das mais diferentes doutrinas.

O professor anda pelo salão buscando motivos reais. Não consegue ainda aceitar porque dúvidas escondidas no coração de tantas pessoas possam ser perigosas. A conclusão mais viável que transmite ao adido e ao abade, é que o perigo real possa não estar nos devotos, mas no poder advindo com as promessas de esperança de bênçãos e milagres mediante dízimos, com pregações religiosas lastreadas em empreendimentos rentáveis, sob a égide de Deus. A felicidade passa a ter um preço, o poder do pregador.

Retorna à mesa e procura explicar aos amigos o que move sua cruzada:

– As ideias são as armas mais poderosas que o homem desenvolveu, e as palavras, seu meio de realização. Se levarmos em consideração a natureza das infinitas dimensões de realidades conforme a ciência apregoa, é lícito pensar que possam existir infinitas formas de vida, algumas talvez semelhantes às que conhecemos e outras que nem a imaginação consegue detectar. A vida ocorre em seres orgânicos que conhecemos, mas quem pode afirmar ou negar que em contextos desconhecidos, não possa existir em seres de pura energia, sem forma material definida. Não sabemos se existem, mas essa possibilidade torna viáveis as entidades emanadas de profecias. Se existirem tais seres, ou mesmo um único Ser Superior que os tenha criado, poderemos deparar com uma corte etérea de criaturas que respondem pela vida, dotadas de poderes além da imaginação. Sua morada poderá ser até um misterioso reino prometido, situado acima do entendimento humano. Uma, ou várias destas dimensões, pode ter interagido em tempos idos com o planeta Terra, aqui provocando eventos especiais como o surgimento da vida e as mutações pela sobrevivência, inclusive no pensar e agir. A trajetória do homem Jesus, reconhecido por muitos como o Cristo das profecias, revela uma experiência mística de resultados limitados. Mesmo com atributos divinos, teve dificuldade em revelar o poder humano de redenção e amor para modificar a realidade. Morreu crucificado como ativista político, segundo o costume romano de punição. Seu legado foram palavras e o exemplo de vida, capacitando os discípulos a levar sua pregação ao conhecimento dos homens. Os textos que mantêm sua herança até os dias de hoje, não parecem traduzir os resultados por ele esperado. Em grande parte, as doutrinas se transformaram em esperanças e bênçãos comercializadas. Muitos pregadores se valem do carisma pessoal e dos templos para, usando os meios de comunicação, vender relicários, livros, discos e até água pretensamente santificada, conclamando os devotos a engrossar o rol de patrocinadores apostólicos. Não bastando o pagamento de dízimos nas arcas dos templos, anunciam contas bancárias pessoais e corporativas para depósitos. Colocam-se como intermediários de um simples negócio entre o devoto e seu Criador. Nem sequer parecem se importar com a ideia de um Deus que perceba a hipocrisia do enriquecimento pessoal. O devoto que não quer perceber também é hipócrita, acreditando que pode comprar a vontade divina como se estivesse tratando com um chefe mafioso. Com ações beneméritas de fachada, as doações de humildes trabalhadores e oportunistas do perdão, se perdem em caminhos sem volta. Nem sempre foi assim. Na Idade Média, a ação da Igreja Católica foi intensa na maior parte da Europa. Correspondia à atual assistência social do governo. A Igreja mantinha creches e orfanatos para jovens, asilos para os idosos, hospitais para os doentes e hospedarias para peregrinos. Em tempos de escassez, fornecia alimentos para as populações carentes. Administrava Universidades e bibliotecas que continham os livros escritos nos mosteiros. Patrocinava as artes e a educação. Regulamentava quase todas as atividades econômicas. Como a economia dependia muito dos produtos da terra, essas atividades eram mantidas por contribuições chamadas dízimos, que correspondiam a 10% dos produtos agrícolas e pastoris, pagos pelos donos das terras. Quem não se submetia era excluído da Igreja. No século XII, como o bem e o mal tinham caminhos definidos somente para o céu ou inferno, foi criada uma instância moderadora chamada purgatório, onde a penitência poderia levar ao perdão. Deformando a prática milenar do dízimo, na qual parte da colheita era dividida entre os mais pobres, a Igreja começou a vender indultos que encurtavam o tempo de permanência da alma no purgatório. Atualmente, a doação corresponde ao pagamento devido aos templos, enriquecendo profissionais da fé. Aproveitam da compreensível fragilidade de fiéis que, precisando enfrentar uma sociedade voraz, esperam receber as graças de um poder maior. Para os humildes, a esperança de um futuro melhor é um alento para esquecer o fato de não lhes ser dada a oportunidade de aproveitar seu próprio potencial através de uma educação de qualidade, que proporcione melhor possibilidade de escolhas. O princípio legal que dispõe sobre a discriminação religiosa, coloca falsos profetas à sombra da lei. O aprimoramento da educação e da cultura pode defender o povo dos mercadores de plantão. Palavras ao vento não conseguem abrigo no coração do homem que sabe o que quer. O mandamento implícito nas tábuas sagradas é: seja honesto, se quiser ser verdadeiramente livre. Os caminhos podem ser ásperos e longos, mas é no caminho que está o sentido da vida e não após seu término.

Após essas palavras, sob o peso de uma exaustão indefinível, Lukas sente-se cansado e velho. Deixa as próximas ações que não dependem mais dele, nas mãos dos amigos. Somente lhe resta suportar com bom senso, os acontecimentos relativos ao tratamento. Os três permanecem calados por vários minutos.

Finalmente Frederic, como se despertando de um longo torpor, comenta com os amigos:

– São palavras perigosas, mas verdadeiras. Vamos cuidar para que não se percam no esquecimento.

O Reencontro de Henry e Michelle

O próximo passo de Frederic é se encontrar com Michelle Renard. Thomas ficará vigiando Monsenhor enquanto o médico francês deve agir dentro do hospital.

Henry precisa convencer o famigerado dr. Franz a parar ou pelo menos diminuir os choques. Sua alegação será a de que o diretor está contrariando normas vigentes que propõe tratamento psiquiátrico fora dos hospitais, e poderá sofrer consequências danosas para sua carreira. Guido continuará sendo o pombo correio, enquanto Totó dará assistência a Lukas.

Durante a folga de fim de semana, conforme combinado por telefone, Henry viaja a Paris para rever um amor de juventude que foi levado pelo tempo e pela distância.

Chegando à Cidade Luz, se hospeda no hotel de sua época de estudante, no Boulevard St Germain, região predileta de Michelle.

No domingo, procura inutilmente Michelle em seu apartamento na Rua Racine, perto do Jardim de Luxembourg. A lembrança de seus olhos negros, o andar insinuante de modelo e o jeito meigo de corsa, conduziram seus passos ansiosos para encontrar a bela jovem. Após percorrer algumas ruas de Montparnasse, avista Michelle no jardim. Suas lembranças não fazem justiça à radiante mulher em que se transformou a jovem alegre e saltitante que marcou seu corpo, deixando uma saudade agora recompensada.

Está mais bela do que nunca. Como a fênix que renasce das cinzas, o amor represado se liberta apaixonado no abraço com que o dr. Henry Chavel envolve a assustada jornalista. Passado o primeiro momento, ambos se deixam ficar no calor de corpos que se reencontram após longa separação. Henry se afasta para observar Michelle, sem saber mais se o encontro se deve a um pedido de Totó ou a uma semente adormecida em seu coração, que agora brota com vigor.

Na esteira do sorriso alegre da namorada, afasta-se um pouco para contemplar seus cabelos negros como os olhos, o nariz perfeito e a boca vermelha como uma cereja à espera. Tomando sua mão, caminham em silêncio em direção ao rio, como sempre fizeram.

Aos poucos o impacto se aquieta e Henry consegue falar:

– O que estou sentindo agora não pode ser traduzido em outras palavras a não ser: ainda amo você. Amo seus olhos, sua boca, seu sorriso, só não sabia o quanto.

Sentiu um leve aperto de mão acariciando a sua e o corpo querido se aproximar um pouco mais, como se desejasse fundir com o seu. Amanheceram da emoção reprimida e ficaram parados em silêncio, saboreando o momento. Aos poucos a ternura volta a marcar as palavras.

– O que tem feito? – pergunta Henry.

– Escrevo artigos e reportagens como *freelancer* para alguns jornais e revistas. Recentemente conversei com um adido do consulado polonês em Roma e ele falou sobre um diplomata internado em um hospital psiquiátrico italiano. Disse que você viria me procurar para mais informações. Seu nome é Frederic Bauer, velho companheiro do paciente. Antes de falar a respeito, não posso deixar de fazer uma pergunta que insiste em permanecer viva desde aquele encontro.

Depois de breve pausa, talvez temerosa com a resposta, quer saber:

– Você está aqui só por causa do professor?

Sorrindo encabulado, diz Henry:

– Sabia que não tardaria muito a perguntar. Em primeiro lugar, fico feliz que queira saber. Vim para ver você. Sinto-me um pecador no confessionário, pedindo perdão e esperança. Meu maior desejo foi realizado, o resto é desculpa para viajar a Paris, mesmo sabendo que minha ação pode ajudar alguém na Itália.

Nada mais havia a ser dito a respeito. Um beijo prolongado confirmou a resposta que Michelle esperava.

Em um café próximo, ficaram namorando enternecidos com a volta do amor antigo, amadurecido pela doída separação. Após muitos carinhos e promessas, Michelle lembrou o pedido de Frederic.

– De que se trata, afinal?

– É um caso estranho de perseguição velada, a um velho diplomata aposentado que não pode ser abertamente questionado, por ser conhecido em vários países.

Henry conta o que sabe e pergunta a Michelle se está interessada, e como aproveitar o fato para lançar uma reportagem de âmbito internacional.

– É claro que estou interessada. Preciso de mais detalhes para estudar o caso e publicar de modo consistente, que suscite as controvérsias e contestações imprescindíveis para a divulgação de qualquer acontecimento. Mais do que o melhor conteúdo, é a discussão que mantém a ideia viva, trazendo para mim benefícios profissionais e financeiros.

– E que possa ajudar o professor.

– E que possa ajudar o professor, se ele merecer. Mesmo que pareça insensível, a preocupação maior da imprensa não é exatamente ajudar o objeto da matéria e sim, estar na frente dos outros, informando notícias em primeira mão, de impacto geral – afirma a jornalista.

– Entendo seu ponto de vista profissional, apesar de, pela minha própria formação, considerar as pessoas de quem cuido serem mais importantes do que a doença tratada – diz com cuidado, com medo de constranger a amada.

– Você tem uma função diferente da minha, mas lembre-se de que uma entrevista ou uma reportagem investigativa de sucesso, sempre acaba resultando em fatos novos em favor de quem foi prejudicado. Desta forma empatamos – provoca Michelle com um olhar cheio de promessas.

No ar frio da calçada, os corpos são aquecidos pela expectativa, após tanto tempo de separação. A caminho do hotel, Michelle propõe que se reencontrem em Roma, antes da entrevista com Lukas.

De mãos dadas, caminham calmamente em direção ao pequeno hotel de há muito conhecido.

No fim do dia, quando passado e presente se aninham no mesmo desejo, resolvem viajar juntos para Roma.

Na Cidade Eterna hospedam-se em um simpático hotel no Trastevere. Michelle resolve ir sozinha ao mosteiro para não comprometer Henry. Tem uma solicitação do consulado para a entrevista, com a qual entra sem problemas no prédio.

Procura o abade Thomas para os últimos pormenores do encontro. Juntos vão ao hospital e encontram Lukas no momento em que se dirige ao consultório médico para a nova sessão de ECT. Thomas prefere ainda não enfrentar o diretor clínico e deixa a jovem com o professor à porta do consultório. Antes de o paciente entrar no gabinete, Michelle bate à porta e entra decidida, para surpresa do médico que a repreende com rispidez.

– Quem é a senhora e o que faz em meu consultório? – diz dr. Franz demonstrando seu desagrado.

– Sou jornalista enviada pelo consulado polonês em Roma, com autorização para conversar com o paciente Lukas Dijinsky, mas antes quero alguns minutos com o senhor para esclarecer alguns assuntos importantes – responde Michelle em italiano fluente.

– Não tenho nada a falar com a imprensa. Tenha a bondade de se retirar – diz o médico tomando a moça pelo braço e a conduzindo para fora.

– Talvez o senhor mude de ideia após ouvir o que tenho a dizer – responde Michelle com firmeza.

– Este horário é reservado ao tratamento de um paciente e portanto não tenho tempo para entrevistas. Em qual jornal trabalha?

– Escrevo para muitos órgãos de imprensa, principalmente na França.

– Na França? E o que os franceses têm a ver com o meu trabalho? Diz o médico tropeçando nas palavras.

– Não é matéria só para franceses, mas de interesse de todos, principalmente na Itália. Diz respeito a alguns métodos de tratamento usados neste hospital, sob sua responsabilidade e em discordância às novas diretrizes sobre humanização e custódia. Enquanto jornalista represento, junto aos leitores, os responsáveis por essas novas

116 | A Sombra do Abismo

normas de hospitalização e tratamento de doentes mentais, submetidos ou não a custódia, e que parecem não estar sendo seguidas pelo doutor.

– Você não é médica para discutir procedimentos médicos – retruca o médico, mais comedido e cauteloso.

– Não estou aqui para discutir conhecimentos médicos nem a ética de seus procedimentos, e sim a legislação que dispõe sobre internações psiquiátricas e o direito dos pacientes. Se o senhor insiste, posso conseguir uma ordem judicial para poder exercer meu trabalho.

Abalado com a postura da jornalista, o dr. Franz procura transferir o problema para o Monsenhor, responsável oculto pelo encaminhamento de alguns pacientes, inclusive Lukas:

– É melhor falar com Monsenhor Caprillo antes de qualquer atitude em detrimento do hospital.

– O Secretário do Consulado já falou com ele e ficou estabelecido que a responsabilidade é sua, porque ele é somente um religioso alheio ao trabalho médico. A única coisa que desejo saber agora é se o senhor é o responsável pelo tratamento. Posteriormente tudo será levado a julgamento na esfera da medicina. Quero também falar com o paciente.

Michelle não dá trégua, até que o médico abaixa a guarda e concorda com a visita ao paciente.

Enquanto Michelle se dirige ao salão de visitas aos pacientes, o dr. Franz procura Caprillo em busca de defesa e proteção.

A jornalista encontra Lukas já à sua espera, após ter sido avisado de sua chegada. Ela irá ouvir um assunto que é do conhecimento do consulado, com o propósito de dar sua versão jornalística ao público, sobre os acontecimentos no hospital, envolvendo agressões físicas e mentais como simulacros de terapia. A jovem, esperando encontrar um velho maltrapilho, é surpreendida pelo porte altivo, mesmo que triste, do sereno guerreiro.

– Bom dia, o senhor é Lukas Dijinsky? – pergunta respeitosamente Michelle.

– Sou sim – responde Lukas – e você é a francesa que veio me entrevistar?

– Exato. Está disposto?

– E à sua disposição – diz o professor sorrindo – no limiar de novas perspectivas.

– Poderá ser cansativo, mas preciso saber o que aconteceu para situar meu trabalho em termos jornalísticos e legais.

Novamente Lukas relata o que possa ter importância no momento. Michelle, entretanto está mais interessada nos motivos de sua internação.

Calmamente o professor volta a revelar os acontecimentos, afirmando que não consegue ter certeza dos motivos, mas tem a convicção de que foi uma decisão tomada em conjunto entre líderes religiosos que pactuaram com instâncias do governo. Tal postura é baseada na discutível necessidade de ser evitada a reedição de dúvidas e questionamentos que já causaram divergências separatistas, originando diversas seitas com sua própria interpretação de dogmas cristalizados pela religião católica. Jamais pretendeu negar crenças e dogmas. Seu pensamento básico é que a realidade em que vivemos é sobejamente conhecida, mas pode haver outras realidades além do conhecimento atual. O trabalho de sua vida não foi discutir a realidade, mas o que está além de tradições e aparências aceitas através do saber limitado pela lógica.

A hipotética importância dos fatos, após o longo relato, faz Michelle repensar o caminho a ser traçado, buscando a forma mais eficiente para o entendimento de ricos, pobres, crentes ou ateus. Pergunta a Lukas se tem confiança em seu discernimento como profissional da imprensa, para levar adiante o projeto que se bem sucedido, pode decretar além de sua alta médica e liberação judicial, o corolário de uma vida.

Lukas concorda com visível alegria.

– Então faremos o seguinte: vou pesquisar toda a legislação a respeito. Preciso de sua informação sobre os textos, para procurar amigos editores que possam se interessar. Para analisar seu trabalho, quero saber quem procurar e se existem meios de financiar minhas pesquisas e o tempo que irei consumir.

– Vou dar o endereço em Zurich de uma pessoa que cuida dos meus negócios e que mantém todos os textos guardados em sigilo. Pode falar em meu nome. Providenciarei uma procuração para todos os atos que executar, com meu eterno agradecimento.

Michelle se despede satisfeita com o trabalho que vai fazer, e mais ainda, pela oportunidade de reatar com Henry. Após deixar o mosteiro, volta para Roma levada pela saudade do namorado, além da agradável sensação de ser madrinha dos oprimidos.

Em Roma, tenta convencer Henry a deixar o hospital que o decepcionou e voltar com ela para Paris onde poderá montar sua clínica e melhor do que tudo viverem juntos novamente.

Henry gosta da ideia e agora poderá dizer ao famigerado diretor, tudo o que pensa.

À noite, durante o tranquilo jantar à meia luz, Michelle confidencia a Henry:

– Talvez não escreva um artigo específico sobre Lukas, mas o que ocorre nos bastidores de um poder paralelo. Melhor ainda, além do artigo, procurar alguns editores e publicar os textos inéditos que poderão levar o pensamento do professor a milhares de leitores. Devo encontrar alguém que tope o risco de publicar tais assuntos. Se isso acontecer e espero que aconteça, teremos a mídia em nosso encalço e assim receberei também os louros da vitória.

– Existem duas possibilidades a considerar – comenta Henry com cuidado para não melindrar a namorada – em primeiro lugar, ninguém demonstrar interesse pela publicação e, em segundo lugar, os textos não terem valor literário.

Michelle sorri misteriosa, como se estivesse conversando com um foca iniciante na profissão:

– Em curto prazo, o sucesso depende menos do valor literário do que o impacto que possa causar com uma divulgação bem trabalhada que atraia críticos favoráveis. A verdadeira qualidade, só o tempo confere. O fato é que os editores dependem da venda de exemplares e do retorno que isso traz em publicidade e lucro financeiro para a editora. Não existe pecado nisso, faz parte do negócio. Vale a pena arriscar, porque Lukas expõe algumas dúvidas de todos nós. Existe muita coisa sufocada no inconsciente coletivo, mesmo do crente mais devoto cujo carcereiro é o medo, e não a esperança. Medo de confrontar tradições impostas há milênios, com novas possibilidades que surgem no dia a dia de um mundo que avança a passos cada vez mais rápidos e surpreendentes. É preciso encontrar novos caminhos que elevem os sentimentos motivadores da conduta humana. Carecemos de uma nova ordem do conhecimento e consciência coletiva que corrija desvios da evolução, e mesmo que jamais seja alcançada por nossa espécie, pelo menos na dimensão em que existimos, possa elevar os sentimentos humanos.

Batendo palmas, exclama Henry:

– Bravo! Pelo visto o professor encontrou nova e devota discípula. Você falou bonito, parecia até o diplomata em conferência.

O médico se aproxima e abraça carinhosamente a jovem, que encosta o rosto em seu ombro para esconder a satisfação que a faz ruborizar.

– Você vai conseguir – prossegue Henry – porque é convincente, e seja qual for a mensagem, a função do livro é sua divulgação nas mãos de um editor de visão.

Vai até um pequeno armário e volta com uma garrafa de vinho como se fosse um troféu.

– Comprei o merlot de que você gosta.

Com um olhar travesso, murmura para a jovem:

– Hoje vamos comemorar muitas coisas boas que estão acontecendo para os dois.

Capítulo V

A Libertação

No dia seguinte, Michelle retorna a Paris para iniciar a pesquisa. Sua primeira preocupação é telefonar a Frederic em Roma e relatar suas perspectivas para, com a concordância do secretário e o aval de Lukas, montar seu esquema de trabalho.

Na capital francesa, onde conhece muitos redatores das principais revistas e jornais, pretende fazer um trabalho irrecusável, pesquisando na biblioteca pública, os princípios legais para o artigo.

Seu primeiro esboço enfatiza a posição da Igreja no assunto. Michele faz um resumo do que apurou: A Congregação da Doutrina da Fé faz parte da Cúria Romana, que por sua vez é um dos órgãos da Santa Sé. Sua principal função é difundir as doutrinas da tradição católica. Do ponto de vista legal não depende do Vaticano e é regida pelo Direito Internacional em seus acordos diplomáticos, nos quais a Santa Sé é soberana. Tem uma instância chamada Tribunal da Penitenciária Apostólica que concede absolvições e indulgências. Não faz parte de seu poder julgar ou penalizar casos que extrapolem a doutrina, e sim ações católicas para heresias. Funciona desde o ano de 1200. Em outra instância existe o Tribunal da Rota Romana para defender os direitos da Igreja. Nada consta a respeito de poder para julgar assuntos leigos.

Pelo que Michelle pesquisou, não há dispositivo legal, nem mesmo eclesiástico, para Monsenhor Caprillo ou mesmo o Cardeal D'Ambrosio influir na conduta ou condição mental de Lukas. O contencioso do Consulado, se pretender agir, deve se apegar à perícia médica e à medida de segurança imposta ao paciente. Não será fácil reverter a decisão de um juiz, mas poderá ser impetrado recurso, se for solicitado o parecer de outro médico.

Na parte que envolve sistema de internação e tratamento, Michelle coletou dados úteis para serem utilizados de maneira eficiente, não pela via diplomática, e sim pela opinião pública. Recentemente foi instituída na Itália uma Conferência Nacional de

Voluntariado da Justiça Italiana, que luta pelos direitos dos pacientes inimputáveis e pelos presos em geral, com sua reintegração na sociedade.

Sua ação é baseada na Declaração Universal dos Direitos do Homem, podendo inclusive assumir por delegação, a resolução de problemas legais e administrativos, com informações liberadas a toda população. Quase todos os hospitais com estrutura ultrapassada, já foram fechados ou reformulados, permanecendo seis remanescentes que dependem do Ministério da Justiça.

Com os dados da pesquisa, Michelle estrutura as diretrizes do que pretende levar a público, com insinuações tangenciais e subliminares do que aconteceu com Lukas, Totó e Gunther. Vai passar a Henry, os pontos capitais para que fomentem dúvidas e preocupações dentro do hospital, com Frederic abordando os temas legais de convencimento, visando a alta médica de Lukas, e evidentemente, sua própria projeção profissional.

Nas visitas aos pacientes, Henry procura se acercar do dr. Franz com o propósito de espicaçar o colega diretor.

Andando pelos corredores, aproveita a porta aberta do consultório e entra de modo casual.

– Bom dia, senhor diretor – cumprimenta com clara intenção de bajular e en-volver o médico sem que este perceba suas reais intenções.

Acostumado a se deliciar com elogios, o diretor recebe com afetação o dr. Henry, julgando que este tenha vindo pedir alguma orientação clínica.

– Bom dia, meu jovem. Quer conversar sobre suas visitas médicas e receber alguma recomendação? – diz com a empáfia que lhe é característica.

– Não especificamente – responde Henry com naturalidade, fechando a porta às suas costas – nada de realmente relevante. São todos pacientes antigos com a situação clínica estabilizada.

Como se subitamente lhe ocorresse uma lembrança, comenta sem muito interesse:

– Somente um caso me parece digno de nota. É um idoso internado recentemente com quadro psiquiátrico não inteiramente esclarecido.

Não agrada muito ao dr. Franz o interesse repentino do jovem colega em um paciente específico sob seus cuidados, e assim procura diminuir a importância do caso:

– Qual velho?

– Um professor e diplomata aposentado que andou se excedendo em suas conferências. Não me pareceu agitado ou com produção psicótica compatível com a internação sob medida de segurança e a terapêutica instituída. A medicação é padrão, mas parece que está na terapia de eletrochoque e já fez algumas sessões. Não consigo atinar com a indicação. Evidentemente o senhor deve saber de quem estou falando.

– Evidentemente – repete o diretor com visível enfado – é um caso de despersonalização psicótica que o tornou arrivista agressivo e socialmente perigoso. Está delirando sobre si mesmo e sobre o mundo real, com ideias resistentes ao tratamento medicamentoso tradicional.

– Mas por que medida de segurança? – provoca Henry.

– Porque o juiz solicitou perícia médica de paciente internado e a conclusão foi a de que não tem capacidade de reger sua própria pessoa, podendo ainda ser agravado o conteúdo delirante e possíveis alucinações, que o levem à pratica de atos antissociais, como se fosse guiado por um demônio no qual acredita – responde o médico querendo impressionar o colega que considera aprendiz.

– Meu Deus! – exclama Henry simulando admiração – foi bom conversar com o senhor, que tem larga experiência e vastos conhecimentos em medicina psiquiátrica – diz Henry alimentando o jogo de vaidades.

– Fez muito bem – responde Franz envaidecido – é bom ter um jovem médico com visão responsável e realista da profissão que é um verdadeiro sacerdócio de abnegação.

Escondendo a vontade de rir, Henry se contém, suspenso na lâmina entre o desejo de esbofetear o velho safado e a palavra empenhada no projeto. Despreza a subserviência de um profissional que deve ter iniciado a carreira nas dobras do nazismo, sem se preocupar com a extensão de seus atos criminosos, com total indiferença à ética médica e humana. Com determinação diz:

– O que me deixa em dúvida é a necessidade de reclusão associada ao tratamento de choque, sem ser definido legalmente o potencial de sua periculosidade e oportunidade de defesa – rebate Henry usando termos forenses.

Surpreso com a desenvoltura do jovem e desconfiando da intenção de suas palavras, questiona Franz com ares de superioridade:

– Não sabia que era versado em medicina legal.

Henry assimila a investida do pretenso mestre e usa de sua capacidade de representação teatral. Aparentando consideração e respeito, procura amenizar o conflito:

– Faz parte do currículo de formação psiquiátrica. Minha argumentação decorre da possibilidade de algum advogado futuramente solicitar recurso, com nova perícia dentro dos termos legais, que poderá contradizer o trabalho feito pelo doutor, contestando a medida de segurança.

– Se eu disse que é inimputável e o juiz determinou medida de segurança por ser perigoso, ninguém terá a ousadia de contestar. É o peso do meu saber médico e a decisão de um juiz. E quem você pensa que é para julgar meu trabalho? – esbraveja Franz, já enfurecido com a audácia do jovem à sua frente.

– Sou somente um mísero aprendiz – continua Henry com velada ironia – mas se cair nas mãos da Conferência Nacional que, como o senhor sabe, é um órgão que pode interferir no tratamento hospitalar, a coisa pode estourar no colo da opinião pública, com desdobramentos imprevisíveis. Espero que nunca aconteça – completa o jovem médico, como um velho ator em cena.

– Isso é impossível! – gagueja o diretor.

Henry percebe a mudança gradativa na arrogante segurança do dr. Franz Andenken, diretor do Hospital Psiquiátrico.

Apoiando no espaldar de sua alta cadeira, murmura o diretor estremecido:

– Isso nunca deverá acontecer. Será a minha ruína e a do Hospital – depois de alguns momentos de angústia.

– Preciso falar com o Monsenhor.

Henry finge surpresa:

– Com o Monsenhor? O que tem ele a ver com o tratamento médico?

– Nada, nada! – diz Franz cada vez mais tenso – Existem coisas que só devem ser do conhecimento da cúpula. A eles cabe a solução.

Com um gesto brusco, abandona a cidadela que o protege atrás da escrivaninha e praticamente coloca Henry para fora da sala:

– Você me dá licença, que tenho coisas mais urgentes a resolver – acompanha Henry até o umbral da porta e o empurra levemente para o corredor.

Aparentando humildade e constrangimento, Henry deixa o consultório. Quando a porta é fechada, sente o júbilo da primeira vitória e sorri satisfeito. Quer o quanto antes, contar o feito para sua Michelle.

Após o sucesso de Henry, a nova etapa de Michelle é Zurich. Pede ao namorado comunicar a Lukas que avise seu amigo na Suíça, e ficar atento à suspensão dos choques.

Henry garante que o dr. Franz encerrará o tratamento, passando a usar somente medicação oral, para não chamar a atenção sobre o hospital.

Na viagem para a Suíça a repórter já começa a escrever para a imprensa o esboço da matéria para análise e publicação. Por enquanto evitará abordar fatos que envolvam o nome dos responsáveis. Espera que, com a ameaça de publicação, parte do alvo já seja alcançada, que é a alta médica de Lukas e seu refúgio no Consulado, até deixar o país.

De posse da procuração, Michelle poderá levantar fundos, e ter acesso ao material necessário.

Toma um táxi no aeroporto de Zurich e se dirige à Kreuzstrasse, onde mora o amigo de Lukas, em uma casa florida com janelas se debruçando sobre o Zurichsee de águas tranquilas e cristalinas.

É recebida por Otto Schneider, homem de meia idade, corpo atarracado com visível vigor muscular, cabelos loiros rareando no alto da cabeça, olhos azuis penetrantes parecendo saído de um romance de espionagem. Michelle se apresenta como enviada por Lukas e se identifica ao mostrar a procuração. Não comenta todos os pormenores da missão, relatando a vontade do professor em publicar os textos que estão em seu poder, e a necessidade de um adiantamento para os gastos.

Para o contador suíço não há problemas. Como responsável pela administração dos bens do diplomata, recebeu autorização de prover as despesas de Michelle. Otto indica alguns editores suíços, mas Michelle prefere procurar seus amigos franceses.

Retorna a Paris e se encontra com alguns jornalistas, dando preferência ao seu amigo Claude, do jornal Le Monde de ampla penetração dentro e fora da França e por sua independência editorial.

A matéria publicada dias depois ultrapassa fronteiras, causando o alvoroço esperado da imprensa italiana, obrigando o hospital e a Cúria reverem suas posições contrárias à opinião pública. Nas entrevistas que se seguem pela mídia italiana, Monsenhor Caprillo se defende afirmando que é da Igreja Católica e não lhe compete a intromissão em assuntos médicos, blindando o Cardeal D'Ambrosio de qualquer pergunta comprometedora. Alega que os jornalistas devem procurar o diretor do hospital, que tem total responsabilidade pelo tratamento dos pacientes internados.

Quando questionado, o juiz simplesmente afirma que recebeu denúncia de crime de sedição e perturbação da ordem pública e, baseado na perícia feita pelo dr. Franz Andenken, providenciou a internação de Lukas com medida de segurança.

Sem ter como se defender, o dr. Franz foi afastado do hospital e de sua amada cadeira de espaldar alto.

Antes de sua saída, com a ajuda do dr. Henry, Frederic Bauer convenceu o diretor a providenciar a alta de Lukas, para não comprometer ainda mais seu futuro e a Casa de Custódia.

Após as formalidades necessárias, Frederic leva o amigo para o Consulado em Roma, onde ficará ao abrigo de entrevistas inoportunas.

No tempo devido o professor poderá, se quiser, se despedir da Itália e ser um cidadão do mundo, residindo onde lhe aprouver. Por enquanto, deve esperar o final da missão de Michelle, após a publicação dos textos.

O Cardeal D'Ambrosio, velha raposa experiente em diplomacia católica, confirma que Monsenhor Caprillo nada tem a ver com a atividade médica de qualquer instituição. Afasta o abade Thomas do núcleo de qualquer investigação, transferindo-o para uma pequena cidade no extremo sul da Itália, como simples pastor da igreja local. É providenciada a aposentadoria de Guido, deixando assim o hospital, conforme sempre pleiteou. Totó continua sendo considerado inofensivo e permanece no hospital. Dentro de pouco tempo, a Casa de Custódia e Tratamento recebe a intervenção da Conferência Nacional e se torna independente da influencia da Cúria em seus critérios de tratamento hospitalar.

Entre Amigos

Depois de tudo resolvido a contento, o abade Thomas convida os cinco amigos para comemorar a saída de Lukas da Casa de Custódia, em uma festa de despedida, realizada no saguão do Hotel em que se hospedou Michelle, livres da interferência maléfica do Monsenhor e seus asseclas.

– Vamos brindar os novos tempos do professor, agradecendo a Deus pela amizade que consolidamos e pelas palavras, controversas ou não, do amigo Lukas – diz alegremente Thomas, levantando a taça para o brinde.

– Ele pode não querer agradecer a Deus – provoca Totó.

– Agradeço ao Deus Desconhecido e a vocês, caros amigos, que proporcionaram a chave de novo caminho – diz Lukas comovido.

– Como você mesmo afirma, tudo é possível, inclusive seu Deus Desconhecido ser o mesmo que conhecemos, com a vantagem de que sabemos em quem acreditar e ter fé, e como acredito em sua boa vontade apesar de não concordar com todas as ideias, quero fazer um comentário, e ouvir de sua boca, o que faz seu legado ter o crédito que pretende, a ponto de ser brevemente editado – diz o abade preocupado com o amigo e suas próprias convicções.

– É bem vindo qualquer comentário que faça, mesmo porque, no fundo, invejo sua crença e a bondade do seu coração – responde Lukas.

– Muito bem – retruca o abade – você sempre procura dizer o que pensa, muitas vezes de modo confuso e difícil de aceitar. Procure expor suas ideias ao homem comum e simples, que deseja acreditar em Deus e seus mistérios através da palavra dos profetas. Procure sempre respeitar os filhos de Deus, que fazem suas orações, desejam o reino dos céus e seguem os pastores que aliviam o sofrimento e a desesperança. Compreenda o coração dos humildes, dos fracos e dos doentes. Se você julga que muitos pastores, de qualquer religião, são falsos e oportunistas, e principalmente que Deus não existe, pode ser que no íntimo deseje ser o anticristo e ter seus próprios seguidores. Isso me preocupa, porque acredito em céu e inferno, e que é para o inferno que irão os ateus. Não há por que lutar contra os devotos. Acredito na honestidade de suas intenções e estou tentando compreender outras possibilidades viáveis, apesar de ser um fiel religioso. Pretendo ler tudo o que for publicado e espero que você, meu amigo, encontre o caminho.

Após meditar por longo tempo nas prudentes palavras do abade, Lukas se propõe a dizer o que sente:

– Não sou ateu e minhas palavras são dirigidas a todos os que acreditam que é possível haver novos contextos nos dogmas e doutrinas. Meu objetivo maior não é falar sobre a verdade das religiões, mas sobre o valor da vida. Respeito os humildes e os doentes, mas me recuso a respeitar oportunistas que hipocritamente postulam a fé para satisfazer seus próprios interesses, assim como desprezo o falso crente que tenta bajular um Ser Superior em busca da remissão de pecados, alívio de remorsos e melhoria de bens materiais, culpando um anjo caído, pelos seus erros. Qual o sentido de a oração ser o veículo para se comunicar com o Pai, dramatizando as ações no Templo como se fosse um programa de auditório, se Deus conhece o coração dos homens, suas virtudes e falsidades? Qual o sentido de dizer palavras que o devoto quer ouvir para aliviar seus pecados sem promessa de verdadeiro arrependimento, como se todo líder religioso tivesse recebido diretamente o poder divino? Quem pode afirmar que viu a face de Deus ou ouviu sua voz? Acredito na religiosidade que existe no coração do devoto, como também acredito na evolução do homem, nas descobertas científicas, antropológicas e arqueológicas que estão redirecionando os contextos religiosos. Sou contra quem usa a credulidade do semelhante em benefício próprio. Minhas ideias talvez não sejam aceitas ou mesmo compreendidas por todos, mas para aqueles que acreditam na evolução do corpo e do espírito em direção a todas as possibilidades, conhecidas ou não. A vida em si encerra a maior possibilidade de evolução, quando sentida com respeito. Os sentimentos não tem significado antes de se transformar em ideias capazes de provocar uma nova realidade. Mudar para crescer não é fácil porque exige a destruição de realidades interiores, nem sempre verdadeiras. Nem a fé do santo é absoluta. Pretender se apossar da verdade absoluta envolve o risco de batermos em uma porta que dá para o vazio. Os mitos podem conter verdades escondidas à espera de sua descoberta. Basta acreditar que além da limitação humana podem existir possibilidades desconhecidas. O impossível é aquilo que não ainda não conhecemos. A certeza de que existo me faz acreditar e respeitar o dom da vida. Não posso saber se Deus existe conforme pregam os textos sagrados, por isso o sentimento honesto de fé pode ser mais importante do que a realidade de sua existência. O corpo carrega a mente com suas ideias e sentimentos, mas é possível que exista uma consciência mais antiga e profunda que a própria mente, que alguns chamam de espírito. Somos juízes da própria consciência, mas esperamos que um Ser Superior nos ame e ampare acima do poder humano. Não se ama o bem nem se odeia o mal. Não se pode odiar ou amar um pensamento, somente as pessoas a quem culpamos, mesmo que sejam projeções de nossas próprias culpas. Inferno é a porção que não gostamos em nós mesmos. Sem perceber, o homem constrói seu próprio inferno. Viver é partilhar o mundo em que existimos. A religiosidade, o corpo e a mente, fazem parte da minha existência e, através da vida que me permite estar aqui, caminho em direção à Unidade, em todas suas dimensões possíveis. O homem não é um elo perdido entre Deus e o Diabo.

Michelle não demora em encontrar um jovem editor, cujo interesse maior é publicar assuntos polêmicos, para suscitar discussões e debates que alimentem a necessidade de novos horizontes aos seus leitores.

Feito o contrato entre a editora e a procuradora do autor, Lukas despede-se dos amigos, deixando os direitos autorais em seus nomes, alegando que suas posses e aposentadoria são mais do que suficientes para manter o conforto necessário para uma vida tranquila em qualquer lugar que desejar. Feliz por ter cumprido a missão que se impôs, deixa a Itália após o lançamento do livro.

Pouco tempo depois, seu trabalho está nas livrarias, e como a neblina que surge após a chuva e se perde nos raios de sol, Lukas Dijinsky desaparece tomando rumo ignorado, cavalgando as nuvens como sempre fez.

Talvez suas palavras tenham sido escritas no vento, mas ficaram gravadas no coração dos amigos e nas páginas que seguem, salvas de garras vorazes, e compiladas sem a preocupação com datas, circunstâncias ou lugares.

SEGUNDA PARTE
A Herança invisível
de Lukas Dijinsky

Capítulo VI

O Mundo Encantado
da Fantasia

A vaidade é dolorosa porque o homem vaidoso e arrogante intimamente se despreza, e por isso necessita da aprovação dos outros. Pode ser tão arrogante como só os medíocres conseguem ser.

A ação e o pensamento nascem em determinado setor da consciência, sendo que o transmissor interno e o receptor externo devem estar sintonizados na mesma frequência. Assim, pensamento e ação interagem com a realidade exterior, podendo inclusive interferir em seu desenvolvimento, ocasionando fenômenos novos que determinam o que se chama de carma ou destino.

Alguns profetas modernos da ciência chamam de *consciência oculta*, as instâncias da mente que, atuando sem motivo aparente, não são aceitas pela realidade porque a interferência de frustrações e desejos reprimidos participa negativamente da sintonia do pensamento e ação. Procuramos criar o que é confortável e agradável para nós, desprezando a responsabilidade pelo que é incômodo. Negamos as frustrações reprimidas porque tememos lidar com a realidade, procurando consolo nas alegações de que vivemos em um mundo onde sempre os outros são os culpados.

Sempre vivi entre o encantamento da magia e o mundo real. Não procuro a Verdade porque não tenho fé suficiente. A Energia Imponderável, seja em que forma estiver na matéria ou na vida, é como a eletricidade – não é necessário conhecer sua essência para se levar um choque. Quero satisfazer toda minha a capacidade de vida, e não somente minha capacidade racional de vida e, por isso, vivo a realidade e a fantasia. Na chuva, tanto faz estar em um tosco abrigo ou em um palácio, se o único objetivo da vida for o de não se molhar.

Toda obra feita com paixão tem parte da alma de quem a cria, nunca acaba, e busca seu destino na eternidade, sempre esperando que seu criador venha completar o sonho que nunca termina. Se houve algum projeto divino para o mundo, talvez tenha sido realizado com esse objetivo. O canal condutor é a vida, força criadora que emana do desconhecido e repousa no coração dos homens. É uma dádiva misteriosa à procura do gênio criativo que alimenta a vontade de ver além dos sentidos, causando mais sofrimento do que prazer.

Invejo o homem normal, mas não desejo ser como ele.

A herança do homem normal é o prazer da posse, a minha é uma herança invisível, fruto da maldição de ideia e sonhos, onde o sucesso proporciona conforto, mas pode roubar a felicidade porque limita a liberdade, tornando o homem dependente constante do julgamento de outras pessoas.

É difícil ser feliz sob pressão.

Colocando o sucesso no pedestal, poderemos projetar um futuro sombrio para nossos filhos. Corremos o risco de ver as crianças como adultos em miniatura e não em processo de desenvolvimento com acertos e tropeços inerentes à sua idade. Sem se dar conta, os pais costumam moldar os filhos pelos seus próprios gostos, até nos folguedos e brincadeiras.

Usamos artifícios eletrônicos em lugar do diálogo, através do qual podemos descobrir o que sentimos e aplacar medos e frustrações. Atualmente, os grandes companheiros de folguedos são o *mouse*, o controle remoto e o celular. De qualquer maneira, não existe artefato eletrônico que substitua a presença dos pais.

A humanidade não corre risco de extinção por causa de guerras nucleares, mas devido a costumes que alimentam a cultura do consumo desnecessário, da estúpida vaidade que chega ao ridículo da adoração de ídolos de barro que dão vida ao supérfluo, muitas vezes de gosto discutível. Tornou-se rotina a imposição de valores através dos meios de comunicação, maquiando o interesse na manutenção do analfabetismo funcional que eterniza dominações populistas.

A superfície tem roubado a beleza das profundezas.

O belo restou para alienados, e a natureza se tornou puramente decorativa.

Sempre que possível, devemos deixar herança de bens materiais para as gerações futuras, enquanto aquisições úteis. Essa herança é importante para o bem estar e alegria, mas não consegue por si só tornar a pessoa feliz.

A alegria está na convivência com a realidade exterior, mas a felicidade está na visão da realidade interior, sentida com a essência humana a que chamamos espírito.

Bens materiais podem ser transmitidos como herança para a evolução social. O sonhador deixa ideia, em uma herança invisível, para a evolução da consciência.

Para serem úteis, as ideias devem conter também um valor prático. À primeira vista, espera-se que cada ideia nova resulte em algum benefício material que represente posse.

Nem sempre essa é sua principal qualidade. Para ter um valor perene, devem transformar a história do homem e do mundo que o cerca.

Talvez eu não seja um homem prático, porque creio que a ligação fundamental com o futuro é a transmissão da própria vida, que é abstrata. A vida deve ser o objetivo mais importante de qualquer ideia.

Foram criadas leis e códigos para garantir que bens materiais, visando ao bem estar e ao conforto, sejam passados de uma geração a outra. Essa é a herança tradicional.

Sendo a vida um fenômeno ainda não decifrado pela ciência e filosofia, foram criadas doutrinas educacionais e religiosas para formar matrizes de conhecimento e conduta, bem como contemplar a religiosidade que existe no inconsciente coletivo, que se projeta na transcendência da realidade aparente.

Se atentarmos com cuidado a história da humanidade, iremos verificar que o cordão condutor de sua evolução foi mais influenciado pela expansão das religiões do que pelo conhecimento científico. Mais do que a filosofia e a ciência, a visão de transcendência marcou seus passos e se propagou a todas as culturas civilizadas ou não.

Todo conhecimento nasce de uma ideia, inclusive a religião, que é um conjunto de doutrinas criadas para conceituar a religiosidade inerente ao ser humano, através do sentimento de fé.

O mundo que sentimos e não compreendemos, precisa ser transformado em palavras que traduzam uma ideia. A vida e as ideias que lhe dão sentido fazem parte de uma herança invisível.

Lukas Dijinsky

Uma Luz nas Sombras
(Lições que aprendi no Himalaia)

A saúde e o bem estar não dependem somente das terapias do corpo e da mente, mas também da saúde do espírito. Sem essa perspectiva, poderemos sofrer muitos males que o conhecimento não alcança.

A eternidade pode não ser uma extensão do tempo, mas sua ausência. Podemos tentar compreender a vida aceitando nosso tempo finito na eternidade que repousa entre o nascimento e a morte, ou crer em mistérios que só a fé pode alcançar. Em se tratando de possibilidades, todas as crenças são válidas. A não aceitação daquilo que a mente não alcança, pode ser produto da insatisfação que as frustrações causam.

Tenho dúvidas quanto à existência de um ser perfeito que não tenha complacência com minhas dúvidas. Buscamos um ser superior à nossa imagem e semelhança, mas indecifrável em nosso entendimento de perfeição. Buscamos um Filho de Deus com quem nos identificar, com corpo humano, pai e mãe. Para a vida, importa menos o conteúdo das crenças do que o privilégio de estarmos vivos, provando merecer essa dádiva através dos nossos atos. A religião é o artifício mais confortável para preencher os espaços vazios do conhecimento. Todas foram transmitidas de culturas passadas para novas gerações, moldadas pela mente e convicção de homens inseridos nas tradições de seu povo. Em qualquer texto, os personagens devem adquirir vida própria, libertando-se do seu autor, para ter aceita sua própria história. A biografia pode até se confundir com o êxtase criativo de quem a transmite. Esse é o vínculo imaginário entre o autor e os seguidores.

Todo relato pertence a acontecimentos passados. No presente, cabe ao mensageiro a tarefa de relatar fatos reais ou imaginários que já aconteceram, como se fosse um mero fio condutor, e dar a impressão de realidade, na qual os devotos tenham a sensação de estar acompanhando uma história que acontece no momento presente, da qual também participam, e a ela se entregam na interpretação viva da mensagem. Não existe religião boa ou má, sua qualidade depende da interpretação e do uso que dela se faça. A religiosidade emanada da consciência diz respeito à vida, mais do que qualquer religião. A religião é conhecimento, a religiosidade é a energia que se traduz em sentimento.

A vida é a energia que envolve todos os seres vivos, remetida ao divino por falta de outra explicação.

Os pais não dão vida aos filhos, transmitem a vida que receberam, acrescida geneticamente de suas próprias características.

Como não conseguimos conceber abstrações tão misteriosas, temos necessidade de formar imagens. Entretanto, sendo a vida uma energia pura e neutra, sua representação divina também deve ser pura e neutra. Para explicar o maniqueísmo do bem e do mal, surgiram deuses, demônios, anjos, fadas, espíritos errantes, e seus arautos sempre foram profetas conscientes ou torturados por fervores delirantes, ditando regras de comportamento.

De qualquer forma, a mensagem mais importante é a de viver sem mistificações, com a consciência de que podemos ter um tempo finito, e a vida ser eterna.

O homem sente necessidade de ter um modelo de como proceder, pelo medo da responsabilidade de ser livre e ter de assumir o resultado de suas escolhas.

O conceito que a religião tem de Deus foi originado pelo mesmo embrião da ética e da moral, mantenedores dos princípios de vida em sociedade. Qual a diferença entre rituais religiosos cristãos ou pagãos, se todos se baseiam em forças semelhantes e incompreensíveis? Talvez a principal diferença esteja na riqueza cênica e refinamento de elaboração para o convencimento dos fiéis. É tão difícil compreender o significado de uma missa ou pregação religiosa, quanto o significado de um ritual de candomblé, feitiçaria ou magia negra.

É inútil a discussão sobre a essência de um Criador, por ser inconcebível e desnecessária ao ato de viver. Descobrir uma razão universal é a ilusão de seres que evoluíram impelidos pela realidade exterior, dependentes de prioridades do meio ambiente e da herança dos antepassados adaptada às necessidades de sobrevivência da espécie. As regras religiosas sempre foram escritas e divulgadas por fervorosos fanáticos. Suas guerras foram motivadas pelo tipo de cultura de um determinado povo, e suas necessidades primárias. Os dogmas religiosos são potencialmente iguais. Mesmo tendo princípios semelhantes, o texto sempre traduziu a sociedade em que viveram seus profetas, filósofos e iluminados em busca de uma consciência universal.

Essa transcendência foi batizada com diversos nomes, como Deus, Jeová, Alah, Aton, Brahma, Votan ou Manitu, identificados com a ideia do divino. A concepção de sua energia vital absoluta é ritualmente evocada em orações para o perdão ou para o domínio. A poesia é seu contraponto, pois não pretende indulgências, mas a descrição da beleza de um mundo em sua forma ética e pura. Na poesia, a pessoa procura o sentido da vida a orientar seu destino, e o simples ato de viver torna o indivíduo importante e essencial.

A ordem do mundo pode ser decorrência do desejo de um Criador, mas o julgamento de ações entre o nascimento e morte decorre dos códigos humanos. Na eternidade talvez não existam parâmetros baseados no maniqueísmo ambíguo de Bem e Mal. No limite da existência ocorrem atos bons e ruins, que devem ser julgados em nossa realidade perceptível.

A crença em um Ser onipotente é importante para estabelecer caminhos. A história mostra que algumas pessoas procuram respostas na Ciência ou na Filosofia, outras na religião. Para a resposta ser válida, é preciso fé e honestidade de propósitos. A fé não tem explicação, pertence à mesma energia imponderável que, além da razão, dá vida ao impulso interior. A fé, em si mesma, é Deus.

O homem move-se entre forças equilibradas, julga possuir um universo organizado e vive em meio a belezas que não percebe. Deus não precisa ter semelhança com a figura humana. Talvez seja o nome de uma força criadora que se confunde com a própria vida. Quando alguém tenta compreender esse complexo, está somente definindo a si próprio, influenciado pela perspectiva religiosa. A energia pura não julga através de conceitos éticos e morais. Estes pertencem à cultura humana. A vida tem regras próprias.

Durante o ato de viver, este sim com regras regidas por leis desde o tempo das cavernas, o homem tem procurado levar vantagem sobre os seus semelhantes. É ingênuo imaginar que, após a morte, haverá o julgamento de nossos atos. A maneira de viver determina o valor do ser humano, no intervalo de existência no qual deve ser julgado. A vida é neutra, e a morte é o termino do viver no tempo que conhecemos e no qual, ingenuamente nos julgamos livres. A liberdade é uma expectativa estéril, porque ninguém é livre. Todos somos prisioneiros de leis, padrões morais e sociais com valores fictícios discutíveis, dos quais somos emocionalmente dependentes. Podemos pensar livremente, mas nem sempre agir segundo nossa vontade.

Somos imaturos a ponto de pensar que podemos julgar além das aparências. Ninguém consegue julgar o âmago impenetrável das pessoas, ou o mistério do que seja a vida. Somos juízes com tosca capacidade para julgar alguns comportamentos. O homem sensato, ao julgar os atos de seus semelhantes, deve ter a consciência de que jamais alcançará as motivações e os medos mais profundos. Em um mundo de mistérios, o conhecimento tem alcance limitado e sua importância é relativa. Saber, só tem valor se elevar o sentimento. Sentir a vida plena, e não somente pensar nela. Sentir o espírito da vida como sendo a energia que nos permite existir.

O significado de espírito foi usurpado pelas religiões e adaptado aos seus interesses. Na antiga Grécia, espírito era um conceito sobre a natureza humana na busca de ideais superiores aos prazeres materiais, onde o cultivo era a prática da virtude, a verdadeira fonte da vida e prazer. A vida é um processo evolutivo que se estende pela eternidade, onde a perfeição é uma tendência e não finalidade. Esperamos que seja infinita, mas o ato de viver está contido no tempo entre o nascimento e a morte. A eternidade, para cada indivíduo, pode ser a extensão desse tempo ou sua extinção. Nos textos sagrados, um Ser inominado criou a vida, a eternidade e tudo o que existe. E se houver vida após a morte, mas não Deus? E se houver Deus após a morte, mas não vida? E se ambos existirem? E se nada mais existir? Qualquer possibilidade pode ser válida, conquanto se acredite com verdadeira fé.

134 | A Sombra do Abismo

Sendo a Bíblia a palavra de Deus, não deveria haver tanta contradição entre seus autores. Os textos contêm interpretações diferentes e contraditórias. O novo testamento foi escrito muitos anos após a crucificação, através do relato de "testemunhas oculares". As contradições revelam dogmas canônicos que sugerem a alegação de inspiração divina. O grande alvo da religião é a fé e não a bondade. A necessidade de acreditar pode ser inocente e vulnerável, frente a exploração engendrada na oferta de redenção mantida com o pagamento de indulgências, onde o crente fica com a fé e o templo com o dinheiro.

Acreditar em algo maior do que a dura realidade pode tornar as pessoas melhores e mais fortes. Para uns, uma pedrinha será sempre uma pedrinha, mas para outros é uma pequena parte do Universo. O efeito das religiões praticadas com honestidade, reforçando a fé, melhorou historicamente algumas culturas. Por esse motivo, a fé tem se tornado mais importante do que o conteúdo dos textos. Alguns códigos religiosos de conduta são mais eficazes do que códigos jurídicos. A fé não transforma os homens em seres essencialmente melhores, somente proporciona o bem estar que encobre as frustrações e o medo. Os ideais de honra e nobreza de sentimentos são anteriores ao aparecimento das religiões. Há exemplos de livres pensadores ateus e agnósticos que, acreditando em valores de vida, tiveram melhor conduta do que muitos religiosos.

O massacre de chineses, historicamente documentado, parece ter sido perpetrado pela união de grandes seitas budistas em guerra eugênica de extermínio. A religião cristã, através de seus homens santos, descreve o inferno de modo minucioso e eficaz em suas punições e torturas sádicas, mas nunca conseguiu passar de um pálido relato, a descrição de um céu de bem estar, e possível tédio eterno. A circuncisão, no Judaísmo, obtém como resultado a identidade judaica através do sacrifício com derramamento de sangue.

O Pai onisciente e onipotente é um estado de espírito, um protetor que reside na consciência de cada ser. Não tenho certeza da existência de deuses ou de vida após a morte, mas tenho certeza de que ninguém sabe com certeza. O obsessivo temor da morte expressa a vontade infantil de se poder continuar observando a vida dos que ficam, e seus sentimentos pelos que morrem. Não há porque temer a ideia da morte, que apresenta duas possibilidades: a oportunidade da evolução na eternidade, ou o descanso eterno.

Sei que sou ignorante nos mistérios da essência divina, mas sei também que não quero acreditar por medo. Acreditar em algo com toda a fé, não nos dá a certeza de que seja verdadeiro. A fé não é somente religiosa. Além de conduzir ao conhecimento, o saber científico também pode ser um ato de fé. Gostaria de ter fé suficiente para acreditar na existência de Deus, ou em sua inexistência. No íntimo, sabemos o que realmente importa, mas sempre necessitamos ser conduzidos por líderes e rituais, para nos sentir confiantes e aceitos pelos outros.

Todo ser humano quer julgar, mas teme ser julgado. Os julgadores, levados a conhecer algumas motivações, sentem-se aptos a penetrar no espírito humano, quando não passam da percepção de ações que ferem alguns códigos estabelecidos. Todo juiz se sente superior ao réu, mas só conhece regras e leis, e não o ser humano que está sendo pretensamente julgado. Este é o fermento da confissão religiosa com a esperança do perdão, e não um ato de fé. O crente espera que o julgamento na eternidade leve em conta a ingenuidade do pecador como frágil ser humano, sendo redimido e perdoado pelo Pai que ama todos os seus filhos. Esquece que, apesar de culpar o diabo pela tentação, este não condena, somente cumpre as determinações do julgamento divino.

Acredito que o fato mais importante da existência é a própria vida. A vida de cada um, entrelaçando com a vida de todos, mostrará por si só sua verdadeira dimensão.

Quem Sou Eu?

Sou um agregado de matéria que se integra, cresce e se desintegra, com uma consciência ancestral transmitida desde o surgimento do ser vivo que se transforma com a evolução e, através de atributos éticos, morais e estéticos, molda o espírito humano, cuja existência se situa em um tempo indefinido de perenidade da vida, ou na limitação temporal do corpo. Essa consciência íntima transmitida por gerações tem sofrido modificações evolutivas. A existência do corpo, da consciência e do espírito, se deve à atemporal energia que organizou o caos primitivo, formou o cosmos, e a chamada alma humana. A todo esse enigma original foram atribuídos diversos nomes divinos que podem ter o mesmo significado em sua essência. O ocidente cultua a divinização humana em Cristo, de acordo com a cultura judaico-cristã, com referências subliminares a outras tradições religiosas.

A alma não é o homem, mas sua energia. A não ser pela fé, não podemos ter a mínima certeza do que ocorre além do nosso tempo finito. Se aceitarmos como verdade a existência eterna da energia imanente e indissociável à vida, o homem morre e sua natureza transcendental volta ao contexto universal. Não importa se o que digo tenha como destino uma prateleira empoeirada em uma pequena loja de livros usados, mas foi dito, mesmo que ninguém leia.

Vivemos em um estranho mundo onde a imaginação compõe as preces e todos os sonhos são possíveis. O conhecimento revela fenômenos que existem, e o homem, embalado pelos mistérios do mundo, descobre sempre novos fenômenos que passam a existir.

A realidade objetiva de cada um não traduz verdades absolutas, e sim, a aparência dependente da consciência do observador e sua posição no espaço/tempo. A aparência do tempo é dada pela posição da Terra em relação ao Sol, na mensuração tempo/espaço através de instrumentos específicos. O relógio não nos dá o tempo, e sim uma tabela do movimento de nosso planeta em relação ao Sol. Nessa relação, o tempo é uma dimensão do espaço, assim como o espaço é uma dimensão do tempo. A aparência do tempo é meramente conceitual, inclusive na medida de nossa existência.

Em se tratando de dimensões, a história universal tem demonstrado que a dimensão do homem é inversamente proporcional ao tamanho de sua arrogância, fruto do abismo entre a realidade que percebe e a sombra do horizonte que se perde nas brumas do desconhecido. Somente o poder da crença no Absoluto consegue aplacar a angústia de nada saber. A fé tem o poder de mostrar caminhos, e não a religião, que é um ritual de locomoção. É a estranha força que move o crente, e a religião é um conjunto de palavras transmitidas pelas tradições de um povo. Os dogmas religiosos sempre conduziram os homens à intolerância, por não permitirem contradições. É mais importante acreditar conscientemente no poder da vida do que no poder dos dogmas.

A religião é um instrumento a serviço do homem, e não o homem um ser a serviço da religião.

A honestidade de propósitos acima de vantagens pessoais é o principal compromisso com a vida, por isso a educação não deve visar unicamente ao conhecimento, mas à capacidade de se pensar com liberdade, sentindo responsabilidade perante esse compromisso.

O governante que só deseja o poder pode ser um exímio saltimbanco se equilibrando entre iguais, mas deixará sempre como herança, um rastro povoado de canalhas.

A consciência intuitiva, mantenedora dos sentimentos mais elevados, transcende o pensamento e os sentidos. É o espírito que além da fisiologia da mente, através da imaginação e da fé, coloca o homem em comunhão com a magia do Universo.

É estranho pensar em um Ser Perfeito, julgando com recompensa ou castigo, sua própria criação, de cujo destino tem completo domínio. Se o homem foi criado à semelhança de um ser perfeito, a imperfeição que caracteriza o ser humano deve ser corrigida pelo próprio homem, não havendo necessidade de julgamento divino, como se quiséssemos cobrar do Ser Perfeito, a tarefa que a nós compete. O grande problema é que não conseguimos confiar plenamente em nossos semelhantes humanos.

Pensar não é somente lembrar o que aprendemos, é ultrapassar fronteiras. Aprendemos o que é moralmente correto, mas é preciso atingir o estágio no qual agimos com a consciência de que somos originados pela mesma energia, sendo todo ser vivo, em essência, a evolução do mesmo princípio.

Frente à própria imaturidade, ainda necessitamos da ideia de um Ser Perfeito que seja a consciência cósmica a julgar nossas ações.

A Ciência, a Religião, a Filosofia, as Artes, por caminhos diferentes, buscam a satisfação do mesmo desejo: a expressão do desconhecido que habita o horizonte de possibilidades, impossível de ser vislumbrado pela lógica. No rol de possibilidades não sabemos com certeza se, após a morte cerebral, ainda existe alguma coisa.

No momento, só sei que estou vivo, que a vida se justifica por si mesma, e que me arrasto em um amontoado de experiências aleatórias e infinitas possibilidades.

Frente a tantas possibilidades desconhecidas, não me é dado ser indiferente ao que posso encontrar no fundo do abismo, inclusive o fato de que me atemoriza a ideia de um céu perfeito, onde não terei liberdade de escolhas, nem medo de errar.

O Homem Heróico

Imaginamos sempre haver alguma verdade em todas as ações que praticamos, mesmo sob o peso das distorções ou exageros que possam conter. Estamos atolados em explicações intelectualizadas. A simplicidade da vida, esmagada pela cobiça que a história tem demonstrado, tem levado a humanidade à dificuldade de compreensão da própria existência, racionalizando o ato de viver, através de conceitos.

Ainda imperam os mitos do herói e da princesa, camuflados em inocentes expressões de solidariedade e altruísmo. Somos demasiadamente preocupados com a figura que queremos transmitir aos olhos dos outros, porque o medo da solidão e perda de afeto corrói o que resta de inocência.

Quando nos preocupamos com alguém, há sempre o desejo inconfesso de retribuição afetiva. Não confiamos em nossa capacidade de sobrevida solitária e assim, criamos um mundo simbólico.

Brincando de heróis e princesas do dia a dia, sempre esperamos o reconhecimento da beleza moral sem atentar que é a sociedade que impõe os modelos de heroísmo. Na igreja, o celibato é uma forma de fantasia de santidade heroica no sacrifício e no martírio, apesar de tal atitude ser mera contradição à natureza humana.

A esperança é a de que todos os símbolos e fantasias sejam possíveis e aceitáveis.

Mesmo que exista um anseio de autenticidade, as normas sociais tornam os homens acomodados como subproduto da própria potencialidade, acatando as regras do rebanho e seus egocêntricos pastores.

Quando a realidade destrói a esperança daquilo que se deseja recorremos à fé, que é um sentimento acima dos símbolos, ultrapassando as fronteiras limitantes do intelecto, em busca da auto expressão na transcendência a outras vidas.

Durante toda a vida tentamos enganar a morte como fato real, mas envelhecer é morrer um pouco a cada dia.

Como temos muito medo de descobrir quem realmente somos, nos sustentamos na aparência que procuramos manter. Para muitos, basta o alívio das explicações psicológicas de revistas semanais.

Do grande herói que impulsiona a história, ao pequeno herói que trabalha e sofre pela sobrevivência da família, os atos heroicos são movidos pela necessidade de autoestima, não importando se o caminho é o do amor, da bondade ou do ódio, ou se o impulso é religioso, psicológico ou mágico. Quando a autoestima sofre reveses e frustrações, a estrutura emocional adoece e pede atenção para o seu sofrimento.

Como nem sempre temos pleno conhecimento do que causa o sofrimento emocional, usamos mecanismos de defesa conscientes ou inconscientes para nos salvar do abismo da mente. Quem "peca" mais, a prostituta que se vale dos prazeres da carne para viver, ou a devota que se esconde na beatitude para se defender dos prazeres da carne? Um bandido anti-herói é um herói ao contrário, no seu ponto de vista. O ato heroico pode ser fruto de uma mente altruísta ou de uma mente destruidora.

Para ter significado, todo ato de elevada nobreza deve ser sentido como heroísmo. A natureza humana é contraditória. Desejamos um universo sensato gerado pela harmonia criativa de uma mente superior, em um mundo regido pelo acaso de sua própria evolução, onde ninguém é totalmente inocente.

Na verdade, sabemos pouco sobre a natureza do universo ou do homem. Tudo pode estar baseado em mitos criativos para compensar a insignificância do que conhecemos. É possível que o homem tenha se tornado gregário por viver atado à própria limitação, tornando-se destrutivo, e dependente da esperança em outra vida melhor na eternidade.

De qualquer maneira, como a fé não dá explicações, crer pode ser o alimento da esperança, mas nunca uma desculpa para os nossos medos e desejos secretos.

Capítulo VII

Um Sentido
para a Existência

Com os métodos atuais de documentação e procedimentos científicos, percebemos que fatos culturais e históricos não se apoiam mais em conceitos abstratos e doutrinas carentes de confirmação.

Os costumes, comportamentos, leis, religiões e civilizações dos homens, são lastreados por sentimentos, e acima de tudo, na fé em algo que transcende a realidade conhecida. A evolução nunca foi hermética, mas determinada por fenômenos imprevistos e aleatórios.

É ilusório o caráter estático do determinismo religioso, e se a vida em sua essência é um mistério, a experiência de viver é imprevisível, transformando o futuro na consequência do presente. Não temos a liberdade de sermos os donos do comportamento, porque existem regras necessárias de convivência, mas enquanto existirmos, a cada um de nós pertence a essência da vida, mesmo quando somos submetidos ao poder de mandatários. Os poderosos se mantêm no comando porque nos curvamos ao comodismo à espera de recompensas em um futuro que desconhecemos.

O mundo não nos pertence, mas faz parte de nossa consciência, assim como a vida, e é na comunhão dessa trindade que deve repousar a verdadeira fé.

Duvidar de um sentido para a existência, seja ele religioso ou científico, interfere na vida afetiva de cada ser humano, influenciando o bem estar da mente e do corpo enquanto contexto indivisível.

Cada ser possui características específicas e sentimentos pessoais na alegria e na dor. O sentido da vida é inerente à consciência profunda que existe antes da própria concepção.

Os livros que procuram mostrar caminhos ideais de felicidade, nada mais contêm do que regras simplórias de comportamento social. De certa forma se resumem em um rol de condutas éticas para se viver satisfatoriamente em uma sociedade que cultiva as aparências. As premissas de autoajuda podem ser úteis na convivência social, mas como cada um sente o mundo no âmago do seu foro íntimo, o maior beneficiado é quem as escreve.

Filho – Essa Caixinha de Segredos

Cada criança que nasce pode ser o despertar de um novo contexto de esperança, se os adultos permitirem.

Devem ser educadas com sabedoria e respeito, para formar cidadãos mais coerentes em sua concepção de vida. Somente transmitir um vago conhecimento para ser memorizado e se tornar útil para vencer etapas não educa, condiciona a aceitação do ser social às tradições de um grupo cultural. O conhecimento é importante, mas não suficiente. O cérebro humano é mais complexo do que um arquivo de computação de última geração.

Os pais se preocupam em corrigir as imperfeições dos filhos sem penetrar em seus sentimentos e seu mundo, e não permitem que sejam reveladas suas próprias carências e frustrações, que são mantidas nos escaninhos secretos das aparências.

Para orientar e educar, pais e mestres devem aprender a ouvir. Somente assim terão a oportunidade de lapidar a mente jovem, que pode ser genial, mesmo que nem sempre consiga responder a questões simples, do ensino sistematizado pela memorização e não pelo entendimento. Devem ensinar limites de comportamento moldados tanto pelo sim como pelo não. Às vezes, negar ensina mais do que ceder por medo de perder afeto e importância, frutos de insegurança e frustrações antigas e pessoais.

O homem robótico é importante para o consumismo além do necessário, concorrendo para manter as forças econômicas e produtivas em desenvolvimento estável, mas sem desfrutar do encantamento que a vida pode proporcionar.

Vivemos em um dilema. Se o mundo for governado pelo espírito criativo de um artista, a guerra total acabará sendo inevitável porque a insatisfação mórbida e perene que mantém a necessidade de conquistas, não é compatível com a estabilidade emocional de qualquer comunidade.

Os sonhos dos filhos pertencem aos filhos e não aos pais, cuja função é ajudar a que encontrem o melhor caminho para sua realização.

O casamento é um estatuto social criado para a fantasia de posse entre parceiros e a proteção dos filhos. A dependência que envolve a infância é longa. Temos precária faísca de conhecimento instintivo geneticamente transmitido. Na primeira infância a criança absorve valores que permanecerão durante toda sua existência. Na idade pré-escolar, não distingue com muita precisão, a realidade externa de sua realidade interna. Aos poucos vai percebendo que é um ser que deseja se tornar independente, época em que começam as reivindicações e negativismo às solicitações dos pais. Vive o mundo exterior como se não tivesse individualidade.

É como imaginar a sala de um cinema onde a criança não só assiste ao filme, mas dele faz parte como se estivesse dentro da tela, e não em sua poltrona. Com o desenvolvimento, aos poucos vai se deslocando da tela para se integrar à plateia, formando parte da personalidade, no mundo que começa a descobrir. Nessa fase, o casal é importante como modelo e não somente como arauto de regras. É com o modelo que as crianças se identificam, e não com regras de comportamento. Após a chamada fase de latência, inicia a segunda fase mais depurada, na formação da personalidade. É a adolescência que explode biológica e emocionalmente.

As emoções e acontecimentos ocorridos nessa fase irão influenciar muitas escolhas futuras, em um mundo que começa ser conhecido de maneira mais real. A base da formação é o envolvimento afetivo dos pais que escore a insegurança natural do jovem.

Na escola, a educação consolida o que aprendeu em casa e os princípios de cidadania. São os adultos que detêm o poder de manter as crianças como lagartas limitadas ao conforto do casulo, ou permitir que se transformem em seres alados, com a liberdade de arabescos traçados em voos etéreos, mesmo com o risco de descobrir espaços que atraem ao desconhecido.

A chave que abre os portais da infância e adolescência depende da vontade de saber se o sonho da criança se resume à condição de tranquila lagarta cibernética ou no risco proposto pelo demônio criativo que existe em cada ser. A maneira de abrir o futuro para a realização dos sonhos, depende não só de conhecimento, como também dos sentimentos em relação à magia que a vida oferece.

O nascimento de uma criança depende do fato de pai e mãe se unir na doação de parte de seu organismo. Além de ser consequência do amor e prazer, recebe a carga genética de um homem e de uma mulher, com a estranha energia que irá originar um novo indivíduo. Esse é o início de um longo caminho a ser percorrido em sua existência. Os pais devem ter a consciência de que participam de um milagre, e de que são o fio condutor de um ser em formação para o mundo.

O que os pais dizem aos filhos ainda jovens é cumprido como obrigação, e não como juízo de valor. Os filhos não aprendem com o que os pais dizem, mas com o que fazem, revelando como realmente são. O paradigma para toda a vida não é a palavra, mas o ato. Mil presentes não valem o abraço afetuoso e a demonstração de real interesse pelos medos, tristeza e alegria dos filhos. Um ombro para chorar é mais poderoso do que um conselho. Ria com os filhos, participe de sua infância, desça até eles para depois subir de mãos dadas. Os filhos pequenos não são adultos pequenos, capazes de entender conceitos abstratos que permeiam a vida dos adultos. Não tenha medo de conviver com a raiva que o filho possa sentir. A criança também sente ódio, inclusive dos pais, quando não tem os desejos satisfeitos.

A eterna benevolência é cômoda para os pais, mas prejudicial ao crescimento interior dos filhos. O não pode ser mais importante do que o sim, quando houver amor e respeito, e não submissão.

Os filhos não pertencem aos pais, mas a si próprios e ao destino traçado por suas opções.

Os pais não são responsáveis somente pelo bem estar e alegria dos filhos, mas também por sua consciência.

O Fim da Infância

Toda criança é um milagre a ser lapidado para a integração com a vida, em busca da harmonia que o futuro pode proporcionar.

O ensinamento religioso é uma fonte em que o jovem deve beber, lembrando sempre que o seu mundo pode ser diferente daquele que o adulto costuma pretender como o melhor. O adulto tende a esquecer-se da infância, apegando-se a símbolos e valores que a sociedade impõe.

As crianças são felizes enquanto não contaminadas pela egomania narcisista dos adultos. Os modelos afetivos mais próximos, personificados especialmente por seus familiares, exercerão influência por toda sua existência.

É comum os pais forçarem precocemente a visão adulta dos filhos, na tentativa de compensar suas próprias expectativas. A infância tem seu próprio tempo e características peculiares que não condizem com a responsabilidade de compreender os desejos insatisfeitos, receios e frustrações dos pais.

A alegria da infância decorre do fato de não haver pacto com sistemas adultos de poder, dos quais não sentem necessidade.

A criança é feliz enquanto livre e aberta para a felicidade simples, com suas próprias fantasias, e não as do adulto. Não é sensato os pais projetarem nos filhos pequenos, seus desejos de realização, pois, juntamente com suas fantasias, projetam a insegurança e falta de coragem para admitir seus próprios conflitos e erros.

Mesmo culto e poderoso, o adulto que tem o sentimento voltado para o próprio ego, será sempre medíocre e limitado à fantasia de suas conquistas.

Os filhos não pertencem aos pais, e muito menos às projeções egocêntricas que pretendem impor.

A criança deve ser ensinada a fazer escolhas, a respeitar a vida, e seus semelhantes, aprendendo a conduzir seu próprio destino, e dele se tornar responsável.

O Início da Jornada

Se existe alguma força ou Consciência Superior que coordena a vida em uma realidade ainda não conhecida, a liberdade que supomos ter não existe, porque a liberdade não pode ser inserida como componente de qualquer esquema sistematizado. O próprio pensamento, racionalizando explicações para tudo, limita a liberdade de sentir o mundo como uma Unidade.

A liberdade pode ser cultural com restrições impostas pela sociedade (códigos morais), ou de personalidade, onde os limites são impostos por exigências internas de caráter (código ético). A liberdade jamais poderá ser completa. Se imaginarmos estar vivendo em uma pequena ilha onde tudo é permitido, mesmo que façamos sem restrições tudo o que temos vontade, ainda continuaremos vivendo em uma pequena ilha, sonhando com o horizonte além do mar que nos cerca.

O prazer é temporal e limitado. Quando procuramos prazer somente através dos sentidos, encontraremos satisfação determinada pelas sensações, e limitada no tempo. A felicidade, mesmo sendo um conceito e não finalidade está além do prazer dos sentidos. É um sentimento atemporal inerente à nossa essência. Sentir é mais do que pensar. Pensar é racionalizar sentimentos em busca de explicações. A busca intelectualizada do Bem e do Mal no divino, somente serve para teólogos e filósofos em conversas sociais. Se para uns, o limite imposto pelo conhecimento é a meta final a ser atingida, para outros, ultrapassa-lo é o início da jornada. Na maioria das vezes as ideias são ordenadas pela sensatez e raciocínio lógico que dominam os pensamentos. Sentimos que existem mistérios dentro de nós, que não conseguimos entender, mas que fazem parte importante de nossa realidade interna. Cabe a nós modificar a realidade. Passado, presente e futuro pertencem ao mesmo tempo. Vivemos o dia de

144 | A Sombra do Abismo

hoje com a experiência de um passado que não podemos mudar, mas que sob novo entendimento, pode nos ensinar a moldar o amanhã que ainda não existe. Em nossa existência, o tempo somente adquire importância real quando começa a nos devorar.

Os filhos levam para sua vida, uma parcela da vida dos pais. Se dedicarem parte do tempo em saber o que o filho pensa e sente, os pais podem aprender o que deve ser transmitido e ensinado com palavras e, acima de tudo, com suas próprias ações. Até cerca de três anos de idade, as vias de experimentação e aprendizagem nas crianças ainda estão livres para absorver o mundo ao redor como uma esponja, sem intelectualizar. É nessa fase de pura transição que a base poderá ser definida através de dados e informações corretas, carregadas de sentimentos de segurança e ternura, em retribuição ao verdadeiro amor que as crianças trazem consigo. O que não for feito nessa idade, nunca mais o será. A verdadeira educação não está na Universidade e sim nos primeiros anos de vida. O estudo posterior é apenas um agregado para melhor desempenho.

A verdadeira responsabilidade de se ter um filho não é voltada ao sucesso profissional e sim à sua educação e felicidade, com a experiência familiar completada por escolas, relacionamentos e normas sociais de cultura e conduta.

Educar não é ensinar tradições, e sim uma troca de experiências baseadas no amor e respeito à vida. O ensino tradicional pode levar ao sucesso através do autocontrole, o que não é natural visto que, nos momentos de descontração, na intimidade e nos repentes de frustração e raiva, o sentimento submerso vem à tona, com comportamento hostil. Educar é ajudar a criança a crescer em harmonia com as limitações necessárias impostas pelos rituais de cultura e coexistência social, sem prejuízo de seu potencial criativo e capacidade de ser feliz.

Capítulo VIII

O Respeito à Vida

Uma força ainda envolta em mistério faz parte da consciência. Seu poder reside na fé de que ela realmente existe alheia a explicações conceituais. Recorrer a esse poder não deve ter como motivação a fraqueza ou o medo, e sim a busca de um ideal de evolução interior.

Vivemos em uma era em que a autoestima se debate no supérfluo.

Não subestimo o progresso, pois o mundo está em constante movimento, deixando claro que o processo de automação cibernética por si só, não consegue ser o mentor da felicidade. Parece que sempre falta alguma coisa que complete os instrumentos de última geração.

A energia que move o Universo é a mesma que move a consciência e a própria vida. Seu nome não importa. Sua origem cultural também não. Acreditar que existe é o bastante.

Somos fracos, vazios, vulgares e vulneráveis, mas com o poder de transformar a realidade e o futuro.

Tenho procurado o amparo do desconhecido para abrandar o medo do poder de transformação que minha mente possui. Tenho buscado em vão a verdadeira sinceridade de propósitos nos atos mais corriqueiros, que caracterizam pessoas comuns e líderes poderosos. Podemos escolher entre a bondade e a maldade, a posse e a contemplação, o ato e a omissão, mas sempre esperando que alguém indique o caminho.

Penso tanta coisa que sou sufocado pelo que sinto. Não basta parecer feliz. É preciso sentir a alegria de fazer parte do mistério chamado vida. Ele é o único milagre que conheço.

Para a autoestima, é importante se sentir bem sucedido, entretanto sem a contemplação da beleza gratuita que a natureza proporciona, a solidariedade sem hipocrisia, e o sentimento de honra no ato mais simples, o sucesso passa a ser um jogo medíocre e insignificante.

A natureza pertence a todos sem exigir sua posse. Quem visa à posse não ama, só deseja exercer domínio como forma de poder, e não de amor. O sucesso vazio é irmão gêmeo da solidão, e seu contraponto é o medo de não ser notado e se tornar órfão de atenção e afeto.

Cada ser vivo é o grande milagre, e é na vida que se deve ter fé. O que resta pode ser mera especulação, mesmo que bem intencionada. A realidade pode ser parte da fantasia que criamos além do que conhecemos.

Tudo é possível, inclusive a fantasia ser mais verdadeira do que a realidade.

Vida

O homem vive em meio a fenômenos que nem percebe. Ainda não se deu conta de que se move em um universo organizado e de rara beleza. É difícil compreender como essa organização ordenada se iniciou, daí a imagem de um criador supremo com aparência humana, não por necessidade divina, mas do próprio homem, profetizando um Deus que se identifica com a própria criação e a ordem do Universo.

A energia criadora é a essência de tudo o que concebemos. É a manifestação do fenômeno a que chamamos vida, que aos poucos, com o esperado crescimento dos valores humanos, talvez nos permita alcançar o significado de suas leis. A individualidade do ser humano é mera manifestação desse mistério que dá vida a todos os seres. Quando dizemos o que pensamos sobre qualquer assunto, não estamos nos referindo ao objeto, mas a nós mesmos, através de padrões culturais.

A vida pode ter diferentes significados de individualidade baseada na cultura religiosa. Por esse ponto de vista, Deus é tudo, inclusive sua própria manifestação em todos os fenômenos conhecidos e desconhecidos. O Bem e o Mal se tornam inerentes à natureza abstrata de Céu e Inferno, interpretada pela limitação humana através da ocorrência de atos que podem trazer felicidade ou sofrimento. A expressão divina como energia pura existe em si mesma, sem conotação de valores bons ou maus. Esses valores são conceitos nossos. A energia é neutra. A eletricidade não julga, mas pode trazer luz como ação benéfica, ou matar com uma descarga elétrica. Podemos imaginar o caos primitivo como a pintura que se esconde no interior da tela em branco, aguardando que o artista lhe dê vida.

O espírito é imanente ao corpo, assim como Deus é imanente à vida. É a natureza das forças que permeiam a ligação da vida com a matéria. Essa força não é positiva nem negativa para o viver do homem. Assim como a vida, é neutra como as leis que a regem.

A neutralidade da vida obriga o homem a colher os frutos de sua própria experiência, assumindo a responsabilidade por suas escolhas e tornando a total liberdade uma utopia.

De certa forma o espírito representa o conjunto de leis que regem o Universo, integrado a um corpo específico. A alma é a energia que dá vida ao organismo. De qualquer maneira, o espírito é do homem, mas energia pertence à vida e não ao homem. O homem morre, mas ela permanece sem que nosso entendimento tenha alcançado sua origem e destino, cuja eternidade é envolta em mistério.

Dá medo pensar que não temos domínio sobre a vida e que podemos terminar a existência em um mundo físico que morre. Fazemos uso pessoal de leis divinas que regem a existência humana, mas a ignorância do seu significado não nos isenta de seus rigores. Se forem ignoradas estaremos admitindo a ausência de Deus, não importa a fé ou o credo. Se acreditamos, divulgamos e não cumprimos, somos hipócritas sem perdão. Podemos acreditar em possibilidades que fogem ao nosso controle. Preferimos aceitar as doutrinas com a presença de um Ser que nos julgue e com o qual podemos nos identificar.

O ato de viver pertence ao homem que é finito como todos os seres vivos, mas a vida pertence ao imponderável que compõe a ordenação universal, como princípio absoluto, neutro e talvez eterno. Todos possuem gradações dessa natureza imaterial que passa a fazer parte dos seres até a morte celular, ocasião na qual talvez volte a se integrar ao todo anterior. Os organismos vivos recebem essa manifestação de maneiras diferentes, com características próprias que dependem de sua forma de evoluir. É desejo humano que exista espírito individualizado, com pressuposta reencarnação ou paraíso, e não energia transcendente e de difícil entendimento, que se manifesta como vida em todos os organismos vivos. De qualquer modo, a vida é mais importante do que a morte, cujo destino é interromper o ato de viver.

Tudo o que existe na natureza é composto pelos mesmos elementos, alinhados de modo característico para cada organismo, segundo ordenação específica de sua energia no processo evolutivo aleatório que determina ou não sua sobrevivência. Nada é perfeito no processo. A perfeição é uma tendência e não finalidade.

O fato de não conhecer a essência do mundo não quer dizer que ela não exista, bem como seu significado. Talvez no futuro, quando não tivermos mais medo de fantasmas, o homem poderá se aproximar do mistério da vida na eternidade, se a evolução alcançar outra dimensão de conhecimento e sentimento, que torne a consciência herdada, parte intrínseca da própria essência humana.

A vida é importante, não a morte ou sua consequência. A própria evolução, da semente ao espaço sideral, indica que ainda existem horizontes a ser descobertos. Assim como em tempos não muito remotos, a gravidade continuava a existir mesmo que os homens não soubessem de sua existência apesar de ver uma pedra cair, pode haver outras dimensões de tempo/espaço que ainda não conhecemos. Dessa consciência futura poderá depender a sobrevivência da humanidade. Temos o conhecimento de que amamos, pensamos, vivemos e morremos, mas ainda não penetramos no labirinto da essência da vida. Quem sabe um dia, quando a essência fizer parte natural do sentimento, por mutação da própria consciência moral, comecemos a conviver com uma verdade mais complexa e real do que explicações doutrinárias de religiões, comungando um poder sem necessidade de aparência humana, vívido como o próprio espírito universal que habita em cada ser. O homem pode se expressar com pequenas mentiras, mas a vida não mente, e nem a morte. Não é a vida que morre, somos nós.

O conceito maniqueísta de castigo e recompensa divinos pertence à nossa fantasia, por faltar confiança no julgamento dos atos humanos, mesmo não podendo afirmar se a eternidade é a continuidade do tempo de cada um, ou sua ausência. Vivemos em um minúsculo e insignificante planeta, mas esse é o nosso mundo, em nossa existência. Esta é a nossa vida e como tememos sua extinção, buscamos o infinito.

Como parte do Universo, o homem cria sua história e suas lendas, como o bem e o mal além dos limites da razão, personificados por deuses e demônios. Sendo egoístas, mesquinhos e vaidosos, não percebemos o que a vida pode proporcionar, e criamos normas até para depois da morte. A consciência íntima e universal busca compreender a vida, e quando conseguir, as religiões poderão ser lembradas como histórias encantadas, que foram por um tempo, reais e necessárias. O espírito é essa consciência, a essência que não tem forma e está na profundeza dos seres, à espera de ser manifestado em atos e escolhas, como o filho que antes de ser concebido, é uma ideia na consciência dos pais. Céu e inferno coexistem à nossa volta. Basta dimensionar o que a vida oferece e o poder de destruição dos homens.

A vida dos filhos depende do grau de evolução cultural e emocional dos pais, que lhes transmite parte de seu corpo e parte de sua vida. Matéria e energia, assim como corpo e vida, são essencialmente iguais em estados físicos diferentes. O homem que consegue atingir a dimensão desse conhecimento, mais pelo sentimento do que pela razão, pensa com tranquilidade na morte, pois esta não tem o poder de lhe tirar nada além da matéria inerte. A preocupação exagerada com o conforto físico, retira da consciência a energia destinada ao sentimento de equilíbrio com a vida.

Como a palavra é pobre e o pensamento é formado de palavras ainda não ditas, não é fácil compreender o que seja a verdade, a consciência, o espírito, anjos, deuses e demônios. Não posso simplesmente dizer que não existem tendo por base minha limitação.

Acalentamos a esperança na bondade divina por causa da fragilidade da justiça humana. Todo julgamento causa temor e, no julgamento regido por leis humanas, a maior preocupação não é a legitimidade da justiça, mas a aparência de justiça realçada na qualidade de atuação de seus executores. Mesmo a verdade corre o risco de não merecer a devida importância. A lei não é o esteio absoluto da justiça porque quem cria e quem a aplica, se julgam consciente ou inconscientemente, diferentes de quem a recebe.

Sabemos que somos carentes e que a solidão é um sentimento inerente ao ser humano, mas ser verdadeiramente solitário depende do vazio interior que se experimenta ao não ter satisfeitas as expectativas reais ou imaginarias, e não da ausência dos outros.

Um bom caminho é tentar diminuir a solidão dos outros porque só a morte é um ato absolutamente solitário. A solidão da morte deve trazer a expectativa que precede a paz quando a luz, aos poucos, for se exaurindo para a tranquila cor de um calmo crepúsculo, esmaecendo cada vez mais e trazendo um cálido refúgio, como um amor tão grande como a soma de todos os amores, e acima de tudo, um eterno sentimento de paz, muita paz.

Morte

Pensamos constantemente na morte e muito já foi dito sobre ela, e seu dia seguinte. Deixar de existir é tão natural quanto existir. A morte não é um evento inesperado ou injusto, não é privilégio nem desgraça de ninguém, porque não é um processo exclusivo de um determinado ser vivo.

Apesar de a imortalidade ser o desejo mais profundo do ser humano, todo conhecimento médico e científico somente consegue prolongar a existência, jamais vencer a morte. O grande inimigo acaba sendo o exagerado apego à vida, e não a inevitabilidade da morte.

A sociedade moderna segrega seus doentes para morrer em hospitais, com maiores possibilidades de estender a vida um pouco mais, longe da responsabilidade de familiares e do afeto dos entes queridos. O medo mais angustiante é do desaparecimento total, mesmo tendo consciência de que, em dado momento, o corpo e a mente clamarão por repouso. Além do medo da extinção, sofre-se pelo medo da consequência.

O desenvolvimento das ciências, da fé, das artes, das instituições, é decorrente do desejo de vida eterna. A perda que a morte acarreta nos instiga ter descendentes, criar, transcender.

Através de criações nas artes, na ciência ou na família, o homem empenha seu esforço na tentativa de permanência, para não se extinguir e ser esquecido. Esse é o substrato de "plantar uma árvore, escrever um livro, e ter um filho". São mecanismos de defesa contra o sofrimento ao pensar na não existência.

O sentimento de perda remonta a milhares de anos, tornando a luta pela sobrevivência não somente um evento físico, mas também transcendente e mágico, originando a crença em novas possibilidades de perpetuação, dando origem a um novo e forte componente específico à espécie humana, que talvez já fizesse parte insuspeitada de sua natureza – a fé.

Paradoxalmente, para assumir a vida de maneira satisfatória é necessário o desapego a muitos desejos inerentes ao ato de viver.

Na verdade, não tenho posse de nada, mesmo porque, a energia que me mantém vivo permanece um mistério e ensina que as coisas realmente importantes não são possuídas, somente devo apreciá-las e usufruir sua presença. Se eu sei que a morte é inexorável e só conheço sua consequência através das crenças, porque não acreditar na vida, que é importante por si mesma e me coloca em comunhão com o universo que conheço. Se o destino depende de escolhas, não há porque temer a morte, e sim, merecer a vida.

As religiões pregam que um dia, seremos julgados por um Juiz Supremo na eternidade, instância que foge à minha compreensão. Se me tornar falho e corruptível, devo ser julgado pelos atos cometidos em meu espaço e tempo. O conflito está na credibilidade do julgamento feito por homens que podem ser também falhos e corruptíveis.

Se nada houver depois da morte, não terei sequer consciência de qualquer existência. O além pode ser a paz eterna, sem o sentimento de angústia que as escolhas determinam. Se houver algum tipo de vida após a morte, há a possibilidade de nova existência imponderável. É no mínimo sensato, valorizar a vida que temos no tempo presente, e agir por merecê-la. A bondade e a maldade fazem parte dos nossos atos e não da morte.

Nem a Ciência nem a Filosofia, atributos do pensamento, respondem se a consciência e a alma que simbolizam a vida eterna representam a mesma energia.

Para alguns, a morte representa simplesmente deixar de existir, enquanto que, para outros, a fé atenua a agonia da não existência, ao satisfazer o desejo de imortalidade. Racionalmente a ideia da morte é inaceitável e absurda frente à fantasia da eterna juventude onde dinheiro e sucesso são o ideal de felicidade.

O homem intranquilo e frustrado busca a felicidade em feitos temporários para abrandar a árida realidade de que um dia deixará de existir. Algumas culturas festejam os mortos, em encontros onde os vivos conversam com os mortos sobre o cotidiano, como se o fenômeno da morte não existisse. Em outras, celebram a tradição de velar o morto em casa, como relação afetiva que serve para agregar os amigos e familiares. Atualmente, o mais comum é a morte solitária em um leito de hospital.

É preciso procurar compreender e conviver com o espectro da morte, não pelo medo doentio de sua realidade, mas como reconciliação com a própria vida.

Deixar de existir, é tão importante como acreditar na vida. Cada vez mais, a morte está se tornando parte da consciência individual, na qual os ancestrais mortos estão adquirindo novo significado, participando cada vez menos da vida social contemporânea.

Somente quando assimilarmos a possibilidade de que a existência que conhecemos pode ter um fim, aceitando limites, poderemos nos livrar do desejo de onipotência e imortalidade, admitindo mistérios que causam o medo do desconhecido, evidenciados em rituais religiosos e místicos.

Não se pode afirmar com certeza se houve algum planejamento em outra dimensão. A porta que irá se abrir na passagem, talvez venha a ser o marco mais importante da evolução humana, se a chave for feita de escolhas e atos verdadeiramente dignos, aqui e agora. Assim como o destino de todos os vasos é um dia se quebrar, Eros e Tanatos são extremidades de um mesmo círculo.

Não estou contradizendo religiões. Não discuto dogmas, assim como não discuto a existência de Deus. Defendo a importância da fé contra o *lobby* religioso de alguns oportunistas.

As religiões são doutrinas que justificam a crença em algo que não pode ser passivamente aceito pela lógica. O merecimento e respeito à vida são mais importantes do que a discussão sobre os mistérios do Universo. O compromisso de fé na vida está acima de rituais que visam ao beneplácito do perdão, porque é um imperativo de consciência.

A preocupação do devoto com o desejo de redenção, se sobrepondo ao milagre de ter recebido a vida, é a hipocrisia em sua mais ardilosa roupagem.

O Texto e o Ator

Assim como o teatro copia a vida, a história mostra que em todas as atividades humanas, principalmente nas que envolvem o poder de influenciar a consciência prática das pessoas, as escolhas e os atos empregados são teatrais, e nem sempre com intenções dignas. O mundo globalizado se tornou um grande palco, onde autores, diretores, atores e espectadores interagem alheios à natureza de sua própria existência.

A indiferença ao simples fato de estarmos vivos nos torna saltimbancos paradoxais. Se, de maneira simbólica, escolhemos viver em um grande e mágico palco, devemos ter a consciência de que o paradoxo é que esse teatro, como um tipo de literatura visual, conta com a imaginação do espectador, porque tem condições de criar o imaginário com meios eficazes de provocação.

Na literatura, os personagens e o ambiente são construídos na imaginação do leitor. No teatro, sua imaginação é ampliada pela presença da encenação, com participação ativa do espectador na ficção provocada pelos atores, através do contato direto. Os atores estão presentes em carne e osso. Os espectadores se tornam coautores da transformação da realidade. O teatro é um livro onde o autor interage com o espectador através dos atores. Nessa arte, o natural é o sobrenatural.

Ás vezes procura-se justificar a encenação do inútil, com menosprezo ao homem que pensa, com texto, produção e montagem pobres. A razão de ser desse teatro tem se tornado um mero espetáculo, onde a premissa principal é o sucesso através do numero crescente de espectadores.

Viver é mais do que interpretar. É sentir o conteúdo dessa experiência única. A vulgarização é o contraponto da cultura, seja ela erudita ou burlesca.

O homem se comunica com a expressão escrita ou falada, e outra mais sutil que se expressa no silêncio, por trás das palavras. Para o bom ator em cena, a melhor forma de domínio é a manipulação do inconsciente na satisfação de seus desejos. O resultado somente surge após a aceitação afetiva e coletiva, mesmo que a intenção real esteja oculta. Em algumas ocasiões os espectadores são coadjuvantes do sofrimento, que recorrem a atores do momento que se preocupam menos com a obra do Autor que tudo vê, do que com o envolvimento dos ouvintes em suas palavras místicas de conforto.

Todos somos atores, mesmo nos palcos mais improváveis.

Procuramos algo maior no divino, quando a própria vida é a introdução do transcendente no humano. A divinização da humanidade foi o grande projeto do Filho do Homem, mostrando que o caminho é o da solidariedade honesta.

O templo é a vida e o destino acalentado pelo homem, é a transcendência.

O pensamento percebe, coordena e tenta assimilar a realidade, mas é a consciência profunda que pactua com a vida. Nela está o início do amor, da paz, da angústia e da gênese dos pensamentos e sentimentos. São as pulsões dos níveis situados no âmago de cada um que intervém na produção encefálica de substâncias escravas e patroas do cérebro e da mente. Buscar a essência da mente é querer descobrir o segredo da vida. A mente é o deus do cérebro. Cada homem é único. O estudo do cérebro em relação à mente é comparável ao estudo da astronomia em relação ao Universo.

Procuramos a beleza como projeto de vida e, sem perceber, o que buscamos transcende à própria beleza – essa é a verdadeira razão de ser dos grandes profetas. Homens que mudaram a história jamais deram respostas cômodas porque o caminho para a realidade exterior começa no sentido inverso.

Correntes filosóficas e religiosas aceitam que a essência do homem não seja material, e sim luminosa. A Ciência refere que a matéria é energia condensada e, dependendo da velocidade a que for submetida, se transforma em energia. De qualquer modo, a transformação da matéria em energia não representa a criação da vida. A bomba atômica, mesmo carregada de poderosa energia, não é um ser vivo. O mito de o homem ter sido feito à semelhança de Deus simboliza essa energia divinizada. A vida é a divinização mística da matéria, descrita pelos profetas. Deus, alma, vida, são nomes diferentes para a mesma manifestação do mistério.

Temos consciência de que existimos, mas sabemos pouco sobre a vida e sobre depois da morte, além de crer com fé e esperança. Quem acredita e divulga, mas não cumpre, é um criminoso sem perdão! Se acreditarmos, mesmo sem confirmação conclusiva, que a matéria é energia condensada, torna-se mera especulação não acreditar que o homem também possa ter sido criado por luz divina, principalmente considerando que a espécie humana, além de fazer parte de matéria com vida, pensa e tem consciência do que sente.

O mundo é um grande palco, e a vida é o texto para a consciência de quem deseja alcançar seu significado.

Reinventando o Tempo

O conhecimento pode oferecer uma nova dimensão do passado e reorganizar o presente, produzindo opções que, pela sua somatória, darão novo sentido ao futuro na construção do destino. O passado não serve como desculpa pela incompetência de hoje porque mesmo sendo imutável pode ser reinterpretado, mostrando caminhos mais adequados para reinventar o presente sob nossa responsabilidade.

É cômodo e vil culpar outras pessoas, principalmente entes queridos, pela covardia com que carregamos desculpas oportunistas do passado para o presente.

Para a falsa estabilidade emocional que mantém o medo de mudanças, passado, presente e futuro serão sempre inquisidores implacáveis. Novos rumos criam a angústia de rever sentimentos amordaçados por desejos reprimidos.

Todos nós somos emocionalmente incompletos. Normal, é o estereotipo do conformismo cômodo. Um pouco de loucura pode ajudar a tirar do marasmo o homem que se marginaliza a uma existência aparentemente confortável e sem questionamentos. Quanto mais centrado em possibilidades além do pensamento racional, mais se afasta de fúteis valores sociais, e mais distante ainda dos chavões de felicidade.

A estabilidade resultante de tradições somente consegue satisfazer o homem medíocre. Ultrapassar as sombras do abismo amedronta, porque sempre preferimos soluções satisfatórias de fácil assimilação e não respostas que aliviem a sede de saber do espírito inquieto.

É difícil explicar os próprios desejos. Os sonhos pertencem aos sentimentos que fazem parte de labirintos ainda sombrios da mente, onde se situa a consciência mais profunda. A razão não determina o que se quer, mas como conseguir. Ter um bom propósito de vida, persistência e caráter para merecer sua conquista.

Vivemos mais à mercê de impulsos inconscientes do que desejamos acreditar. O inconsciente que aflora é o responsável por atos bons e maus, sempre no limiar do desejo intrínseco de destruição e morte. A vida não é um jogo de videogame. Não se deve jogar para ganhar, destruindo. Desenvolver o impulso criativo, que nenhuma máquina pode substituir, é mais importante do que cultivar o impulso possessivo. É fácil possuir uma máquina que qualquer pessoa consegue manipular, mas ninguém jamais irá conseguir roubar a capacidade criativa de uma pessoa.

Jamais desista. Vá sempre atrás do seu sonho, porque o tempo não retorna.

O Admirável Mundo Cibernético

Todo homem que almeja a liderança deve ser consciente de que o preço do sucesso é a perda da liberdade. O medo do fracasso carrega as questões profissionais para dentro de casa, rouba o prazer dos fins de semana e as noites de sono.

Para uma sociedade permanecer estável, basta o cumprimento da atenção por parte dos governantes, no atendimento de necessidades básicas, que permitam tempo para o convívio familiar, onde o relacionamento possa ser desfrutado pelo simples fato de se estar junto. As demais necessidades devem estar sob a tutela de fiscalização eficiente, tanto dos órgãos institucionais, quanto da sensatez individual, lembrando sempre que o futuro é a somatória das escolhas do presente.

Aprender a relaxar com passeios simples, sem a preocupação mórbida de vitórias, sejam elas quais forem. Participar do prazer que a natureza oferece. O sonho obsessivo de prestígio transforma qualquer relação afetiva em custo/benefício, como se o amor e o respeito fizessem parte de um jogo ridículo, que projeta sombras no amanhã e encurta horizontes. A necessidade de se possuir o que não se necessita pode reduzir o prazer no ato de viver, porque limita a capacidade de se emocionar com as coisas simples que alimentam o espírito.

A existência sem encantamento pode alcançar muitos anos, sem que se tenha experimentado o que a vida torna possível. O mais frequente arrependimento é pelo que se deixou de fazer. Aos oitenta anos de idade, o homem não possui oitenta anos, pois estes ele já viveu. Quantos anos ainda possui é uma incógnita. Não basta completar oitenta anos, é preciso sentir a vida a cada dia, amando sempre que possível e sentir saudade do que encontrou pelo caminho. A grande vantagem da velhice é não ter morrido. Mesmo que sozinho, a solidão pode ser minimizada com a saudade dos amores vividos, porque saudade é o amor em ritmo de espera. A existência pode não ser complexa, mas é intrigante em seus caprichos.

A posse como símbolo de *status*, amordaçando o poder criativo para a beleza simples, torna o sucesso escravista. Quando se perde a percepção da beleza o homem morre pela primeira vez, antes da morte na velhice. Sem o sentimento de puro prazer em se caminhar ao fim do arco-íris, a inteligência é mero instrumento de trabalho mental para uma vida pragmática talvez brilhante, mas sem encantamento.

A inteligência pode construir uma útil humanidade cibernética, mas terá desperdiçado a riqueza de valores essenciais gratuitos. A conquista cibernética é importante para o conforto e desenvolvimento da sociedade, mas tem limites próprios de utilidade. A criança é condicionada ao prazer do computador, quando talvez preferisse estar pisando em poças d'água após a chuva.

Viver é sempre um mistério. Cada ser tem sua própria maneira de existir, mas o conjunto de existências pertence à vida, a quem devemos a prioridade de nossas preces. A força do ser humano é ter consciência da própria fragilidade, e a capacidade de conviver com erros e acertos, ultrapassando limites estáveis. Não somos melhores ou piores do que qualquer ser vivente. Tivemos origens semelhantes, com evoluções diferentes. Na verdade nada temos, somente usufruímos.

A natureza não pertence a ninguém, simplesmente fazemos parte dela, com a fantasia de posse à mercê da voracidade de cada um. Para o túmulo nada mais vai do que o corpo, em pouco tempo putrefato. No cemitério não existem títulos nem riquezas.

A Percepção do Infinito

A vida pode ser eterna, assim como a eternidade pode estar contida na finita existência de cada ser. A razão proporcionada pelo conhecimento não ultrapassa nossos sentidos, e. além deles, tudo pode ser especulação sobre a origem daquilo que percebemos.

O advento da teoria dos quanta, que é o estudo científico das partículas que compõe o universo, é aceita enquanto ciência de possibilidades de difícil comprovação experimental, da mesma forma como muitos dogmas tradicionais.

Esses princípios têm sido aceitos como influentes nos destinos humanos, e acreditados como verídicos mesmo sem provas cabais.

Se os resultados de fenômenos ainda nebulosos são aceitos sem o amparo da lógica, e como ainda não conhecemos toda a capacidade da mente, é lícito admitir que sua aceitação seja inspirada mais pela fé do que pela razão. Se nos permitimos acreditar em possibilidades abstratas, porque não acreditar com o mesmo sentimento, em transcendências sagradas.

Sabemos que a fé pode propiciar o bem para o individuo que crê. O desejo de um mundo melhor não se atrela necessariamente a misticismos arcaicos, mas ao que sentimos pela vida. Tudo pode depender do uso que se faz de verdades científicas ou religiosas, que jamais devem favorecer um grupo, uma casta, uma cultura ou um poder dominante.

É tão insensato dizer "Deus não existe!" como "Meu destino está nas mãos de Deus!"

O Universo e a vida não pertencem a ninguém, e devem ser usufruídos por todos, sem preconceitos. Não perguntem como usufruir a natureza e a vida. Não sei! Depende do sentimento de cada um.

Não existem regras definitivas para sentir o real ou o imaginário.

A vida, enquanto energia divinizando a matéria é infinita. A existência enquanto matéria e consciência de espiritualidade é finita, e merece ser vivida em todos os momentos.

A velhice é um fardo para quem não tem história pessoal de momentos mágicos de emoção e viu ao longe a vida passar sem sua participação, por medo de aceitar riscos. Quando o temor entra pela janela, a esperança sai pela porta e não deixa recordações.

A beleza percebida só penetra no interior da mente quando carrega momentos que ainda emocionam. Sem eles, a genialidade da arte é insípida e sem significado. Devemos sentir o êxtase do artista no momento de sua criação para desvendar segredos e vislumbrar um pouco de seu sentimento. Realmente viveu quem foi protagonista, e não plateia, julgando o que não tem coragem, capacidade ou desejo de fazer.

Há um momento em que, mansamente, devemos sair de cena. É quando o tempo acabou ou precisa ser reinventado. As mudanças exigem sempre novos compromissos com a verdade. Ser o que se espera de nós é aceitar os sonhos dos outros, e ninguém realiza o sonho de outra pessoa. Cada um deve se envolver com seu próprio imaginário, afinal céu e inferno não são os outros, mas o que permitimos e aceitamos. Não é o que se sabe que angústia, mas o que não se sabe.

A enormidade da vida amedronta, e assim, nos agarramos aos outros, mantendo hábitos comuns na fantasia de conseguir espaços próprios que nada significam.

Em Busca do Equilíbrio

O homem deseja a paz como conceito ideal de relações humanas e, acima de tudo, o bem estar da consciência, minimizando a ansiedade que envolve até as emoções mais amenas. Busca a ausência de sofrimento causado por hostilidades exteriores e interiores, porque percebe que o amor em sua plenitude só é possível se houver paz, respeito e liberdade.

Em qualquer cultura, as hostilidades são projetadas pelos líderes e não pelo homem comum, e a educação de qualidade é o fermento da cultura que escolhe os melhores líderes. O que tem acontecido, apesar das aparências de benevolência, são homens de poder ditando os limites da livre expressão, construindo uma cortina de ignorância e promovendo a incompetência na autenticidade de escolhas, através de ideologias de saltimbancos.

É mais fácil dominar pelo poder, seja ele qual for, do que conviver e aceitar uma sociedade que sabe o que quer. A ignorância de uma comunidade é diretamente proporcional ao desejo de poder de seus títeres.

A crença no divino ainda é o manto que pode confortar, prometendo justiça e felicidade em outra dimensão de vida. Um sério obstáculo nas grandes religiões é o fato de serem discricionárias, privilegiando exclusivamente seus seguidores. Ou é crente ou é inimigo sujeito a um Deus implacável. Essa visão induz a um politeísmo universal velado, com deuses diferentes para diferentes povos, conhecidos por diferentes nomes, mas com objetivos comuns.

Acredito que um ente supremo, enquanto energia pura, não julga, e acolhe todos os povos compondo uma só energia.

O homem, insignificante no contexto universal, julga e condena, mesmo não tendo sabedoria suficiente para determinar o destino de outro homem. Somos realmente um paradoxo, porque o único julgamento aceitável é aquele feito sobre a própria consciência.

A vida é uma sinfonia executada por uma orquestra partilhada por toda a humanidade, e regida pela força condutora da harmonia universal, mas que, às vezes, apresenta notas dissonantes. A sintonia entre os homens poderá mudar o mundo em benefício da vida. A dificuldade e o sofrimento decorrem da falta de consciência de que todos nós derivamos da mesma fonte original, ainda desconhecida em sua essência.

A fonte primária do surgimento de todos os seres vivos, pertence ao enigma de nossa verdadeira identidade comum.

Quem fere um único homem, fere toda a humanidade.

Atravessando As Sombras

Há séculos se discute a origem do Universo, o significado da vida, da eternidade, da reencarnação. Tudo tem sido intelectualizado e teorizado para aplacar a ansiedade que o futuro causa. Uns se refugiam na ignorância e no comodismo, acatando palavras que acalmam, outros na leitura de textos enigmáticos. Para uma trôpega minoria, o desejo de penetrar honestamente nos mistérios tem sido a proposta de vida.

No meio a tantas conturbações sociais, hereditárias, familiares e pessoais que compõe a mente enquanto função cerebral temos a sensação de estar perdidos no pântano de explicações plausíveis ou insensatas, que compõem doutrinas de culturas diferentes. Somos irmãos desconhecidos e com pouco interesse pessoal no que seja humanidade.

A angústia que arranha a mente procura explicações e verdades fáceis para aplacar o sofrimento que nos torna temerosos e solitários, perambulando entre festas, eventos e empreendimentos de fugidia satisfação pessoal.

O homem precisa de modelos nos quais acreditar. Podemos acreditar ou não, de que tudo se originou na organização do caos inicial, criando contextos sistematizados ao acaso ou pela vontade de um Ente glorificado, mas desconhecido.

Podemos acreditar ou não na eternidade de um conceito denominado alma, que transcende a vida e a morte, por disposição divina. Podemos acreditar ou não, que fomos criados em um tempo preciso, que o destino de cada um faz parte de outra realidade, e que teremos os atos julgados após a morte. Podemos acreditar ou não, na existência do Deus inominado e que somos filhos de uma Consciência Universal, como seres humanos maravilhosamente temerosos e miseráveis.

Quando observo minha imagem por trás do espelho da consciência, vejo um homem comum e limitado, buscando luz nas traves do mistério de sua própria existência e o que encontro, não satisfaz meu demônio criativo.

No espaço refletido, percebo criminosos, hipócritas, traficantes de armas, drogas e influência perambulado como o ar pestilento dos pântanos, alheios a qualquer código moral ou ético, a se locupletar movidos pela inércia do cômodo sentimento de rebanho. Ao lado deles, homens de boa vontade, com projetos de vida, voltados para a evolução do corpo e da mente, arranhando portas fechadas, que na vala triste do esquecimento, deixam no ar a eterna pergunta: "O que é realmente importante?"

– Acreditar que a vida no Universo é o caos sistematizado em acasos, com destino incerto e finito, e que tudo é mantido pela energia desconhecida que escreve o futuro da humanidade?

– Acreditar no conformismo da harmonia universal regida por uma Mente que tudo sabe e tudo faz acontecer?

– Ou nada disso é importante e são somente palavras para minimizar a angústia que flutua sobre nós?

Talvez a verdadeira resposta esteja na aceitação de que para todas as perguntas existem possibilidades.

Em meio às brumas do conhecimento, resta uma única certeza – Eu existo!

Eu existo aqui e agora, se bem que confuso e meio fora do contexto. Estou tentando me envolver com este estranho mundo que teimamos em jogar fora. Parece até que a inteligência emocional chegou ao seu limite de evolução, e só restou a inteligência prática a serviço do desejo de poder e conforto. Procuramos o prazer e não a felicidade. Os homens têm agido de maneira menos inteligente do que animais rotulados de inferiores. Apesar do acervo de conhecimento, de conquistas e descobertas, o homem continua insensível, incompetente e corrupto em grandes ou pequenas coisas.

Os animais não destroem gratuitamente seus pares e muito menos a natureza que dá suporte à sobrevivência.

Na história da Terra somos fenômeno recente e ainda despreparados para o que a vida propõe. Aprendemos a construir computadores, geladeiras, armas de destruição em massa, e explorar a natureza para nosso benefício. Quando frustrados recorremos a mentiras, violência ou drogas. A maioria não percebe o mundo que nos rodeia.

A função mais difícil do cérebro é lidar com a sociedade humana. Para se justificar, necessita de um cérebro superior e místico. É difícil lidar com o sentimento e aprender a conviver com a humanidade. Pretendemos ser sábios e divinizados, mas ainda não passamos de bípedes vaidosos, fúteis e daninhos.

A vida promete evolução, onde tudo pode acontecer. O caminho pode ser longo e árido, mas atravessando a sombra do abismo, as possibilidades almejadas poderão ser infinitas, divinas ou não. Depende da consciência de cada um.

A Saga do Homem na Epopeia Divina

O homem é o produto de sua própria lenda.

O bem estar, a felicidade e a preocupação com a eternidade estiveram presentes em sua consciência desde que começou a participar da história, mesmo no tempo das cavernas.

Durante muito tempo seu pensamento e suas ações estiveram voltados para o significado de sua salvação.

O século XX marcou a inclinação de sua passagem pela existência em direção ao prazer massificado pela globalização. A solidão foi aparentemente minimizada pela cibernética, que nos coloca instantaneamente em todas as partes do mundo, participando de tudo o que acontece, no momento dos fatos. Em muitos aspectos, as relações humanas trocaram o calor da afetividade emanada da simples presença dos outros, pela satisfação robótica de uma vida solitária, apertando botões.

Não importa mais o que se faça, importa a aceitação que o ato proporciona. A solidão individual se dissolve na solidão grupal. O romantismo acabou.

Os valores humanos são revestidos com o dourado enganoso dos espetáculos de massa, de gosto discutível. O instinto de sobrevivência é meramente voltado para as necessidades sociais e econômicas. Ninguém mais é inocente, porque todos estão envolvidos por ação ou omissão. A violência física e emocional passou a fazer parte natural do cotidiano. A ética e a moral têm sido jogadas no ralo da permissividade. Nada mais causa indignação. Se antes, o destino humano era vislumbrado nas sombras do desejo de salvação, da elevação da autoestima e da libertação pelo conhecimento, a importância básica de hoje é fugir do anonimato.

A contemplação das coisas simples e gratuitas que enriquecem o espírito perdeu terreno para o fútil, que alimenta o gosto da maioria.

As emoções passaram a ser planejadas por profissionais do entretenimento, e todos os setores da vida social estão engajados no processo. Os templos se valem da emoção das massas, oferecendo doutrinas com o glacê dos espetáculos musicais, cuja finalidade é manter a atenção dos fiéis, na concorrência entre religiões e seitas, com a preocupação básica de evitar a migração para outros templos.

A realidade intelectual de nossa era não se satisfaz mais com doutrinações anacrônicas e conceitos excessivamente abstratos. As civilizações se cristalizaram movidas por sentimentos humanos de autoestima e fé, mesmo que desviados por determinismos formais e rígidos.

A mística tem sido fustigada pela realidade dos fenômenos atuais mostrados ao vivo pelos meios de comunicação, evidenciando que o transcurso da história pode ser imprevisível. O homem é produto dessas inquietações em suas angústias, depressões e dúvidas. Todas as formas de aprisionar sua atenção no próprio rebanho têm sido recheadas de espetáculos que possam proporcionar momentos fuga ao duro cotidiano de desamparo e medo.

Como a história é feita de mudanças, em dado momento é possível que a massificação que traduz alguma forma de poder, não consiga mais satisfazer a consciência íntima de amor próprio e autenticidade. Uma nova mutação poderá então ocorrer, alicerçada pela fé na vida solidária mais forte que os templos, orientando escolhas.

O movimento do Universo é cada vez mais rápido, mas ainda não mostra um objetivo definido. Assim como a história é a epopeia do homem, a religiosidade poderá ser a epopeia divina na humanidade. Na história do homem podemos parecer adultos, mas ainda somos crianças na história da vida.

Uma criança entregue a um orfanato desde o nascimento, à espera de adoção, deseja ardentemente que uma família boa, carinhosa e protetora a leve para casa.

Somente conhece a vida na Instituição, com dirigentes por vezes incompetentes e tendenciosos que negligenciam os cuidados devidos aos seus tutelados, auxiliados por sicários que se valem de engodos e promessas de castigos, para impor suas verdades e interesses. Como o sofrimento da criança é real, e sua salvação depende de possibilidades indefinidas, sua verdade é a fé naquilo que seu coração deseja.

O adulto, em condições semelhantes, preenche sua realidade dolorida na esperança de ser acolhido em um reino encantado, onde o pai é bondoso e a mãe amorosa. Não tem certeza de que será recebido, e nem mesmo se existe uma família que o irá confortar. No fundo de seu coração, o que mantém viva a esperança é a certeza da fé de que em algum lugar, no tempo infinito, existe alguém que verdadeiramente o ame e proteja.

Na realidade em que existimos, o corpo sofre se a mente ou o espírito não for alimentado com a esperança que somente a fé proporciona. A fé, por si só, é mais importante do que o objeto de qualquer doutrina. A razão procura soluções, mas é o sentimento que dá a dimensão da magia da vida, e somente a crença irrestrita nessa magia mostrará o caminho.

Vivemos em uma época em que é difícil fazer o ser humano acreditar que educação, cortesia, honra ou verdade realmente existem não por imposição divina, mas porque pertencem à consciência, como valores perenes. O passado tem o grande poder de reger o presente e não adianta questioná-lo, porque não muda. No máximo permite ser reinterpretado. É inútil culpá-lo pelo presente, que será o passado do futuro, cuja realidade irá depender da consciência atual.

A vida pode não ter prorrogação de seu final. No último suspiro, o pensamento mais honesto deverá ser: "Fiz o que foi possível". A pretensão de voltar a viver nova experiência é somente um desejo nas sombras do mistério.

A forma de sabedoria capaz de interagir com a realidade, é compreender que a solidariedade é a ação adequada para a evolução consciente do espírito, sem a hipocrisia da beatitude de fachada.

Sempre existirá a angústia porque somente o imaginário é satisfatório.

O Portal

O corpo sofre com as dores e com a interpretação que a mente dá ao sofrimento.

O sofrimento pode ser atual, mas a carga emocional que o envolve tem a cronicidade de sofrimentos passados e o medo de sofrimentos futuros, conscientes ou não.

Sem a pretensão de fazer parte de uma espécie racional escolhida pelos deuses, observo o meu corpo, e para ser sincero, tenho de reconhecer que é frágil, e razoavelmente adaptado às exigências do meio. Meu organismo tem poucas defesas adequadas para sobreviver no mundo de fenômenos hostis em que existimos. Sua finalidade básica é proteger e alimentar o cérebro, produtor da mente e de tudo o que conheço e concebo.

A melhor defesa para nossa espécie é a fraternidade, capaz de unir a humanidade na escolha de um futuro comum a todos, onde cada um seja responsável pelo que executa, de acordo com sua capacidade de cooperação, formando um conjunto de objetivos comuns. Cada qual participa com todo o seu empenho e recebe segundo a possibilidade de doação. Os incapazes serão protegidos sem ideologias oportunistas, que devem ser relegadas ao ostracismo.

A capacidade da mente é a única característica diferencial entre as espécies.

O tempo não é movimento. Simplesmente existe, e por ele passamos. Movimentamo-nos através de um conceito, porque o tempo tem dimensão única.

Passado, presente e futuro fazem parte da percepção na passagem, como dimensão de espaço sem início ou final, a que chamamos de eternidade. A história do homem é a soma das passagens contada pelo relato dos registros que observa e assimila em seu tempo de existência. O tempo é o espaço em um Universo em expansão, onde a eternidade é o presente contínuo.

Assim com é possível que a morte seja o término total da existência, é também possível que o espírito, como ponte de ligação entre a mente e a alma, possa promover o crescimento do ser humano durante o próprio ato de viver, com a morte nos conduzindo ao portal da passagem que pode nos tornar encantados.

A Verdade de Cada Um

Estamos no terceiro milênio da era cristã. O último século foi mais rápido do que os anteriores, considerando as conquistas jamais sonhadas por filósofos, líderes ou poetas do passado. Pode ser que ainda estejamos no início da jornada, ou mesmo em seu fim, se o homem não aprender a construir uma sociedade realmente capaz de sobrevida física e emocional.

A dinâmica das mudanças está sendo tão rápida que alguns valores estão ficando à beira do caminho. Valores não são imutáveis, mas sua reformulação, inserindo o ser humano no contexto global, depende de escolhas e atitudes que possam moldar um novo tipo de convivência, baseada em dignidade inerente à natureza intrínseca cada um.

Na dignidade está a verdadeira libertação da consciência mais profunda.

Cobramos honestidade de postura de todos, principalmente de líderes e governantes forjados na ignorância que eles próprios programam para o rebanho, e desprezamos nossas pequenas fraudes diárias de conduta. Sempre procuramos alguém em quem arquivar nossas culpas. Para se viver em paz, o sucesso social deve ser conquistado com honestidade de princípios, a não ser para os que têm desvios de personalidade, para quem moral e ética são conceitos imaginados por imbecis.

A extrema competitividade é gerida pelo desejo de pertencer a grupos bem sucedidos provocando arranhões no respeito próprio. O mundo que vivemos tem se transformado em uma grande mentira, onde a falácia é o fio condutor das ações. O homem tem se sujeitado ao gosto de prazeres transitórios, temperados com o medo da perda e da perene insegurança.

A autoestima depende muito mais do afeto do que de êxitos que impressionam sonhos medíocres do imaginário de ricos e pobres, de trabalhadores bem intencionados e marginais. As conquistas do mundo moderno são bem vindas para o progresso da comunidade, mas não são suficientes para o bem estar íntimo fruto do verdadeiro respeito próprio.

Começamos a morrer no nascimento. Sabendo que a natureza é de todos, que a vida faz parte de cada um e a ninguém pertence, o que verdadeiramente provoca sofrimento? Será a dor que o saber do médico não consegue debelar, a terrível tristeza da perda de um ente querido, ou a carência de uma luz interior aninhada no fundo da consciência, que ainda espera nascer.

Tudo se resume ao prazer da conquista e do progresso, ou existem dimensões ainda não alcançadas? As realizações humanas têm correspondido à potencialidade que a vida oferece?

É preciso coragem para se aventurar no Universo de possibilidades que só a imaginação alcança. O sofrimento pertence ao limite do que conhecemos, ou pode também derivar de potenciais que interagem com a existência humana, através de um Universo aleatório de realidades e fantasias?

As respostas são absolutamente individuais e sua busca depende unicamente da verdade de cada um.

Sem essa verdade, a vida é uma aventura inútil.

Fantasias de Poder

As gritantes diferenças sociais mantidas por capacidade intelectual alheia ao sentimento de comunidade, ou por atos reprováveis no aviltamento de seres da mesma espécie com o intuito de proveito próprio, evidenciam a precária supremacia do homem e sua medíocre evolução para o poder alimentado por famintos e indigentes.

Seres autodenominados superiores têm agido abaixo da escala evolutiva de seres supostamente inferiores. O respeito à vida determina respeito à humanidade. Talvez um dia consigamos evoluir a ponto de compreender que as coisas verdadeiramente importantes não nos pertencem porque não podem ser possuídas, somente desfrutadas.

Cada ser tem sua própria natureza, tecendo o destino nas malhas de suas escolhas. Os erros nos mantêm humanos, mas as fantasias egocêntricas além do aceitável, transformam o imaginário em alento medíocre na tentativa de não sermos feridos pela realidade.

A vida encerra capacidades ainda ignoradas, inclusive para compor o mundo que nos cerca. Os mais nobres valores existem dentro de cada ser, amordaçados pela cômoda ignorância ou mentiras úteis. Há uma tênue distância entre amor e caridade, pois se completam quando a caridade não é motivada pela necessidade de atenção e afeto, tornando-a uma farsa. O amor não é negociável através da caridade, e esta jamais deve esperar a obrigação de reconhecimento. O sentimento que move a mão que afaga deve ser maior do que o valor do gesto.

A consciência de que somos provenientes da mesma origem ancestral, torna prescindível a necessidade de saber como tudo começou. Importa realmente para nossa consciência se, depois de uma eternidade de escuro silêncio, uma suprema vontade resolveu criar o mundo, ou se o acaso determinou a sistematização do cosmos? Não temos condições mínimas de desvendar tais mistérios, somente opções de escolha, com a consciência de que estamos aqui por algum motivo.

Necessitamos tanto da segurança proposta pelas tradições, que evitamos novas alternativas, mesmo que prometam abrir caminhos viáveis. O paraíso é prometido aos homens, em troca da manutenção de ensinamentos herméticos. Criamos hábitos porque precisamos sempre de uma referência.

A evolução é só um meio de adaptação das diferentes espécies. Temos medo da consciência de que somos todos provenientes de fenômenos evolutivos semelhantes, formados pela mesma matéria e energia. Se a energia que cria e sustenta a vida é denominada alma, todos os seres vivos têm alma, diferentes umas das outras de acordo com as características de sua evolução, como partes de um único poder misterioso.

A fé nos permite acreditar que além da consciência enquanto sentimento individualizado e unido à herança genética, existe uma consciência transcendente e profunda que diviniza o ser humano. Dessa forma, sendo o homem mortal, perecem o corpo, a mente e o espírito, havendo a possibilidade de a consciência transcendental enquanto energia, ser liberada para voltar à origem desconhecida. Pode ser mito ou pode ser verdade, dependendo da crença e da fé que nela se tenha.

De qualquer maneira, o homem que não traz dentro de si uma criança assombrada com o mundo, pode chegar a ser culto, mas jamais será sábio.

Devemos ser amigos incondicionais da consciência pratica e da consciência profunda, formando uma trindade que se completa na harmonia da vida.

Vida e Alma

O pensamento não pode sobreviver à morte do cérebro porque a mente está ligada à fisiologia e funcionamento de sua estrutura.

Uma droga alucinógena interfere na química cerebral modificando sentimentos e pensamentos. É possível que o estado de êxtase durante a meditação profunda possa produzir fenômenos semelhantes.

Se o espírito é a fusão da vida com o organismo que nasce, é licito pensar que a extinção do cérebro provoque a extinção do espírito, somente restando a energia que foi introduzida na carga hereditária transmitida pelos ascendentes, cujo destino é obscuro após a morte. A alma pode ser a energia divinizada.

Estamos ainda escalando uma montanha de cujo topo possamos nos lançar ao infinito, correndo o risco de só encontrar rochas cobertas de neve. Os dogmas religiosos têm sido diferentes para diferentes culturas, apesar de semelhanças evidentes advindas de tradições que se cruzam induzindo as mais recentes. Cristianismo, Budismo, Islamismo, Judaísmo, religiões do antigo Egito, têm contextos diversos para conceitos semelhantes, como céu, inferno, carma, reencarnação, nirvana.

Uma afirmação não se torna necessariamente verdadeira em função de sua repetição ou do grande numero de pessoas que a propaguem.

A meditação é um grande lenitivo para os questionamentos, porque a única afirmação imutável é a extinção do corpo. O desejo de imortalidade reflete o temor que a morte causa e não a valorização da vida. Quem teme a morte a ponto de desejar a imortalidade está longe de compreender a importância de estar vivo aqui e agora. É a valorização da vida que dá consistência às escolhas que determinam o destino.

O conhecimento não pode evitar a morte, somente adiá-la. Para quem gosta de pensar com lógica, qual a lógica de se começar a viver após a morte se temos agora uma existência inteira para ser vivida? O princípio primordial das religiões foi suplantar esse temor, mas com o passar do tempo, foi se codificando em doutrinas moldadas no amor a Deus e temor ao Diabo.

A saga do povo hebreu mostra que seu Deus é o guardião de sua sobrevivência, aniquilando exércitos inimigos, como no mar Vermelho de Moisés, que se abriu para a passagem de hebreus e se fechou matando egípcios. Outras passagens mostram de forma evidente o extermínio de homens, mulheres e crianças para proteger o "povo escolhido". Está escrito "Não matarás", em colisão frontal contra tais registros. A universalidade do divino é incompatível com a proteção de uma cultura e extermínio de outras. A um Deus não pode ser atribuída a qualidade de guarda-costas.

Rastejando em um planeta insignificante, fazemos parte de um estranho mundo de esperanças, temores e desejos, regidos por regras laicas e religiosas que tentam organizar sentimentos emanados de leis naturais.

Essas questões já foram discutidas no passado, e não tenho a pretensão de julgar que meus argumentos sejam aceitos, nem mesmo que sejam corretos. Quero apenas lembrar que vivemos em um leque de possibilidades. São simples ideias originadas de outras ideias.

A origem de uma ideia é sempre outra ideia anterior. Uma vida não basta para autenticar a validade de um pensamento. Na maioria das vezes, o amadurecimento e a transmissão de ideias é que formam um contexto. Um pensamento filosófico diz que talvez fosse melhor se o tempo pudesse ser invertido na existência de cada um, e assim nasceríamos na velhice e morreríamos no parto. Poderíamos então aprender com a experiência que os sentimentos de amor e solidariedade não têm conotação utilitária, e sim pura emoção.

O esforço envolvido no conforto proporcionado pelo acúmulo de bens, é perfeitamente viável no homem consciente de que nem todos os desejos podem ser satisfeitos. Sem os princípios de respeito à vida e aos semelhantes, a existência pode ser cinzenta e sem expressão, tornando-se confortável, mas incompleta. A execução dos desejos está sujeita a um processo de recompensa ou castigo e a realização dos sonhos ao encontro de um ideal. Ambos dependem das escolhas e da conduta adotada, julgadas mais pelas consequências que causam, do que pelos sentimentos que as originam. Fazemos o que esperam que façamos porque somos dominados pela necessidade de aprovação e elogios.

O mundo está vivendo uma pandemia de desvios de conduta moral e ética. Em termos legais, o infrator é caçado como criminoso para ser recuperado através de castigos e vingança social. Em termos religiosos, o infrator é caçado como pecador para ser recuperado através da confissão e perdão. Ambas as formas impõem sofrimento físico e mental que envolve mais o temor do que a consciência moral e ética. Da forma como são aplicadas, as regras visam à conduta do indivíduo em um mundo globalizado, e não a melhoria do homem no contexto humanitário.

As leis pretendem que os homens convivam em harmonia, mesmo que seus desejos sejam diferentes ou até conflitantes. Mais eficiente é compatibilizar os desejos com o bem estar da comunidade, evitando situações de conflito. Esse processo deve ser iniciado na infância. Quando a educação não preenche sua função, os criminosos são segregados por vingança e proteção dos homens de bem, que vivendo em sociedade esperam que os responsáveis pelas leis sejam confiáveis e honestos.

Na diversidade do mundo moderno não há mais lugar para a salvação individual, pois todos estão comprometidos enquanto humanidade. Todo egocêntrico é um parasita que tende a desaparecer.

A existência é individualizada em um único ser, mas a vida é um contexto universal não personificado. A conduta moral pertence à existência, e não à vida. É a existência individual e social que cria tradições, leis e códigos. A vida, enquanto energia criadora, não tem códigos de conduta, e o moralismo é a tentativa de codificar a conduta de maneira que os desejos individuais sejam compatíveis aos desejos da maioria. Sua intenção aparente é a apologia do bem, mas sua real intenção é o condicionamento de escolhas.

Homens e mulheres frustrados são os principais moralistas do condicionamento. Sem o sentimento de fraternidade e amor, o ser individual só existe para si próprio. O homem solidário sente o mundo além de seu grupo étnico, religioso ou nacionalista. Além de seu próprio planeta. Seu contexto é a universalidade.

Todos os governantes e seus menestréis de bastidores tendem a se sustentar na manutenção da ignorância coletiva e no controle do pensamento. As ideias são sempre inimigos potenciais.

No plano instintivo, tanto o aborto quanto o celibato são contrários à natureza, ambos com ferrenhos defensores e antagonistas. Muitos desejos são superficiais e inofensivos, e não conseguem tornar o ser humano mais completo e feliz. A profunda alegria pertence a quem sente que a vida indefinível é tão importante quanto a existência finita, não barganhando a plenitude por breves momentos de glória.

O compromisso mais importante é reconhecer o fato de estar vivo. Aqui estou. Sou porque sinto que sou, e não o que penso ser. O mistério do imaginário das profecias pode ou não ser verdade, independentemente de nossos pensamentos e vontade. Não crer na existência de deuses e demônios não quer dizer que não existam, e que não possamos ser atingidos por eles. É mais sensato sentir que o desconhecido envolve possibilidades, do que se preocupar com a certeza em saber.

O homem honesto não teme julgamento de um lado ou de outro da morte.

A lei pode aprisionar o corpo, a religião pode aprisionar a mente, e o futuro ser incerto e inesperado.

O homem que ao sair de um rio pisa em uma corda molhada e pensa ser uma serpente, sofre antecipadamente o terror dos males que o veneno pode causar. Ao perceber que é uma corda e não uma serpente sente o alívio de ter sido enganado por uma ilusão. O desconhecido sempre causa angústia, a ponto de se procurar respostas em esperanças conflitantes.

Continuarei a existir, ou deixarei de existir?

Viverei eternamente, ou voltarei ao ciclo de reencarnações?

Irei para o céu, ou para o inferno?

São perguntas que procuram explicar o inexplicável. São perguntas dispensáveis, a não ser como mote de discussão de doutrinas. A fé não julga, incorpora.

Nasci porque em mim foi depositada uma parcela do tempo. Se existo, é porque tenho vida, e por ela sou responsável. Todo mistério é possível.

Milagre não é o cego ver, ou o paralítico andar. Milagre é superar as deficiências e, mesmo assim continuar seguindo o caminho.

A Vida é Importante Por Si Mesma

O desejo de ser feliz está mais próximo da obsessão possessiva do que do impulso de criar. Quando movido pela pulsão egocêntrica, a benevolência e o interesse pelo próximo se tornam instrumentos de domínio.

O bem e o mal são duas faces da mesma moeda. Sua exteriorização depende da necessidade básica de afeto. Se o desejo é possuir, a inteligência é o instrumento adequado para sua satisfação, mesmo com ações moralmente reprováveis. Se o impulso for criativo, visando à construção do bem e do belo, o sentimento tende a prevalecer sobre a inteligência prática. A nona sinfonia de Beethoven é um dos exemplos mais completos.

Atualmente os estudiosos da mente aceitam que, assim como o sentimento tem diversas facetas, a inteligência também tem diversos meios de expressão emocional que influenciam o relacionamento social. O mundo pode se situar no exterior da mente, mas para a consciência individual, depende de como o percebemos.

A existência de um Poder Superior pode ser uma possibilidade, mas para o homem cujo impulso criativo é para o bem, não importa se existe ou não, pois para ele basta viver como se existisse.

A mente insatisfeita é sempre mais criativa do que a de um tolo satisfeito.

Enquanto não se conhecer a essência da vida, a ideia do transcendente divino será sempre benéfica, e somente o espírito receptivo a todas as possibilidades alcançará o dom de voar. O raciocínio oferece explicações aceitáveis ou não, mas o sentir pode conduzir aos umbrais dos mistérios.

Se atentarmos para a saga bíblica, veremos que a criação do mundo coloca seu criador em situação polêmica, ao ter trabalhado por seis dias e, mesmo sendo onipotente, tenha obtido um resultado medíocre, talvez para testar suas criaturas. Uma quantidade considerável de seus filhos morre de fome e privações impostas por uma minoria privilegiada.

A afirmação de livre escolha é uma desculpa vazia porque quem vive à margem da sociedade luta diariamente por uma sobrevivência miserável, e tem pouca chance de escolher. Pelo jargão jurídico, os critérios que nortearam a criação seriam, no mínimo, culposos.

No mito do dilúvio, somente os escolhidos por Noé se salvaram, parecendo que nem mesmo o Criador ficou satisfeito com suas criaturas.

O cerne da questão não é se Deus existe, mas a maneira como os textos dogmáticos expõem sua realidade. A verdade sobre a existência divina pode ser inquestionável pela fé, mas não se sustenta nos argumentos religiosos que defendem as próprias premissas de maneira incoerente e primária.

Além da fé em um Deus desconhecido, o homem somente poderá vislumbrar novas dimensões, quando tiver fé inabalável na vida. Alçará voo quando viver o sentimento de comunhão, nascido na consciência profunda, sem necessidade de muletas religiosas criadas em momentos isolados da história no interesse de culturas específicas.

Os templos veneram um Juiz, que julga pela força de um poder supremo sem dar aos seus filhos a possibilidade de criar dimensões à deriva de doutrinas estabelecidas por palavras que Lhe são atribuídas.

Não valorizam devidamente a consciência individual no sentido da vida, pregando a redenção através da aceitação plácida de indultos e perdões subsidiados pelos dízimos.

O Universo, em todas as suas dimensões possíveis, onde tudo está contido, não deve ser fonte de medo, e sim do encorajamento de aceitar sentimentos que levem o homem ao encontro da divinização de sua própria humanidade. Além do horizonte de nossas limitações, pode haver um mundo novo destinado àquele que conseguiu alçar o voo que pertence às borboletas e não às lagartas.

Através do pensamento, a Ciência favorece o caminho do conhecimento, mas não alcança a natureza intrínseca da vida. A fé no desconhecido não é idealizada, é sentida. Para o homem cibernético, o computador de última geração representa as Tábuas do Monte Sinai. Para o homem sensato, o computador representa somente a ajuda em conseguir conhecimento.

Mesmo o sonho mais improvável poderá um dia ser possível, principalmente se soubermos o que fazer com a eternidade contida nos dias de nossa existência.

Se conseguirmos entrar na mente de um artista no momento mágico de sua criação e na mente de um profeta em seu êxtase místico, verificaremos que ambas se assemelham na angústia de desvendar a beleza e os mistérios.

Atualmente existem meios científicos confiáveis como a RMF (Ressonância Magnética Funcional), que permitem determinar onde e como o cérebro produz momentos significativos, como a produção artística ou a produção profética. Se ao exame os resultados são semelhantes, como dizer que o artista criou sua obra e o profeta não criou a sua? A obra de arte é manifestação divina? É o profeta que cria a mensagem atribuída a Deus?

A maioria dos processos mentais é analisada apenas pelas manifestações que apresentam, e não por suas causas primárias. São aceitas como fatos reais, sem explicação concreta sobre sua origem. Da mesma forma, alimentamos abstrações que dão suporte a mistérios que ultrapassam a realidade percebida pelos sentidos, cuja base é a tradição mística. Em ambos os casos, lidamos com enigmas que tendemos a aceitar como verdadeiros.

O conteúdo dos conceitos científicos, muitas vezes é tão abstrato quanto o conteúdo místico das religiões e ambos são necessários ao desenvolvimento do espírito humano.

A escola proporciona conhecimentos práticos com valores morais calcados no bem e no mal, enquanto os templos procuram a elevação do espírito através da fé em um reino divino. São aprendizagens confluentes e complementares, e não conflitantes na condução do homem enquanto ser conscientemente espiritualizado. A força de sua validade está na intenção e integridade de mestres e líderes religiosos.

A fé em Deus alimenta e conforta o espírito, e não o corpo. É uma fantasia pretender que os céus forneçam alimentos e abrigo. A oração conforta, mas é a diligência no trabalho e nas ações que eleva a espécie humana. As aves realmente não semeiam porque se alimentam dos grãos que o vento ou algumas pessoas semearam.

A educação não certifica a crença no divino, mas pode ensinar a escolher líderes.

Se aceito como verdade que a matéria de uma barra de aço é vazia em sua estrutura atômica, posso aceitar que o Universo é preenchido com a verdade de um Ser Supremo. Um contexto é verdadeiro para o cientista, e o outro é verdadeiro para o crente. Tanto a ciência quanto a profecia existem como realidade de cada um.

Afinal, o que é a verdade?

A existência de cada um é a sua mais concreta verdade. Após a dobra do tempo, nos defrontamos com a morte que sela todo o conhecimento adquirido durante a existência, além da qual nada sabemos com certeza.

A religião não consegue provar que Deus existe e a Ciência não consegue provar que não existe, enquanto a vida não precisa de provas.

A humanidade somente se tornará viável quando, para todos, houver um único sentimento não negociável, de fé na própria vida, originada ou não pelo ideal de um Deus Supremo.

Para quem realmente crê em Deus, não é necessário cantar alto ou elevar a voz até o céu em templos dramatizados.

É no silêncio das vozes que Deus ouve o coração dos homens.

Capítulo IX

O Bem e o Mal

Quantos profetas e pensadores falaram e escreveram sobre o Bem e o Mal buscando o calvário da verdade, como se a verdade necessitasse de defensores?

O conhecimento da verdade não pode ser transmitido porque é intrínseco à consciência de cada um. A verdade não se encontra em livros, escolas ou templos, mas no meio das multidões com seus amores, medos, alegria, raiva, que são sentimentos básicos do ser humano, sejam santos ou pecadores. Livros, escolas ou templos fornecem doutrinas de educação e obediência para o conhecimento e conduta em sociedade. Muitas vezes, parte desse conhecimento não é sequer encontrada em palavras, mas no silêncio.

O homem vulgar teme o demônio criativo que o faz caminhar na beira do precipício, preferindo se acomodar às explicações compatíveis com tradições, mesmo que possam ser falsas verdades.

A tradição é a herança deixada no berço de todos os medos, principalmente o de não ser amado. Cada cultura tem suas tradições de rituais de aceitação na comunidade, com a finalidade de manter seus integrantes coesos e unidos na mesma proposta de vencer inimigos externos, e inquietações originadas nos esconderijos da mente.

Liberdade é privilégio dos fortes que vivem longe do desejo de compreender seus semelhantes, que os invejam como modelos.

Para entender o mundo, a fé e a razão devem se unir na consciência. Se todos os males forem colocados em um dos pratos da balança, no outro jamais haverá o peso suficiente de ações verdadeiramente piedosas.

O homem comum valoriza as ações somente pelas suas consequências, e não pelo bem ou mal contido em suas intenções. Conhecendo somente as consequências, o falso pode se tornar verdadeiro.

Se o conhecimento dá a aparência dos atos praticados, estes podem ser falsos, restando somente como verdade, a natureza das intenções, que se mantém nas sombras.

O homem não julga o homem, julga as suas ações segundo códigos estabelecidos. O pretenso julgamento do bem e do mal alcança precariamente os atos bons ou maus. Os atos são julgados, e não os sentimentos.

A aparência que dá a forma, o espaço, o tempo, o movimento contido na percepção da realidade, permite que desconfiemos do próprio pensamento. Na busca da verdade só podemos confiar nos sentimentos. As verdades são dogmas de fé, sem a garantia de que sejam melhores do que a aparência proposta pelo pensamento.

Pode não haver divisão entre o verdadeiro e o falso, quando exprimem gradações de um mesmo fenômeno.

Uma doutrina não é necessariamente verdadeira porque satisfaz nossos desejos, ou porque redime medos e culpas. A civilização tem registrado pessoas más, felizes e realizadas como líderes adorados por multidões. Os religiosos preferem dizer que sofreram influência de demônios, propondo que a verdade esteja somente na crença de mistérios e não no caráter do homem.

Os pregadores espirituais deveriam reforçar a fé de seus seguidores em potenciais humanos de mudanças benéficas, dando-lhes segurança ao olhar o abismo, sem medo de andar em sua beirada mesmo correndo o risco de não saber o que o fundo do precipício contém. Devem atualizar o estudo de estruturas doutrinárias arcaicas que não acompanham a evolução da história do homem, para que a fé possa concretizar a grande mutação onde a vida é o principal objetivo.

Não estou discutindo intenções, mas a possibilidade de rever interpretações do passado, auxiliando o presente a reinventar o futuro. Discutir sem preconceitos a possibilidade de um deus ainda desconhecido natural à própria consciência íntima, deslocando o conceito de reino divino para dentro dos limites da vida e não da morte.

A pregação no templo requer honestidade de propósitos, para que seu detentor possa imprimir na consciência de seus fiéis, a força desconhecida que se encontra nos sentimentos, propiciando escolhas e ações que possam almejar o sentido da vida, mais importantes do que esperanças além da existência.

A injustiça social estabelece classes originadas pelo poder de compra e consumo, pela cor da pele, pela incompetência e ganância de governantes. As ditaduras, veladas ou não, mantidas pela força ou por ideologias ilusórias de populismo, usando máscaras ostensivas ou dissimuladas, continuam a reger os governos.

Nesse contexto, a fé religiosa deixa de ser um ponto de reflexão para se transformar no conformismo a que é obrigado o homem comum, aguardando a benção divina.

Os crédulos ingênuos esperam que os maus sejam punidos e os bons formem a plateia apreciando a punição.

Palestra em Milão – 1983

A discussão sobre a essência do Bem e do Mal existe desde tempos remotos.

Se Deus está disposto a evitar o mal, mas não consegue, é imperito; se consegue, mas não está disposto, é negligente; se deu livre arbítrio para o homem, é imprudente; se é capaz, disposto e se preocupa com a felicidade de seus filhos, por que existe o Mal, e consequentemente, o sofrimento?

Ou não julga a vida humana ou está fora de nosso entendimento, situado em uma dimensão só alcançada pelo imaginário.

Deus está fora de nossa compreensão. Pode ser o Senhor Supremo somente vislumbrado pelo sentimento de fé, ou a Energia contida na própria vida.

A fé está além do raciocínio lógico. A vida não exige explicações razoáveis sobre a existência de julgamento em outras possíveis dimensões de realidade. A vida existe por si mesma a nos indicar caminhos.

Para fugir do maniqueísmo que divide a vida entre o Bem e o Mal, fomos dotados de uma consciência transcendente que existe na mente humana desde antes da elaboração de doutrinas religiosas.

As ações não devem se sustentar na necessidade de doutrinas que julgam a vida após a morte, mas se bastar no cumprimento de preceitos que, por si só, justificam o fato de termos sido escolhidos para existir. Quando tal acontecer e fizer parte natural do ser humano, o pensamento e o sentimento percorrerão juntos o caminho da sabedoria, e a religião será coadjuvante como fonte de referência.

O desejo de ser anjo e ter a posse da verdade é a ilusão de quem gostaria de pertencer à corte dos eleitos, e ter poderes acima da capacidade humana. Importante é buscar o aperfeiçoamento necessário para trilhar o caminho que conduz à dignidade de um simples mortal, mesmo sabendo que é mais cômodo escolher o conforto da fé do que o desconforto da dúvida.

Como nada é certeza definitiva, o aspecto mais fascinante da vida não é saber todos os segredos, mas sair da área de segurança intelectual e mergulhar nos mistérios de possibilidades desconhecidas.

– Como se conhecem os mistérios? – pergunta um dos ouvintes.

Até há pouco tempo, muitos fenômenos desconhecidos começaram a ser decifrados através de estudos experimentalmente demonstráveis pela Ciência, nos campos da física, química, biologia, astrofísica.

Na física, desde o início do século passado, estudos da chamada teoria da relatividade e da física quântica, realizadas por pesquisadores internacionalmente respeitados, retiram alguns mistérios das sombras para fazer parte do conhecimento humano.

Mesmo que algumas teorias sobre a estrutura subatômica estejam calcadas em hipóteses matemáticas, principalmente no que diz respeito aos enigmas do Universo, a mente humana aos poucos tenderá a temer menos os códigos secretos das religiões.

Quando aceitar que o espírito é formado pelas ideias, pensamentos, sentimentos, intuição, imaginação, fantasias, consciência, liberdade de escolha, ligando a matéria à energia que mantém a vida, a mente terá mais fé no transcendental, convivendo melhor com o fenômeno irreversível da morte.

A realidade é um potencial em expansão, mas estamos acostumados desde a infância a recriar sempre as mesmas realidades, fazendo seguidamente as mesmas coisas e esperando obter resultados diferentes. Existem estudos sobre matéria e energia, que apontam para dimensões de novas realidades.

Já era estabelecido no século passado que se manipularmos profundamente a matéria, ela se transformará em energia. O universo físico pode ter se originado de um campo mais sutil do que a energia conhecida, com características mais semelhantes com a consciência do que com a matéria.

Os credos não conseguem conviver com muitas dúvidas, e as pessoas não fazem grandes perguntas, porque as respostas podem não ser as que desejam. Assim como existem ciclos de retroalimentação entre a mente e a matéria, existem pontos de convergência entre a religião e a ciência.

O grande número de convicções dirigindo nossa vida a partir de níveis inconscientes, foram sedimentadas desde a infância, determinando nossas relações com o mundo, formando juízos de valor como confiança, ética, moral, verdade, mantidos por paradigmas que estruturam o sistema de crenças de uma cultura. Pensamos e interagimos de acordo com eles.

O desconhecimento nos limita, quando elaboramos ideias sobre a teoria da relatividade com fenômenos subatômicos que nem a física explica suficientemente, quando queremos saber como os pensamentos e emoções influenciam o funcionamento do corpo, a possibilidade de percepção extra-sensorial, o significado da vida e da morte.

Receamos pensar em uma estrutura diferente, em uma nova possibilidade de coexistência da realidade exterior com fenômenos psíquicos, mitos e mistérios. Algumas vezes, quando conseguimos dar nova compreensão ao passado individual, os paradigmas podem ser alterados. O passado não muda, mas poderemos adquirir uma nova dimensão da vida se tivermos nova compreensão de antigas situações que marcaram nossa história.

O amor não é apenas fruto de um acaso neuroquímico, mas a conjunção de fenômenos psíquicos com o espírito da realidade que nos envolve, desde o momento mágico do encontro até a comunhão de sentimentos.

Mesmo os paradigmas científicos são mutáveis em sua própria evolução. Não há rigor de estrutura definitiva para qualquer forma de consciência, emoção, mente ou espírito. É possível que a consciência de um observador possa interagir com a realidade e provocar transformações. Um novo padrão, de início é sempre desconfortável porque provoca alteração nos modelos aos quais estamos acostumados, e nos obriga a rever o modo de pensar.

Os ideais do plano pessoal têm sofrido mudanças em seus valores, percepções e formas de relacionamento, tornando evidente que o sucesso tem deixado um vazio existencial após sua aquisição. Um modelo é apenas a ideia de maior aceitação, dependendo da época, cultura e grau de inteligência emocional.

– Como decidir em meio a tantos fatores diferentes?

Nossas decisões, sempre mediadas pelas emoções, se amparam no que julgamos ser a realidade. A consciência, que não sabemos bem o que seja em sua natureza íntima, interage com a realidade e dela passa a fazer parte, podendo até mesmo modifica-la para satisfazer nossos desejos. Quando a mente sofre uma perturbação severa, a realidade é recriada em alucinações e delírios.

Assim, a realidade que conhecemos pode ser simplesmente o produto de nossas limitações ou estados mentais. Somente conhecemos a realidade captada e elaborada pelo cérebro. Se o mundo é feito de energia, matéria e espaços vazios, nosso cérebro também é. Não conhecemos de fato como é a realidade, e sim a imagem que nosso cérebro constrói através dos impulsos sensoriais que percorrem sua estrutura. É o cérebro que percebe a realidade e cria nossa visão do mundo, mas isso não prova que sem meu cérebro o mundo não exista.

Essas ideias fazem pensar em possibilidades que transcendem a matéria e que só podem ter significado na crença de haver algo mais, além das limitações do conhecimento.

Atualmente, a Ciência ensina que duas partículas podem estar em dois lugares ao mesmo tempo. As partículas subatômicas parecem se comunicar instantaneamente, e são demonstradas em cálculos matemáticos de probabilidade em física quântica, através dos quais nunca se sabe com certeza absoluta como um fenômeno específico vai terminar. O Universo é um todo unificado, cujas partes são interconectadas e se influenciam mutuamente. Se um observador consegue influenciar o objeto observado, participa ativamente da organização do Universo.

O mundo é feito de espaços vazios, e carregado de energia. Ainda não é possível estabelecer a um só tempo, a medida precisa da velocidade e da posição de partículas menores do que um átomo. Elas estão intimamente ligadas em um nível além do espaço e do tempo. São teorias discutidas cientificamente, mas indicam uma forma alternativa de se pensar sobre o mundo.

Da mesma maneira que esse estudo não deve sofrer especulações místicas, os mistérios ainda desconhecidos e aceitos pela devoção religiosa são profundos demais para sofrer interpretações científicas. Em nenhum dos campos existem conclusões definitivas. Não se pode deixar de acreditar em possibilidades que transcendem a realidade que conhecemos. São atemporais e independem da vontade humana.

Se o homem com sua capacidade limitada, pode influenciar a organização da realidade, e não sabemos exatamente como, não aceitar a possibilidade de uma dimensão superior, traduz a dificuldade de acreditar por simples arrogância. Honestamente não podemos ainda dizer o que há além do horizonte conhecido. São realidades possíveis em diversas dimensões e existem por si só, mas ainda existo na realidade que percebo.

– Pode existir uma realidade diferente para cada pessoa?

A realidade em que vivemos é produto do que fazemos dela. Aceitar essa premissa é aceitar o fato de que vivemos um estilo de vida baseado no maniqueísmo do Bem e do Mal, onde a minoria que detém o poder manipula o destino da maioria que obedece.

Os rebeldes são os verdadeiros donos do poder, ditando as normas a serem seguidas. Aos demais, resta responsabilizar alguém pelo que são. Com essa atitude de vítimas das circunstâncias, buscam segurança, afeto e simpatia, porque não se dizem culpados pelas experiências a que são submetidos.

Costumamos julgar e criticar as pessoas, sem perceber o desprezo que sentimos por elas, na tentativa de esquecer que julgamos a nós mesmos.

A não ser no conhecimento da própria consciência, o homem não passa de grotesco bípede pelado, cujo comportamento pode tornar o bobo da corte em sábio, e o sábio em bobo da corte. Quando percebe o que viveu, já não tem mais tempo.

Com o decorrer da idade começa a ser roubado. O tempo lhe rouba a juventude, o vigor físico, o doce gosto da espera, tornando-o seu próprio esquife preparado para receber a morte, que o espreita no interior de seu ser.

O tempo só não consegue roubar os sonhos. Através do conhecimento, o adulto pode se tornar um erudito, mas quem deixa totalmente à deriva o doce sabor de ser criança, jamais será um sábio. As crianças não se importam com as religiões. Comparecem aos cultos para agradar os adultos, porque sentem a energia divina nas belezas simples que revelam os mistérios do mundo. Espero que as crianças um dia descubram que a verdadeira fé repousa na crença da própria potencialidade em conviver com a realidade dos outros e aprendam que não basta viver com o que sabemos, mas com o que sentimos. Pode ser que certo seja aquilo que ainda não sabemos.

– **Se não sabemos, como encontrar o verdadeiro caminho?**

Um dia um sábio olhou para o céu e perguntou o que é a verdade. O silêncio foi a resposta. Fechou os olhos e agradeceu. Aprendeu que não há necessidade de se conhecer a verdade absoluta. Olhou o mundo com o assombro de uma criança curiosa e aprendeu que o conhecimento obtido pelo pensamento é importante para a ação de viver, mas é preciso sentimento para a comunhão com a vida. Olhou para o espaço aberto além das nuvens e agradeceu a sabedoria que coloca a morte no fim da existência e não no começo, permitindo que o destino participe do resultado de nossas escolhas, sem a interferência dos deuses.

Sentiu-se mais liberto de seus receios, ponderando que o ser humano tem seus limites de liberdade, pois ninguém é livre de suas responsabilidades com os semelhantes e com a Natureza. Cada ser sente a liberdade e o medo à sua própria maneira. Quando aprendermos a usar o pensamento para viver com o sentimento, não sentiremos mais culpa por atos praticados, e sim, vergonha.

Preocupamo-nos em demasia com verdades absolutas, sem atentar para o fato de que as verdades podem ter significados diferentes para diferentes pessoas. Quase sempre esperamos explicações sensatas para todos os acontecimentos, por curiosidade e não para aprender a viver melhor.

– **Como se sente a respeito?**

Estou farto de viver racionalmente na erudição estéril de eventos sociais. Quero sentir a vida em sua plenitude e encarar o inevitável olhar da morte, sem mistificações.

– **O que é importante?**

Importante é aquilo que a pessoa deseja. Pode ser fútil ou imprescindível. Pode ser insensato, difícil de conseguir ou impossível, mas é um sonho que pertence a alguém.

De nada vale o nome que se dê ao que percebemos ou sentimos. Todos os nomes são símbolos. Pensamos através de palavras gravadas na mente, representando um mundo que limita a transmissão de conhecimentos e até a expressão dos sentimentos, transformando amor, sensibilidade, esperança, desejos e medos em meros símbolos gráficos.

Esses símbolos são importantes para se tomar ciência do mundo em que habitamos, mas como a palavra é pobre e não traduz a natureza do poder que mantém os sentimentos e a própria vida, os grandes iniciados e condutores de homens sempre usaram a alegoria e o mito para narrar o Universo místico contido em parábolas que falam dos mistérios da vida e da morte, da realidade aparente e da realidade transcendente.

O mito é o meio de expressar o sentido oculto da vida, através de metáforas que atravessam o pensamento e repousam no sentimento de alguns homens especiais, que a retransmitem aos devotos para que tenham a possibilidade de receber o dogma como bálsamo para seus sofrimentos, e fazer a semeadura de modo a manter os fiéis em suas mãos.

A fé, contida no sentimento e não no pensamento lógico, reflete o desejo primordial de toda a humanidade, independentemente de sua cultura, de receber a parcela divina em seu espírito. A fé independe do modelo de religião praticada porque todas as religiões são semelhantes em seus fundamentos essenciais, principalmente a crença na existência do indecifrável. O conhecimento serve para se tentar compreender o mundo aparente, através da linguagem que dá nome a tudo o que é real ou imaginário.

– O espírito também evolui?

Acompanha a evolução da mente. A consciência, partindo da necessidade de sobrevivência do corpo, deverá chegar a uma etapa que vise à sobrevivência de um novo tipo de relacionamento com a natureza, regidas por sentimentos aprimorados no homem, e não somente baseada em sua capacidade de adaptação ao meio. Esse novo tipo de entendimento poderá capacitar a incorporação de valores chamados "divinos", a fim de se obter a vida completa que esperamos.

Não importa se o poder de uma divindade mítica criou a vida, importa o fato de que ela mantém viável a existência contida no tempo de cada um. Para nós que intuímos, mas nada sabemos, a vida pode ser divina como fato real, venerada e respeitada. A vida não é um símbolo histórico, é a possibilidade de eternizar a esperança humana. O homem evoluiu, está evoluindo e continuará a evoluir. A matéria onde está contida a vida vem se organizando em estruturas cada vez mais elaboradas.

As grandes explicações filosóficas e teorias científicas a respeito da realidade transcendente podem trazer boas ilustrações em reuniões intelectualizadas, mas não fazem crescer o trigo, nem amadurecem as frutas. Não é preciso ter um bom paladar para que a semente se transforme nos frutos de uma árvore. A existência de cada um, por si só, justifica a vida.

Não gostamos de assimilar e resolver frustrações que tecem nossa história, com soluções decorrentes de nossas escolhas. Preferimos procurar no transcendente que faz proliferar seitas religiosas, o alívio para a falta de coragem em assumir que somos falíveis e que acertos passados podem se repetir no futuro. Escolhemos o caminho com acomodações que nos livrem dos desafios do presente, aceitando a mediocridade de uma vida sem compromissos, e reprimindo a própria potencialidade. É mais fácil rezar do que participar efetivamente da vida.

Impassíveis, observamos a sofisticação vazia, satisfeitos com a modernização do conforto. Convivemos com oportunistas patrocinadores da conveniente omissão de órgãos de comunicação que insistem em tratar o homem como um trágico primata moderno, cujo princípio básico é, vale mais quem mais possui.

Quem é adepto recorre ao mundo dos espíritos. Não parece que os espíritos tomem a iniciativa de se comunicar com os vivos. São os vivos que, através de diversas maneiras, procuram se comunicar com os espíritos, talvez porque simplesmente precisem apaziguar sentimentos de culpa que teimam em se esconder nos escaninhos da consciência. Os vivos precisam de confissão e perdão, não eles.

A realidade consciente não se dissocia dos desejos. Se a consciência aceita uma realidade conhecida, por que não aceitar outras possíveis, que ainda não conhecemos? Viver a realidade que conhecemos não impossibilita a existência de outras dimensões desconhecidas.

O pensamento lógico e o julgamento procuram explicações para tudo o que acontece. Tudo é pensado e julgado, sem darmos conta de que estamos julgando o olhar de quem nos percebe. Damos mais importância à explicação do que à vontade de compreender e aceitar. Viver não é observar os outros, é sentir o mundo que nos rodeia. Compreender que a vida da qual fazemos parte, está em todos os seres, sem que ela dependa de nossa existência. Transcendemos a vulgaridade quando nos sentimos fazendo parte do mundo que existe além das aparências, sabendo que o mistério da vida é inerente a todos, sentida e aproveitada de modos diferentes. Temos dificuldade em aceitar diferenças, e não satisfaz viver com a natureza como ela é, mas como a desejamos.

Aprendemos desde cedo a nos adaptar sempre aos mesmos estímulos esperando que nos deem respostas diferentes, apesar de saber que as transformações dependem de escolhas.

De nada adianta possuir tantas coisas úteis, se tornamos a vida inútil. A acomodação a tradições é o túmulo da criatividade. Toda nova crença é o contraponto da que a precede. Temos medo do demônio criativo que habita nossa mente insinuando que às vezes, é preciso destruir para criar.

O primeiro passo para o Início foi a destruição do caos e sua posterior reorganização.

– Amar o semelhante não basta para se viver em paz?

Amar só, não basta. É preciso haver encantamento, porque o amor é mágico, e se um dia terminar, deverá deixar a doce lembrança de sua magia.

Quer viver em paz? Impossível!

Ninguém vive em paz, porque a paz é utopia.

Em um mundo onde impera a necessidade de sobrevivência física e emocional, não pode haver a paz que se deseja, pois, como a perfeição, é uma aspiração que somente pode ser alcançada na morte, após uma existência que a mereça.

Além do ato de ajudar, tente compreender e demonstrar interesse pelos sentimentos do outro. Procure estender a mão sem humilhar, lembrando que a forma mais sutil de humilhação é esperar reconhecimento pelo que se fez. O amor que necessita agradecimento é no mínimo, grotesco. Ajudar sem afeto sincero, é vestir a máscara da hipocrisia ocultando a sombra do desprezo.

O amor é sentimento complexo, mas não impossível!

Como amar não é uma questão puramente intelectual, sua busca através do conhecimento é de pouca ajuda. É preciso ultrapassar arquétipos do egoísmo, tentando alcançar a emaranhada hierarquia do ser que habita além do ego. Ultrapassar o amor que visa ao desejo de ser amado, como se o outro fosse a extensão de si próprio. Somos o outro do outro. Às vezes, devemos tentar ser o outro de nós mesmos, isentos de julgamentos prévios, para olhar dentro de nossos próprios olhos.

O ser humano tem a capacidade de ir além da natureza prática, procurando novos caminhos no recesso de mistérios mais profundos, em busca de novas respostas. Somos farsantes na expectativa do que desejamos receber. Fruto da análise do que o outro possa dar, visando ao afeto de que se carece, o amor se torna simples transação comercial de custo/benefício.

O amor é um sentimento nobre, mais sagrado do que as palavras.

– As palavras dos profetas são sagradas?

Os textos sagrados foram escritos em linguagem simbólica. Quando as religiões se propuseram a traduzi-las em pretensa linguagem histórica, os livros proféticos que deveriam ter passagens interpretadas como parábolas e alegorias espirituais, se transformaram em fontes mantidas pela fé incondicional dos crentes, principalmente em culturas ultraconservadoras.

Parece ser essa a semelhança universal de todos os mitos desde a mais remota antiguidade. Sua origem pode nos remeter a poucas fontes que foram se transformando e se fragmentando com o decorrer das eras, de acordo com o simbolismo inconsciente do homem primitivo, que poderia até ser mais forte e verdadeiro do que o conservadorismo atual.

Jesus pode ter sido a personificação simbólica da identidade com Deus, através da presença do divino no coração do homem.

Em dado momento, a religião deixou de usar as fogueiras, como método ultrapassado, e começou a usar o poder canônico para punir os hereges. Atualmente se serve da mídia comandada por interesses empresariais, para fortalecer suas doutrinas. O progresso das pesquisas, por ser um fator de mudanças, se tornou perigoso para a manutenção do domínio sobre os crentes por indicar novas maneiras de pensar sobre a vida e o destino da humanidade.

A religião depende do tipo de cultura social de um povo e de seu nível de distribuição de riquezas. Oprimidos pela pobreza e falta de acesso à educação, os povos tendem a cultuar cada vez mais a esperança de vida melhor após a morte.

A religião não aceita outras possibilidades além de seus dogmas, entretanto as ondas do desconhecido pairam cada vez mais sobre o desejo de saber da humanidade.

– Eu me recuso a acreditar em um misterioso mundo desconhecido a influenciar minha vida, além das palavras de Deus – gritou um ouvinte.

De certa forma, podemos imaginar o Universo como um grande organismo de forças interconectadas. A grande indagação não é acreditar ou não se essa energia cósmica é de origem divina, e sim como introduziu vida em pequenos corpúsculos de matéria que se desenvolvem e continuam evoluindo até os dias de hoje.

A evolução avança de modo inexorável, dando lugar a novas instâncias de consciência sustentadas pelas conquistas do passado, a caminho de horizontes a ser descobertos.

Causa medo a ideia de um Universo compreendido como algo vivo, que compartilha experiências com o pensamento, interligando nossa consciência com todos os eventos a ele relacionados. O medo vem de mudanças desconfortáveis ocorridas naquilo a que estamos habituados a aceitar, porque nos obrigam a refletir sobre o que sabemos. Toda mudança gera angústia, e desejo de trancá-la nas gavetas da mente. Nosso escudo é a fé nas mensagens às quais nos acomodamos. Essas mudanças estão ocorrendo não só na cultura, como também no plano pessoal. Milhões de pessoas estão percebendo que após o sucesso da posse, ainda resta o inexplicável vazio cheio de bens e não uma vida melhor.

Não somos melhores ou piores do que outros seres vivos, evoluímos de maneira diferente, e nossa jornada agora se inspira também na transcendência. A evolução é alheia às nossas decisões, e ocorre regida pelo acaso do que julgamos ser a realidade. As decisões indicam nosso destino e não a evolução.

Sendo a matéria energia concentrada, pode existir uma realidade fundamental além do mundo material, percebida pela consciência e mantida pela fé. Conceitos atuais do mundo físico, que estudam energia e partículas da matéria, apresentam teorias que dão novos atributos à interação entre consciência e realidade religiosa, com probabilidades de influências bilaterais e, assim como a vida, regidas pelo princípio da incerteza.

– **Afinal, sobre o que temos certeza?**

Quando pretendemos conhecer a natureza íntima das coisas, não conseguimos ver além das aparências. Se a energia universal é a consciência divina introduzida no homem, o céu enquanto arquétipo, a realidade transcendente, e a terra, a realidade visível.

É difícil pensar em um mundo onde tudo o que acontece depende de uma pré-determinação, se todos nós em algum momento, já sentimos ser matéria, consciência e algo além, e que temos possibilidades de fazer escolhas.

Somos seres conscientes decidindo o próprio caminho. Todas as probabilidades geram incertezas. Somente a fé pode dar a certeza que as religiões pretendem. Tanto o pensamento lógico quanto o sentimento são atributos da mente contida no cérebro, regidos por ondas de energia de instâncias conscientes ou inconscientes. A mente pode pensar e sentir a respeito da transcendência, sem a capacidade de influenciar na veracidade de sua existência.

A realidade, como a conhecemos, existe no tempo, mas as possibilidades são atemporais. As religiões oferecem transcendência que independe do tempo e espaço.

O espírito é uma possibilidade sem estrutura física, aceito pelo sentimento de fé. De qualquer maneira, não temos praticamente nenhuma chance de confirmar empiricamente o que acontece após a morte. Se houver vida depois da morte deve haver vida antes do nascimento, jamais registrada pelos profetas.

– **Os textos sagrados ensinam o caminho do bem estar. Sem ele, no que acreditar?**

O homem é como uma árvore. Pode ser frondosa protegendo os passantes e gerando frutos, ou ressecada, com folhas daninhas que causam o mal. O espírito da árvore é o fruto que dá a razão de sua existência, mas fenece quando é cortada. Sua alma é a semente que possui a energia da vida e se plantada, continua espalhando essa herança continuamente, mesmo que a árvore morra. Não me emociono com os caminhos escolhidos pela humanidade, mas com o mistério que envolve a vida e sua ligação com a natureza dos seres vivos.

O germe criativo que habita o homem de gênio eleva o ser humano ao lhe dar a oportunidade de sentir a intensidade das grandes alegrias ou das profundas dores, mas jamais o lancinante tédio da mediocridade passiva. Einstein dizia: "em algum nível, o passado, o presente e o futuro podem coexistir simultaneamente". Esse nível faz pensar na eternidade sonhada por todos os homens de fé.

Os fenômenos correlacionados são coincidências não causais, sintonizados na consciência individual. O Universo formado por corpúsculos espalhados em sua vastidão, contém realidades que nada mais são do que momentos passageiros em constante mutação e evolução.

Eu sou, em essência, o mesmo homem que vagou selvagem e errante, milhares de anos em busca de carne, raízes e um abrigo para as crias. Sou a soma de todos os homens, que sempre perseguiu a caça e o peixe, fabricando rudes ou sofisticadas ferramentas e armas, habitando cavernas ou palácios, inventando leis e dogmas inicialmente de preservação da espécie e que se transformaram em instrumentos de manutenção do poder, sempre criando para destruir, e destruindo para satisfazer desejos discutíveis.

Sempre temos algo para aprender com os outros. Como todas as gerações antes de mim, conheço a aparência do mundo e das pessoas. Com eles aprendi ser um homem que envelhecendo ou não deve morrer, e que a vantagem de envelhecer é esticar o tempo.

– A morte é o fim ou o começo da vida?

Nem o começo e nem o fim. A vida transcende a existência, que é finita. É a energia que permite ocupar o espaço/tempo concedido. Minha existência vai do nascimento ao momento da morte, e a vida pertence à outra dimensão, que não conheço.

O momento da morte, que determina o fim da existência, pode fazer perceber a natureza ilusória das experiências percebidas, como se a consciência fosse o sopro divino da vida. Na religião, quase tudo o que é escrito sobre a morte tem o mesmo significado, e os contextos científicos para as manifestações da vida e da morte são mais obscuros porque sua pesquisa envolve mistérios somente imaginados.

Alguns conceitos como beleza, amor, justiça, ética, verdade, perfeição, podem ser considerados temas da consciência. Nossa mente evolui em estágios, alternando criatividade e equilíbrio. A criança tem surtos criativos ao descobrir novas experiências de vida. Muitas vezes observamos o mundo com a curiosidade amedrontada de uma criança, mas o adulto logo procura tomar seu lugar.

Uma antiga maneira de apresentar contextos da mente e da vida consiste na sua associação com seres superiores como deuses e demônios. Todos os povos cultuam deuses há milênios. Algumas religiões substituem deuses por santos e anjos como contraponto a demônios maldosos, mas com funções que se completam, como heróis míticos e vilões.

Esse é o contexto do herói que sai de casa em busca de respostas e regressa com a sabedoria da revelação, alguns divinizados e outros iluminados, como registrado na vida de Jesus, Buda, Maomé, Moisés. Com esforço criativo, todos podem caminhar em busca de significados para a própria vida, pois cada deus ou demônio pode unir contextos específicos da consciência que agregados uns aos outros, formam a natureza das coisas.

Os hindus explicavam a interação vida/morte como sendo o fio condutor. Os gregos, através das três fiandeiras, cada qual com sua função – Cloto tirando o fio da roca (nascimento), Láquesis determinando sua extensão (vida), e Átropos cortando o fio (morte). No antigo Egito, Anúbis era o condutor das almas.

A alma é um significado sem essência como entidade, e por isso, imutável. Nem mesmo é energia mensurável, tornando a morte um processo criativo, uma experiência de transformação. Para alguns religiosos, não nos lembramos de vidas passadas, porque a memória faz parte da mente e não do mesmo conjunto de contextos que transmigram como alma. Para eles é essa consciência recebida antes da conformação do cérebro que organiza os eventos neurológicos para a experiência espiritual. Não está situada na matéria, e sim no contexto da vida enquanto energia universal com qualidade divina. Essa consciência transcendental conteria a memória de encarnações passadas, conectando-as no tempo, como uma consciência sobrenatural não pertencente ao mundo mental.

Na concepção atual de energia, a alma poderá ser um contexto não mensurável e sem lugar no tempo/espaço conhecido, impossível de ser contatada por meios comuns. Pertence ao mundo além da mente e só pode ser partilhada universalmente de forma espiritual. Consideram que o corpo físico morre com sua consciência racional e todas as suas memórias clássicas, incluindo o espírito a ele agregado.

A energia que não tem estrutura e independe do corpo, seria a alma ou vida, que retorna ao contexto universal. Neste caso, a vida é a energia e a alma sua divinização, ambas independentes da existência humana.

As tendências vitais e mentais de uma pessoa que recebe essas heranças sobre-humanas têm sido chamadas de Carma pelos hindus e Sansara pelos budistas.

Alguns cientistas e crentes acreditam que a energia desencarnada pode ser percebida por um médium se as ondas de possibilidades entrarem em sintonia durante um fenômeno chamado colapso. Entendem por colapso, o fato de que durante o transe místico possa ser criada uma única realidade, isto é, o estado mental do médium faz com que a onda se manifeste como evento real.

Para a física atômica, a alma poderia ser um contexto cuja lógica fosse regida pelo princípio da incerteza, podendo ser verdadeira, falsa, ou indeterminada.

A fé, ao contrário, determina escolhas e é muito mais profunda e poderosa do que os pensamentos que a julgam. Como parte da consciência íntima e não racional, a fé fixa a adesão das verdades reveladas, sejam elas de cunho social ou divino. Através da crença, a alma imaterial no corpo material é uma possibilidade dentro da consciência espiritual inerente à natureza humana, mediando a interação da matéria com a energia.

A essência imaterial, ou espírito, estabelece ligações, nas quais o sentido divino do Universo entra em nossas vidas sob a forma de energia, formando uma ponte entre a alma e a mente. Só o seu significado é processado pela mente, e se expressa por meio do cérebro.

– Você sempre fala de um mundo de possibilidades. Como elas podem influenciar nossas vidas?

Quando uma possível ocorrência se torna viável, há a probabilidade de se tornar real. O próprio homem transforma a possibilidade em realidade. O condicionamento voluntário obtido pela doutrinação propicia a recapitulação de ações passadas que podem retornar ao presente influenciando fatos atuais. Quando tal acontece, a ação mental não é mais livre e se torna um hábito, diminuindo a angústia que o destino provoca no estranho sentido da vida. Em alguns casos, a ansiedade produzida pela insegurança se torna poderosa a ponto de estabelecer ordens imperativas, transformando hábitos em demandas obsessivas que podem mascarar a crônica carência de atenção e afeto.

– Podemos nos identificar com nossa história, mas quem somos em nível mais profundo?

Nunca iremos realizar plenamente nosso potencial criativo enquanto nos identificarmos somente com o eu aparente. A própria evolução exige que iniciemos a jornada para um nível mais profundo, que pode ou não levar ao divino, contanto que se respeite a vida.

O respeito pela vida não exige a criação de um espírito divino simplesmente porque temos medo da morte, mas para buscar seu sentido no amor à própria vida. Se vivermos nessa busca, o espírito poderá aguardar em paz a porta do mistério se abrir.

O ego, essa instância mental entre a pulsão inconsciente e o permitido pela consciência social, é a confluência de memórias pessoais internas e externas. Seu conteúdo cria personagens com as quais encena os roteiros que inventa.

O conteúdo do ego e os personagens são fictícios e temporários. Se os aceitamos como não permanentes, não há necessidade de temer a morte, mesmo porque um dia todos nós morreremos.

O caráter pessoal exige mais do que um simples condicionamento psicológico ou social. Alguns dos hábitos e condicionamentos derivam da criatividade, ao aprender contextos de ação que não podem ser ensinados. Contextos transmitidos por condutas e exemplos de comportamento são valores que moldam o caráter e definem o espírito imanente de nossa consciência ancestral.

Na primeira infância, a criança contando de 1 a 10 usa a memorização. Quando soma $1 + 1 = 2$ estará aprendendo um novo contexto, o de saber usar os números, e assim prosseguimos por toda a vida.

O caráter é mais importante do que um roteiro de como viver, por isso, cada um deve aprender a honrar seu caráter com a criatividade interior muitas vezes sacrificando exigências egocêntricas, pela observação de comportamentos significativos de pais e mestres, mais sólidos do que palavras aprendidas.

– O que você quer dizer com criatividade e demônio criativo?

Criatividade é a descoberta de uma nova possibilidade, ou de um novo significado para uma velha possibilidade, formando um conjunto de probabilidades e ideias que juntas, resultam em criações inéditas.

Há dois tipos de criatividade: a exterior, onde buscamos significados no cenário externo da vida diária, como ciência, artes, religião, música. São conhecimentos práticos para gerar informações com as quais a civilização progride. Esses conhecimentos podem melhorar a maneira de viver, mas não aperfeiçoar o caráter, e a interior, que tem como meta desenvolver o caráter e, se necessário, modificar padrões que se situam mais profundamente do que o ego.

Um caminho importante é propiciado pela meditação, que conduz para além da mera percepção e à certeza de que fazemos parte de algo que transcende o conhecimento prático. Esse é o caminho compatível com a verdadeira evolução, porque usa o sentimento intuitivo e não só o pensamento.

A sabedoria transcende o ego. É possível que, para a harmonia Universal, o homem não tenha a importância que atribui a si próprio. Se um dia descobrir a origem da energia que gera a vida, com a consciência de que é a mesma para todos os seres vivos, talvez aprenda a viver a comunhão com a Unidade pretendida por todas as religiões.

O homem que se acomodou em ver o mundo somente com a razão, aceitando ser prisioneiro de uma limitação medíocre contida em um sistema que condiciona a realidade imposta pelos sentidos, jamais irá entender que o ato de viver é a realidade aparente, e a vida, o mistério. A porção do espírito individualizado no corpo perece junto com a matéria, mas sua essência talvez volte para uma dimensão desconhecida.

– O bem e o mal fazem parte da natureza humana? O mal proporciona prazer suficiente para a manutenção consciente de sua prática como se fosse um bem natural ou é mero produto de uma mente conturbada? A lei e a justiça são suficientes para combater o mal?

Fingimos acreditar na justiça por medo de sofrer injustiças.

Queremos crer que a justiça segue conceitos morais, quando sua função é defender a sociedade através do poder e da força. Como somos vorazes e incompletos, a justiça tem servido para manter o corporativismo do poder, com indisfarçável desprezo pelo homem comum.

Por ser difícil acreditar no julgamento humano, as religiões postulam para si um sistema confiável e com capacidade de justiça sobre-humana, onde os bons serão recompensados e os maus punidos.

Não têm real preocupação em saber se o bem e o mal são simples conceitos sociais do que é bom ou ruim. Para elas, tais conceitos têm significado para as forças que movem o Universo, mesmo porque, o poder que rege o céu e a terra não necessita da aprovação humana.

Seu significado religioso baseia-se nos desejos humanos, mas o modelo estável dos sistemas universais sugere que não somos livres, e que poderemos ser simplesmente descartáveis como um fenômeno que não deu certo. Devemos ter cautela com as grandes verdades, pois, como as grandes mentiras, são produtos da inteligência. O pensamento reconhece o mundo exterior e procura explicações, enquanto o sentimento contempla seu sentido.

O homem, temendo o mal, sonha com o bem, e o que mais surpreende nos sonhos possíveis é que eventualmente alguns dão certo. Mas como somos seres complexos, a grande maioria prefere ficar acomodada e ser conduzida, à espera da ação de um Ser Superior que tudo sabe e tudo pode.

Existem pessoas que possuindo de forma latente um enorme potencial, são absorvidas pelos seus próprios conflitos, baseados no "eu quero, eu posso, não devo, o que vão pensar de mim?" e acabam nas brumas de uma vida insípida por não saber o que fazer de si mesmo.

A felicidade não está escondida pelos cantos esperando por nós. É preciso ser criada. Vivemos em círculos, quando deveríamos viver em espirais ascendentes onde, ainda que seja a mesma estrada, podemos mudar o contexto do caminho, buscando novos horizontes. Quando terminamos um trabalho, sempre resta alguma coisa a ser completada, mas permanece entre a criação e o ato.

– O que sabemos é a verdade, ou poderia ser diferente?

Andamos com um pé na realidade e outro na fantasia, um olho no que é, e o outro no que desejamos que fosse.

Fazemos coisas ridículas e às vezes até maldosas para impressionar os outros, com a imagem que idealizamos de nós mesmos. É um alto preço cobrado pela vaidade, tão inútil quanto a aparência que teimamos em ostentar.

A bondade e a maldade nada mais são do que conceitos que determinam atos bons e ruins.

– São esses conceitos que fazem temer tanto a morte?

Por ser abstrata, o homem primitivo não tinha medo da morte, tinha medo dos mortos. Com a evolução, começou a perceber a vida de modo mais intenso, e passou a temer a morte sem a experiência de morrer. Como diminuir esse medo se a sequência da morte é envolta em mistério? O conforto da fé, acima do pensamento intencional, foi um salto evolutivo que pode ter sido determinado mais pela própria essência humana do que pelo simples medo do desconhecido ou necessidade de sobrevivência. É difícil dizer se a origem da fé é a vida ou o medo.

– Se nem a fé extingue o medo do desconhecido, por que simplesmente não aceitar que ele não existe?

O corpo, a morte, as emoções, os sentidos necessários para os atos da vida, só podem ser explorados até um determinado limite. Após esse limite estaremos sob o domínio gerencial desses fenômenos, apesar da lógica. Ultrapassar aparências rompendo limites é o destino do homem de gênio, inconformado com a trivialidade condicionada pelo pensamento racional.

Quando alguém que sempre viveu em uma ilha, contente com seu mundo sensível, um dia aprende nadar e poderá ultrapassar os limites da ilha, começa a vislumbrar um mundo desconhecido até então somente intuído.

Na arte, quando surge essa outra dimensão, ocorre a inspiração que pode ter lugar independentemente da vontade e do pensamento concreto. Por esse motivo uma obra de arte nunca termina.

Quando entramos em um jardim querendo apreciar sua beleza, ficamos extasiados frente ao deslumbramento da paisagem. Se no mesmo jardim, entramos somente para fugir das mazelas do dia a dia, a paisagem será opaca e inexpressiva, correspondendo às nossas preocupações. Se, em ambos os casos é o mesmo cenário, com as mesmas características sentidas de modo diferente, podemos intuir que nossa consciência provocou mudanças na realidade observada.

Não podemos dizer que só acreditamos naquilo que os sentidos percebem. É possível a existência de outra realidade que possa se situar para além da nossa capacidade de entendimento. Mesmo que não saibamos a definição de eletricidade ou a natureza íntima dos eventos que a determinam, o choque pode ser doloroso. Não conhecemos a essência da energia atômica que provoca os fenômenos descritos nas teorias físicas, mas sabemos de suas consequências.

Da mesma forma, além da matéria que constitui o cérebro, não podemos deixar de acreditar na energia psíquica dos processos mentais que determinam os fenômenos neurofisiológicos, movimentando milhões de sinapses que regem funções específicas como memória, atenção, pensamento etc.

Essa energia não tem mensuração física, mas é conhecida por seus atributos mensuráveis.

– Sabemos que existe, mas o que é e onde se situa a consciência?

Ocorre após a concepção ou é anterior a ela, confundindo-se com a estranha energia primitiva que existe antes do nosso nascimento? Teremos uma consciência prática e mental e outra ancestral e intuitiva? Nosso tempo pode ser finito e não a vida, mas isso também é um mistério que só permite conhecer seus atributos.

Não sabemos sequer por que dormimos e qual a natureza dos sonhos e dos pesadelos.

– Se a existência é finita, o que estiver além da morte não importa?

192 | A Sombra do Abismo

Importa sim! Não como resposta, mas como esperança. O que sabemos é limitado e envolvido em tantos enigmas que é mais sensato dar um sentido à vida como pertencente a um sistema pré-estabelecido, seja ele qual for, que nome ou origem tiver. Para não ficar imerso no desequilíbrio do caos, é mais lógico acreditar no equilíbrio de um sistema, e aceitar sua denominação através de símbolos, para a identificação pessoal com o Universo em que vivemos.

Como a linguagem depende da cultura, necessidades e esperanças de um determinado grupo de pessoas, muitos nomes são atribuídos ao desconhecido, para alívio e sustentáculo emocional de seguidores que acreditam mesmo correndo o risco de manipulação.

A globalização está formando uma comunidade única e com características próprias culturais, éticas e religiosas. Historicamente faz parte da vaidade, colocar o planeta Terra, seus habitantes e o Sistema Solar, no centro do Universo, conferindo à humanidade uma importância que talvez não tenha.

Se a Terra não ocupa o centro do Universo, restou ao homem a esperança de ter sido feito à imagem e semelhança do Deus Universal. Se o homem foi criado à semelhança divina, a humanidade foi divinizada no ato de sua criação, tornando estranha a alegação de que a incumbência mais importante de Jesus, enquanto filho de Deus, tenha sido a de confirmar a natureza divina do homem, mesmo que o procedimento mítico de Adão e Eva tenha posto tudo a perder.

Somos ainda imaturos para saber o que existe do outro lado da realidade aparente. Em nosso atual estágio, sonhamos um Universo a ser conquistado antes de conhecer a nós mesmos.

Tornamo-nos alheios ao risco de que podemos ser simplesmente considerados insignificantes em um sistema universal ainda em evolução. Poderemos até ser dispensados, como produtos de uma experiência mal sucedida, ou esquecida como meros artefatos criados por uma mente superior que, quando cansado dos folguedos, possa nos relegar ao arquivo dos brinquedos descartáveis.

Sei que talvez um dia, atravessando o portal, irei descobrir o que existe por trás do espelho. Tudo o que sei no momento, é que a vida está contida na sucessão de presentes em um intervalo de tempo em movimento. Pouco sei com certeza do passado anterior, como nada sei do futuro presumível, durante esse intervalo.

Sei também que sou um ser que carrega a herança da matéria e a energia da vida, com a consciência de que o ato de viver, por coerência, deve ser pautado por escolhas que justifiquem minha existência nessa lamina de tempo.

– Se existimos, é porque fomos criados, e se fomos criados, algo nos deu a vida. Por que não Deus?

Não sei se Deus é um nome para um ser ou para um sistema de forças. O que importa é a fé que dê sentido à existência. Como explicar a origem de Deus a não ser pela necessidade inata de amparo buscado no inexplicável? Não alcançando sua Verdade, a crença é validada pela fé. Se para o ateu Deus não existe, ele precisa ter fé na inexistência. Como é muito difícil viver sem fé, o ateu é um crente ao contrário.

Se, em um momento do caos, através de um fenômeno causal original, a energia cósmica foi organizada, em outro momento evolutivo do nosso planeta, a mesma energia, pela primeira vez na matéria orgânica, originou a vida na Terra.

Se houve uma primeira vez, nada impede acreditar que em todas as outras vezes em que surge um ser vivo, a matéria tenha recebido parte do mesmo tipo de carga e, dependendo no que se acredite, pode ser aleatória ou divina. Com a evolução do conhecimento que permanece crescente, temos a considerar que além do código genético transmitido pelos ascendentes, é transmitida a energia vital que movimenta o espermatozoide em busca do óvulo a ser fecundado, evidenciando algum tipo de força semelhante a que mantém os seres vivos, antes da fecundação.

Após a fecundação, o óvulo se transforma em ovo e passa a conter a herança e a energia do pai e da mãe, vitais para originar o nascimento de um novo ser.

Em dado momento, o homem começou a ter ciência da comunhão entre a energia inominada e a matéria, formando um único ser complexo que o diferenciou dos demais seres vivos. Através de um novo sentimento chamado fé, passou a assimilar a ligação entre o divino e o humano, através do que denominou espírito.

Tendo comungado com o divino, o fenômeno da morte, observada sob novo ângulo, teve nova conotação. Surgiu a esperança de que a morte dos membros de sua espécie deveria preservar uma porção que não morresse com o corpo, voltando como energia às suas origens no seio do Universo.

Alguns religiosos acreditam que essa energia introduzida como vida eterna possa agregar novos componentes adquiridos durante a passagem corpórea, envolvendo acréscimos ou decréscimos, e os novos nascituros poderão receber cargas positivas ou negativas decorrentes de atos e sentimentos humanos.

A Unidade, enquanto potencial de força, não faz julgamentos, nem purifica agravos através de indulgências. Se o Universo for regido por um sistema estável e programado, quando o ser retorna à mesma ascendência e recebe novos acréscimos genéticos, tais características poderão ser mais acentuadas, ocorrendo o nascimento

194 | A Sombra do Abismo

de homens e mulheres mais talentosos, tornando-os mais próximos da perfeição. Se as características forem negativas poderá ocorrer o inverso.

Esse misterioso sistema de forças talvez constitua a consciência transcendental e intuitiva, que tende a consolidar a crença nos valores alicerçados pela fé, como fator intrínseco da natureza divina do homem. A consciência transcendental, apesar de existir fora da realidade aparente não lhe é alheia. Suas qualidades irão se integrar à realidade ambiente, podendo sofrer influências através da percepção forjada pelos valores que a educação e a cultura conferem ao indivíduo. A partir dessa integração, é formado o espírito característico de cada ser.

O que não sabemos é que se essa energia pura, simplesmente representa a vida, ou esta, mais complexa, tem algum outro componente de ordem divina. É uma escolha tranquilizadora crer em um Artífice Supremo, mas é fundamental a fé nessa crença.

O crente não sabe exatamente porque acredita, e teme que Deus não exista. O ateu não sabe em que acreditar, e teme que Deus exista. O agnóstico não sabe se deve ou não acreditar, e evita a discussão alegando ignorância.

É mais consistente e duradoura a fé iniciada na infância porque após a puberdade, o cérebro não adquire novas funções, somente novos esquemas para desenvolver e executar programas aprendidos.

– A evolução da consciência poderá um dia diminuir o medo da morte?

A consciência da morte gera angústia com menor intensidade do que não saber o que existe depois dela. A maior angústia é o desejo de ser eterno e não obter respostas, por isso o homem alimenta tantas fantasias religiosas. A morte deve iluminar a vida.

A humanidade, voltada para a sobrevivência orgânica, estratificou a sociedade em classes. Na base, os marginalizados e dependentes de caridade, tendo por sonho sobreviver ao dia seguinte.

Logo acima, a massa que corre ao trabalho para manter a sobrevivência da família e à noite, desfrutar de um prato de comida. Na extremidade superior, os inebriados pelo culto do poder, vivendo para manter o padrão exibido à sociedade. Entre os dois se desespera a chamada classe média que alimenta a ilusão de pertencer à classe superior e o medo de descer às classes inferiores. Flutuando entre as classes, vagam artífices das ciências e das artes, com os mesmos medos e preocupações, mas com outros mecanismos emocionais para conviver com a realidade.

As religiões tentam elevar o homem à felicidade eterna, evocando a morte como a porta que se abre para um novo caminho. O ser humano não gosta de pensar na morte e não se preocupa em pensar na vida, a não ser em termos de sobrevivência e sucesso.

A morte só tem referência pessoal quando ocorre com familiares ou entes queridos.

A consciência da morte é um fato universal. No homem primitivo essa consciência era mais realista, sem os conceitos abstratos de hoje. A decomposição do cadáver era fato real e angustiante, e por isso o corpo devia ser enterrado. A morte não era exaltada nem temida.

Com o passar do tempo, a perda traumática deu origem à vontade de continuação da vida junto aos ancestrais. A partir de então, começou a respeitar a morte e a cuidar de seus mortos, originando rituais que se transformaram em cerimônias sagradas.

Em épocas mais recentes, na Grécia antiga, a morte era celebrada através de rituais míticos, com as parcas cortando o fio da vida. Os gregos viam nos mitos a metáfora da sabedoria.

O Cristianismo estabeleceu novo relacionamento com a morte, lamentando a vida que se esvai e buscando alívio no ato da confissão, ocasião na qual o Ser Supremo perdoa, sendo o moribundo ungido para seu encaminhamento ao além. O ciclo passou a ser baseado em três estágios: nascer, morrer e renascer após o julgamento divino, para alimentar a esperança e atenuar o medo.

Para iluminar o caminho dos mortos, os corpos começaram a ser entregues aos cuidados da Igreja, sendo comum na Idade Medieval, os cemitérios fazerem parte do adro do templo. Entretanto, o privilégio de ser enterrado nos limites sagrados passou a ser de poucos nobres e religiosos que, em testamento legavam bens às ordens religiosas.

Os homens de fé esperavam a segunda vinda do filho de Deus, ocasião em que ocorreria o despertar a caminho dos céus, sem julgamento no juízo final. Com o passar do tempo, a consciência da morte individual levou à crença de que todos seriam julgados no juízo final.

Com o advento dos hospitais e terapêuticas que aumentam a expectativa de vida, a morte se tornou um advento menos solitário, restrito à presença da família na própria residência, ou em leitos hospitalares na presença de desconhecidos.

Estamos vivendo por um tempo mais longo, mas o desejo de eternidade e onipotência permanece como antes, na esperança de alcançar o estágio dos anjos. A crença da sobrevivência da alma no infinito ou através da reencarnação é fruto do trauma da morte e destruição da existência na Terra. Para haver um pouco de lógica na crença, acredita-se em um duplo esotérico do nosso corpo que sobrevive à morte, sendo chamado de alma, espírito ou fantasma, e ocorre em todas as culturas religiosas.

Em diversas regiões, os mortos eram respeitados e venerados, misturando-se com os vivos e influenciando seu cotidiano. Havia relação amistosa entre os vivos e os mortos. Na América do Sul existia uma tribo cujo ritual era cremar seus mortos e misturar as cinzas em uma pasta de banana, comida por todos para enterrar os corpos dentro de si mesmos, perpetuando a vida.

– No futuro, a medicina conseguirá vencer a morte?

A Ciência Moderna dispõe cada vez mais de arsenal terapêutico como suporte, não para vencer a morte, mas para prolongar a vida. Por incrível que possa parecer, nas escolas voltadas à saúde, a principal preocupação é o conhecimento orientado para o alívio da dor e aumento da expectativa de vida, sendo pouco mencionadas ações solidárias por ocasião da morte.

Entram em conflito preceitos religiosos e condutas para aliviar radicalmente o sofrimento quando não há mais esperança de vida. As duas condutas defendem suas razões conceituais, enquanto as portas da morte se abrem para o desconhecido.

Em alguns cultos africanos, os antepassados são despedidos com festas porque continuarão a se comunicar e, de certa forma, a conviver com os familiares.

O homem, situado entre antigas concepções de cultura e avanço científico, assiste hoje a profundas mudanças. De um lado vê a diminuição do romantismo, das crenças mágicas e rituais místicos, e do outro, a necessidade imperiosa de se preocupar com a competitividade das solicitações modernas. Começa a duvidar de antigas certezas no torvelinho de novas áreas, como a psicologia, a neurociência, a antropologia, o estudo do genoma.

O conhecimento adquirido passa a revelar a incerteza do saber absoluto, com nova percepção de que a existência possa depender do próprio organismo, criando assim uma nova consciência existencial.

A morte continua sendo o aspecto fundamental da condição humana. A dificuldade de aceitação de que a existência é finita, tem aberto caminho a diversas possibilidades culturais e religiosas. Se o futuro não existe além da existência de cada um, a morte passa a ser um fenômeno definitivo.

Para o budista, o Nirvana pode ser entendido como o limite final do carma, ciclo das ações humanas, sendo o repouso definitivo com o medo acabando na própria morte.

Apesar de a morte estar dormindo no quarto escuro de nosso íntimo, aguardando o despertar, não convivemos com ela. Durante a vida ela dorme e após acordar, já teremos deixado de ser. A energia que permitiu a vida talvez não seja extinta com a morte, mas não somos a energia, somente fazemos parte dela.

A partir do século XIX, o tema da morte começa a ocupar lugar relevante na reflexão de muitos pensadores, que passam a atuar como profetas modernos.

Expondo o que pensamos, sempre transmitimos o que aprendemos dos outros, e poucas ideias são realmente novas, porque recriamos a própria história. Se Jesus não foi um revolucionário, e sim um pacifista, seu sacrifício foi em vão.

A humanidade precisa renascer em outros esquemas, onde a evolução seja calcada na honestidade de propósitos e não na busca de um ser superior que através de seus pastores, perdoa atos mesquinhos e desonestos praticados por homens que mascarando a hipocrisia, nutrem triste desprezo pela honradez que simulam acreditar. A seara dos oportunistas se situa tanto na vida pública quanto na religiosa.

Toda religião voltada para a prática do bem é boa, e toda pessoa que a segue com fé e se sente bem, merece respeito e fraternidade, mas quem explora a fé alheia para se beneficiar, merece o sono dos criminosos. O Bem e o Mal são faces do mesmo poder, tanto para o santo e o místico, quanto para o corrupto e o criminoso.

Nenhuma verdade é absoluta para o pensamento humano. O homem não deve mais transferir a um ser externo a responsabilidade de seu destino, pois somente com nova consciência de seu significado, terá condições de viver com os semelhantes.

Como ser incompleto, o homem tende a se completar com pensamentos místicos para suportar o ato de morrer. Desde a infância, quando sente necessidade de alimento ou da mãe idealizada como onipotente, chora solicitando sua presença. Com o tempo, solicita sua presença mesmo sem ter sede, fome ou frio. Descobre o desejo de atenção e ser querido com proteção, desenvolvendo novos sentimentos como o amor, e o medo mortal de não ser amado.

Quem nega o divino, se honesto em sua fé, merece ser compreendido e não julgado, como se a verdade fosse atributo exclusivo de uma única crença.

Todo ser humano tem que enfrentar o fato devastador da expectativa de que um dia irá deixar de existir, na ilusão de que outros seres vivos não racionais são simplesmente exterminados. Se observarmos sem preconceitos a natureza, iremos aprender que os homens não são os únicos animais que têm sentimentos.

Todo ser que nasce já tem idade para morrer. O ato de viver, acima de tudo, deverá ensinar que a vida é mais importante do que a morte. O desejo de imortalidade e a beatificação do espírito procuram dotar a vida de eternidade, seja em que dimensão for.

O medo torna o homem escravo de promessas tidas como inquestionáveis, mesmo sabendo que, se a vida propõe incertezas, também propõe a liberdade de procurar caminhos. A vida é o próprio caminho. A morte não é a negação da vida, mas um dos seus mistérios.

Quem deseja penetrar nos mistérios da vida deve ter a consciência e liberdade do solitário, porque será sempre um marginal vivendo à deriva da sociedade.

Como uma experiência mal sucedida, o homem se tornou deletério à natureza. Nosso mundo somente será viável quando a humanidade souber que não é tão especial a ponto de exterminar a vida no planeta. Estamos nos tornando um simples erro de cálculo, arrogantes e vorazes. Somente a fé não basta. A próxima mutação deverá ser a da consciência, que poderá nos ensinar a ter menos medo de viver.

Se a morte for o final trágico da vida, estaremos condenados a ficar limitados ao tempo entre o nascimento e a morte. Nesse caso, a consciência da morte poderá dar sentido à vida, com projetos e valores voltados à plenitude de sentimentos envolvendo o tempo concedido. Se não perdermos a dimensão do presente, veremos que é nele que encontramos a magia de viver, na única eternidade que realmente conhecemos. A eternidade é tão importante quanto o presente vivido.

Se conseguirmos nos tornar os donos do nosso tempo, não teremos idade e estaremos sempre no presente, com projetos dependentes das limitações impostas pelo corpo, mente e espírito, este entendido como a soma dos valores humanos. O sonho da imortalidade pode ser a perpetuação do presente, contestando a doutrina que situa a vida real após a morte.

A religião afirma termos sido criados como a espécie viva mais importante do planeta, apesar de o ser humano possuir o número de genes responsáveis pela hereditariedade semelhante ao número encontrado no DNA de pequenos mamíferos. Através de experimentos em laboratórios, foi pesquisada uma nova forma de vida a partir de outra já existente, com o código genético da antecessora. Isso não quer dizer que foi criada nova vida, somente que foi possível implantar o código genético de um ser vivo em outro. A vida não pode ser criada a partir do nada.

Não se sabe o que a produz e que tipo de energia possui. Ainda é uma força misteriosa que para o crente existe por intenção divina. Para os devotos, a vida enquanto energia transcende o nascimento e a morte. Talvez o futuro traga possibilidades somente imaginadas pelo homem atual.

Encontro Cultural – Europa –

Oriente Próximo – Tel Aviv

– Mestre, o que a religião representa?

Não sou mestre. Sou um passageiro ao sabor da existência. Não estou aqui para doutrinar ou propor soluções, mas para criar a confusão que permita você pensar e encontrar novas respostas.

Religião é um conjunto de doutrinas criadas para congregar devotos, a caminho do encontro com o divino.

– Para que servem novas respostas?

Para mostrar possibilidades que indiquem caminhos diferentes de convivência, baseados na vida e não em receitas aquecidas com antigos chavões.

– Qual a importância de novos caminhos?

A valorização da vida, ultrapassando portas proibidas pelo ranço de mordaças convenientes.

– Isso é conversa de rico. Pregador tem que conhecer a miséria humana.

Não sou pregador nem estou preocupado em ter seguidores. Não importa se gostam ou não do que falo; importa que ouçam e pensem em destinos possíveis. Podem não ser melhores, mas diferentes.

– Você ensina autoajuda?

Não. Digo o que penso e o que sinto. O texto de qualquer afirmação é sempre menos importante do que o desejo de mudanças. Sua vida lhe pertence, assim como seus conceitos e suas ações. Ninguém muda somente com as palavras dos outros. Os textos de autoajuda não mudam a consciência. São palavras requentadas de comportamento estereotipado para mascarar sentimentos.

– O que pode provocar mudanças?

A maneira de sentir o que pensa. É preciso ocorrer uma ruptura para a reconstrução da consciência. É como um estalo na mente. Não se conhece motivo visível para uma pessoa ter novo sentido da vida. A mente é um labirinto manipulado com botões de respostas e não de motivos.

– Você diz um estalo na mente. O que é a mente?

Não sei sua definição, mesmo porque toda definição limita, e não se sabe quais os limites da mente. É uma produção imaterial do cérebro, com diversas fontes e fenômenos que envolvem pensamento e sentimento, cujo mecanismo intrínseco é pouco conhecido. É o deus abstrato do cérebro, senhor e escravo.

– **Quem é você, afinal?**

Um homem comum que trilhou muitos caminhos em busca de si mesmo.

– **E encontrou alguma resposta?**

Sim.

– **Qual?**

Que as respostas não são tão importantes quanto a própria vida.

– **E você sabe o que é vida?**

O caminho a ser percorrido para um futuro imaginário.

– **Se a posse de bens não é importante para encontrar esse caminho é melhor não ter nada. Devemos distribuir tudo o que temos?**

Nada possuir é uma ilusão de liberdade. O dinheiro é importante para quem procura a felicidade na posse. Sua importância é relativa para quem tem em si um demônio criativo solidário. A posse torna a existência mais confortável e não mais rica.

– **Você se considera uma pessoa normal?**

Não sei. Talvez não. Todo homem que não se satisfaz em ser lagarta é marginal. Normal é tudo o que representa comodidade e estabilidade. Para voar, é preciso de um pouco de loucura.

– **Você desdenha as tradições, mas elas são a base da cultura.**

Existe uma ligação subliminar entre cultura, religião e política. A fé no divino está intimamente ligada à esperança de justiça. Tradições políticas influem na cultura, colocando a pobreza diretamente dependente de programas de governos que não têm interesse que seus governados tenham capacidade de escolher.

– **As tradições legadas pelos doutores das igrejas não são boas?**

Não o bastante. A fé no transcendente é uma necessidade ligada ao consciente humano. Ideologias preconceituosas colocam seus líderes em dimensões pretensamente divinas. Nesse contexto, imposições político-religiosas desenvolvem comportamentos dependentes de doutrinas facciosas a serviço de teocracias, camufladas ou não.

– **Você diz ser marginal, mas acaba falando como um pregador.**

Não ofereço promessas. Proponho ideias e projetos de vida. Não realizo desejos. Desejos não são sonhos. Não é necessário conhecer a essência da vida para perceber que a existência de cada um é o seu principal projeto. Projetos são sonhos e não jogos. A vida sem sonhos submerge em estéreis programas ideológicos que sufocam a liberdade do pensamento. Os sentimentos ressecam no deserto de verdades inexpressivas e se transformam em impulsos destrutivos para aplacar a devastadora necessidade de afirmação. Sou carente de novas perspectivas para a vida. A criança em formação é condicionada para o sucesso, e não para a alegria de uma vida plena.

– Esse é o preço da modernidade.

Quem paga esse preço vê a vida como um jogo de poder, onde vence o mais capaz ou o mais habilitado. Quantos homens se tornam poderosos na sociedade, dominam reuniões de intelectuais, mas em casa não conseguem lidar com as imperfeições e anseios da família. Quem você realmente conhece? Somente observamos as vestes e não as pessoas que estão por baixo delas. A realidade não é só o que queremos ver e ouvir. Quem realmente é a mulher que amo? Os filhos que nasceram de mim e dela? Quem são meus amigos? O que sentem? Quais suas carências e desejos não revelados? A realidade necessita do glacê da fantasia, mas tudo pode ser fugaz e escoar por entre os dedos. Não somos perfeitos e todas as opções podem ter possibilidades, contanto que se aceite também suas consequências. A vida pode ser plena, mas a complicamos. Buscamos alívio na desculpa de sermos marionetes do destino e não responsáveis pelas opções que o determinam.

– Você não respondeu a pergunta mais aguda. Quem é, de onde veio, qual o seu destino?

Imagino ser a parte corpórea de uma energia que contagia todos os seres. Por mistérios que não consigo compreender, uma pequena porção dessa energia a que chamamos vida, na interação com os elementos que compõem meu organismo, fez surgir a existência de um ser que seguiu a evolução da espécie a que pertenço.

Carrego as características moleculares e hereditárias que me são próprias. Na verdade só conheço aparências e respostas tradicionais. Essa energia que me permite existir é a mesma em organismos diferentes. Através dela, poderia ser um corvo, um jacaré ou uma aranha, mas por motivos que desconheço sou um ser da espécie humana, com mente humana, desenvolvida por evolução específica.

Aprendi a admitir minha ignorância, aceitando a existência finita dentro de um contexto de tempo que não conheço. Sou um simples membro da humanidade, que não conhece a própria essência, caminhando em um Universo desconcertante, mas magnífico em sua beleza. Sou o produto de minha ascendência. Não sei exatamente quem sou ou porque existo, mas minha consciência sabe como devo viver para merecer o fato de existir.

Quem sou eu? Sou um andarilho insatisfeito que busca a felicidade simples, sabendo que rico é quem consegue sentir a beleza gratuita e pobre é quem a deseja possuir. Tenho a desconfortável impressão de que sou finito. Sou um todo incompleto, sem noção exata do que seja perfeição.

202 | A Sombra do Abismo

Em todos esses anos, a cultura absorvida pode ter facultado alguma experiência, mas jamais me permitiu alcançar o significado que os sentidos não alcançam. Não aprendi nada verdadeiramente importante. Aprendi que medicina ajuda a prolongar a existência, mas a qualidade de vida depende do sentimento que a envolve. As atitudes são decorrência dos impulsos que determinam as ações.

A primeira característica das ações envolve o desejo compulsivo de posse, calcado na competição. A segunda característica, talvez mais importante, é a pulsão criativa que remete à possibilidade de realização de novas ideias, juntando o encantamento do imaginário à realidade.

A arte procura revelar a beleza que se esgueira pelos cantos esquecidos da percepção, tentando lapidar o sentimento gregário do ser humano, livrando-o da robotização que o afasta da humanidade. Transcender não é ser religioso em seu sentido doutrinário e literal, é tentar o insondável além dos códigos.

Nos jogos de computação, a criança pode desenvolver a inteligência prática e o conhecimento, mas não a criatividade que cresce em seu âmago, livre de conceitos pré-fabricados.

O homem pragmático e possessivo pode até se sentir feliz, mas será sempre a lagarta em seu casulo. É indiferente à magia que transforma a lagarta em borboleta, mas, nem por isso, deve ser julgado certo ou errado. É sua opção o conforto do casulo e não o risco de voar ao encontro da insegurança que a liberdade pode oferecer fora dos padrões tradicionais de esperança.

Somente quem tenta realizar seus sonhos é capaz de voar. Os demais podem até se tornar líderes comuns que gostam de impressionar quem gosta de ser impressionado. Só precisam implantar a cultura de soluções medíocres. Toda doutrina limita.

Conseguimos conhecer um pouco de alguém, quando dele descobrimos algum sonho não realizado, um desejo sufocado, uma lágrima que não caiu. Somos pobres seres inseguros vestindo armaduras. O que nos diferencia é a forma de expressão. A sociedade não se preocupa no que o homem acredita, mas com seu comportamento frente às regras estabelecidas. Quando alguém, mesmo bem intencionado, por motivos diversos não consegue aceitar as regras, acaba sendo marginalizado pela sociedade que prefere sua segregação como medida de segurança. A justiça julga os atos, não o homem, segundo regras pré-fixadas, justas ou não.

A existência, enquanto projeto, não pertence ao inteligível. Não se explica a existência e sim o fato. Tendo consciência desse núcleo, os demais projetos são ideias realizáveis ou não.

Como somos animais agregados em sociedades e necessitamos de companhia, não temos liberdade para todos os atos, mas podemos ser senhores de nossos pensamentos. Quando o que sentimos decorre de pensamentos de outras pessoas, as emoções são depuradas na contenção de pulsões que possam aflorar do inconsciente para a realidade exterior.

O ser humano gosta de pensar, mas tem medo de sentir. O medo da perda de afeto e a solidão torna as pessoas ávidas em receber e miseráveis na doação.

Não pretendo dar conselhos de autoajuda nem pretendo semear teorias psicológicas, mesmo porque não tenho muita certeza de que funcionam a longo prazo. Cada ser humano é único em sua existência e cada mente é genuína e insubstituível. Não temos real acesso à mente de ninguém. Manipulamos estímulos para obter respostas. Algumas vezes o inconsciente se desarma e é interpretado segundo princípios pré-estabelecidos. O que se costuma fazer como regra sub-reptícia, é assemelhar a mente do outro às nossas teorias.

É muito difícil reconstruir a personalidade de uma pessoa, somente adaptamos algumas características de ações enquanto ser social. A maior parte do que ocorre no interior do organismo não é totalmente conhecida.

Acreditamos, sem conhecer, na essência da energia que existe em nosso organismo. Essa crença é lastreada mais pelo que sentimos do que pela razão, e se acreditamos em mistérios do nosso próprio funcionamento íntimo, sem comprovação científica ou lógica, por que não na fé como um caminho viável para crer em outra instância da vida, em outra dimensão?

– Você tem certeza do que está falando?

É claro que não! Quem pode ter certeza do que não conhece? A certeza pertence ao reino do imaginário.

– Se as doutrinas foram ensinadas aos profetas e retransmitidas aos homens, essa verdade deve bastar e a presença de Deus não deve ser questionada. Por que semear dúvidas?

Porque sua aceitação é um ato de fé e não do pensamento. Como sentimento, a fé faz parte das profundezas da mente e é fundamental para a sua sanidade, mas é um valor intrínseco que não pode ficar alheio à realidade consciente. Temos que aprender a conviver com elas.

– Mas seu pensamento ainda duvida.

Meu pensamento acredita em possibilidades, inclusive a de que meu conhecimento é limitado. Tenho fé em um alcance muito maior da própria vida, e que todas as ideias devem ser voltadas ao sentimento de a vida em si ser o mistério mais importante.

– E daí? Quer dizer que a mente depende da fé em Deus?

Não depende somente da fé em todas as possibilidades. Tudo o que diz respeito à vida é interpretado pela parte racional da mente. O sentimento de camadas mais profundas da natureza humana não interpreta, simplesmente vive a fé sem explicações lógicas.

Deus é a introdução da vida em nosso corpo e a do espírito em nossa consciência, ou é a sublimação do medo de morrer? Sua imagem e semelhança com o homem é a tradução de uma linguagem abstrata e incompreensível em uma linguagem concreta e accessível. A evolução continua procurando a capacidade de o pensamento ser o caminho para o sentimento indefinível da magia a que chamamos vida, proporcionando emoções e condutas que justifiquem o simples fato de viver.

Algumas pessoas, estando no alto de uma montanha, com toda a beleza à sua frente, teimam em só olhar para o fundo negro do precipício. O Mal é o símbolo da face oculta do medo. Para encontrar a verdade não há necessidade de se excluir a ignorância que faz parte do precário conhecimento, como se fosse um câncer a ser extirpado. A ignorância é uma escada e não uma muralha. Prefiro ser pecador a ser um santo hipócrita. No mundo de acertos e erros em que vivemos, o homem se equilibra entre desejos e frustrações, egoísmo e altruísmo.

O caminho pode ser a procura do Deus desconhecido que habita a luz do abismo mais profundo do íntimo, onde convive com o demônio criativo que pode ser compreendido com outro significado, como a barreira para a transcendência e não a ausência do Bem. Proclamando pobres verdades que satisfazem aos simples de coração, tudo é medido pelos desejos mantidos na ignorância do pensamento racional.

Não é fácil compreender um mundo de possibilidades não demonstráveis. Vivemos no limite de uma realidade imprecisa. É possível que jamais cheguemos saber ao certo qual é o mecanismo e o propósito da causa primeira que deu origem ao caos e sua posterior organização, mas sabemos que temos o corpo, a mente, e a consciência legada pela vida na matéria, esperando um dia ultrapassar os horizontes da percepção e da imaginação. Vivemos na grande dúvida entre trilhar a realidade incerta pontuada de probabilidades, e uma esperança em certezas místicas e imponderáveis.

Não basta descobrir a realidade, é preciso que a reinventemos constantemente através de nossa própria história, aceitando o fato de que as ações humanas quase nunca correspondem às reais motivações que lhe dão origem.

O ser humano necessita de princípios que devem ser aceitos como verdadeiros, mesmo que possam ser falsos, conquanto satisfaçam a necessidade de não sentir a esmagadora solidão do esquecimento. São princípios místicos que permeiam a paz e a esperança, infelizmente alimentando a ambição de moralistas de plantão.

O desejo de perpetuação aliado à liberdade de ação do potencial criativo pode ser tão importante quanto o instinto de conservação.

"Nem só de pão vive o homem" pode ser a indicação de que, acima da consciência em relação ao mundo, precisamos da transcendência além da realidade conhecida. A força da fé nessa possibilidade é um dos princípios mais poderosos do sentimento e tem sido negligenciada por religiosos mais preocupados com a beata servidão do que com a compreensão criativa de seus seguidores. A fé, como força criativa, é mais importante do que qualquer religião.

– Isso é blasfêmia!

Não sou contra a religião, quero acreditar, mas preciso encontrar um sentido na criatividade da fé, nos infinitos caminhos possíveis. O conhecimento só é verdadeiro se tiver o poder de transformar a realidade individual. Se tal não acontecer, estarei condenado a aceitar verdades discutíveis, acomodado em hábitos rançosos de falsa satisfação emocional.

Dogmas são teorias aleatórias e como tal, em termos de livre arbítrio, podem ser questionados. Sua sobrevivência através dos séculos se deve mais ao fato de ser refutado pelos incrédulos, do que pela aceitação passiva de seus seguidores. Um não acredita no que sabe e o outro acredita no que desconhece. Nem um nem outro acredita em possibilidades vinculadas a fatores incertos, mas todos têm necessidade de preencher o vazio existencial de um destino sujeito ao acaso e às ambivalências da vontade.

No torvelinho de eventos de amor e desamor, dor e prazer, segurança e medo, desejos conscientes e conflitos inconscientes a saúde da mente se equilibra de maneira instável entre a realidade perceptível e a realidade da fantasia.

Para quem respeita com fé a importância da vida, a religião não passa de um ponto de apoio doutrinário.

(Nessa reunião, como na maioria das vezes, criou-se uma confusa discussão, encerrando o debate. Novamente fui advertido por meus superiores).

Capítulo X

A Evolução

Falamos muito quando não se tem o que dizer. Para satisfazer a expectativa de saber alguma coisa, andamos com um pé na realidade e o outro na fantasia. Muitas pessoas morrem precocemente, para mais tarde morrerem em definitivo e ser esquecidas.

Nosso lugar no Universo é muito pequeno e temos importância relativa no esquema geral. Não gostamos de pensar que somos recém-nascidos na história da vida na Terra, e a consciência da morte amedronta.

É angustiante pensar que poderemos desaparecer depois de curto período de uma existência tosca, sofrida e assustada, sem ao menos saber que a felicidade não é a meta a ser alcançada, e sim a paz de espírito.

Desde o início, por insuspeitados caminhos evolucionários, somos o produto inacabado de nossa própria história. A vida é indiferente ao sofrimento. A adaptação de cada um decide quem sobrevive e quem perece, dependendo da sua capacidade de conviver com um meio ambiente que orienta uma evolução aleatória.

A espécie tanto pode desaparecer, como evoluir para os sonhados semideuses.

Em algum momento de sua evolução, o homem sentiu necessidade de acreditar em uma origem e um fim transcendente, para dar sentido à vida, além da realidade do nascimento, procriação, sobrevivência e morte.

Sem conseguir alcançar os mistérios do Universo desconhecido, imaginou uma força criadora com aparência humana que pudesse visualizar na mente e entender.

Nesse momento, atingiu a etapa que o distanciou dos demais seres vivos.

O Despertar do Mundo

No princípio foi o caos, cujo surgimento é o Grande Mistério. Energia desorganizada em um Universo cuja criação pode pertencer a um Criador, ou ao seu próprio enigma. Decorridos bilhões de anos, essa desorganização provocou uma convulsão de proporções gigantescas, liberando o fenômeno atualmente denominado *big bang*, que começou a estruturar o Universo de maneira mais ordenada e complexa.

Essa estrutura agregou energia em forma de partículas, ondas e matéria a partir de átomos que se combinaram formando moléculas que através dos tempos, em novas combinações de maior complexidade, foram inundadas por um tipo específico de energia de origem ainda obscura, ocasionando um salto evolutivo que deu origem à vida.

Com o passar do tempo, as moléculas se diferenciaram a ponto de formar seres unicelulares primitivos independentes, capazes de se reproduzir e transmitir aos descendentes a carga que receberam de seus antecessores, com melhor capacidade de adaptação através de mutações aleatórias dependentes das exigências do meio ambiente. Esse esquema evolucionário persiste até nossos dias, talvez em um contexto mais sofisticado.

Ainda estamos evoluindo até um ponto desconhecidamente perfeito. Não podemos saber aonde vamos chegar, pois a perfeição não é uma meta a ser alcançada e sim, uma referência abstrata. A energia desorganizada permanece no Universo de forma mais sistematizada, mas em essência, ainda é a mesma.

Há milhares de anos, um homem procurou no sobrenatural alguma explicação que aliviasse sua curiosidade em entender os fenômenos que ocorriam à sua volta. Em meio à noite, amedrontado com os raios e relâmpagos que o cercavam, procurou refúgio e alívio em algum pai superior a todo conhecimento, que lhe desse amparo e proteção. Esse ser superior deveria ser o criador de todas as coisas e de todos os medos.

Ao abrigo de sua percepção, profetizou um ente protetor que deveria morar no espaço, longe da terra perigosa e inóspita em que vivia. Estava nascendo a ideia humana de Deus.

Podemos considerar que em um determinado momento, o sobrenatural entrou no imaginário humano dando origem às crenças que formaram a base das religiões, isto é, a união da natureza com o desconhecido.

Com esse fato novo, o homem primitivo deu um passo evolutivo importante, pois se antes convivia com o mundo circundante de forma pura e concreta, onde a vida e a morte eram ocorrências naturais e os fenômenos aceitos sem explicações (os mortos eram largados sem cerimônia, como animais), com o advento de ideias abstratas sobre a própria existência, o relacionamento com o mundo passou a ter um novo significado, com o conteúdo mítico que desenvolveu a necessidade de comunicação além dos gestos.

O nascimento de novos símbolos foi o germe da linguagem, para expressar as ideias através de sons guturais articulados em sílabas. As ideias nada mais são do que a manifestação mental desses símbolos.

Através dessa ordenação abstrata, o passo evolutivo foi a expressão do imaginário através da verbalização. Com essa nova etapa que se inicia com o alvorecer da humanidade, ocorrida antes do advento de doutrinas religiosas, o homem começou a conviver com a natureza de maneira mais adaptada, dando às forças percebidas, mas inexplicáveis, o caráter de divindades.

No início as divindades foram usadas para justificar os fenômenos naturais, como o dia e a noite, e acima de tudo, os que causavam temor como raios e trovões. Para tornar as ideias mais concretas e assimiláveis, as divindades foram personificadas e cobertas com adornos de peles e chifres nas danças rituais, onde procuravam adquirir os poderes de seus deuses (a religião transformou o mito em diabo).

Com o decorrer do tempo, a morte passou a ter nova conotação, principalmente a respeito do que poderia acontecer após seu advento.

Aos poucos, os deuses justificavam não somente os fenômenos naturais como também os conflitos íntimos sobre o bem e o mal. Podemos considerar que a mística religiosa, no sentido evolutivo, passou a fazer parte da natureza humana em sua essência, não somente como necessidade de entendimento, mas intrínseca à própria sobrevivência da espécie em um mundo de representações simbólicas novas, com sentimentos transmitidos pela linguagem.

Essas representações começaram a dar forma a uma ideia que se expandiu – a existência de uma consciência ancestral, posteriormente vivenciada como espiritual.

Essa evolução abstrata, que talvez tenha sido uma das mais importantes para a sobrevivência em um mundo cada vez mais complexo, foi alicerçada por um novo e poderoso sentimento – a fé.

A fé não é apenas uma necessidade cultural para explicar o sobrenatural, mas inerente ao mais profundo sentimento humano na busca de sua identidade além dos sentidos, fazendo parte indissolúvel da natureza de cada ser.

Se acreditarmos que o Ente Protetor idealizado se identifica com a organização do caos inicial, deve continuar sendo a mesma energia dando vida ao Universo e a todos os seres. A concepção do Deus que criou o homem à sua imagem e semelhança é uma visão humana relativamente recente, transmitida através de gerações. Deus Incriado é o caos inicial.

Todos os seres vivos existem através da mesma energia e constituem espécies distintas devido às mutações que lhes conferiram particularidades orgânicas específicas para diferentes necessidades de adaptações, visando à sobrevivência das espécies.

O organismo da nossa espécie optou pela maior evolução do cérebro, com capacidade mental que cria o real e o imaginário através do pensamento, dando suporte ao aprimoramento do chamado espírito humano. Não somos melhores ou piores. Temos um cérebro diferenciado em um corpo frágil. Outros seres evoluíram com o fortalecimento da estrutura corporal, podendo nadar ou voar, com armaduras e venenos, mais fortes e mais rápidos do que os homens. Muitos deles permanecem com a mesma estrutura há 300 ou 400 milhões de anos, sem necessidade de mudanças.

Apesar do corpo fraco, temos raciocínio lógico e, acima de tudo, possuímos pensamentos abstratos, com capacidade de escolher a melhor maneira de viver. Homens mais evoluídos procuram manter a estabilidade da vida em comum através de códigos éticos, morais e religiosos, tentando conviver com o que é justo e correto.

O fato de outros seres vivos somente apresentar adaptações físicas para sobreviver, não quer dizer que sejam inferiores, mas diferentes. Somos originados do mesmo caos inicial.

Se a vida, como a entendemos, começou após a organização do caos, a centelha primordial de energia permanece, não importando a denominação que se lhe dê, nem o organismo ao qual dá vida.

Vemos o mundo através do pensamento consciente e para sua melhor compreensão, o raciocínio que se projeta além das aparências deu forma antropomórfica ao seu Deus, tornando a conjunção humano/divino mais fácil de ser entendida e assimilada, do que uma energia criativa inexplicável.

Compreensivelmente, culturas diferentes atribuíram conotações diferentes ao mesmo Ser Supremo. Deus pode ser o mesmo, mas os homens são diferentes entre si. Mesmo evoluindo, o pensamento e a razão não são suficientes para o conhecimento que a humanidade anseia.

Após a criação da linguagem, "alguns seres iluminados pela centelha divina" começaram a proclamar a nova luz. Como o conhecimento só consegue nos dar a imagem do Universo, os "escolhidos" recorreram aos mitos, alegorias e metáforas que, dando nova visão aos mistérios que habitam as sombras do mundo sensível, transmitiram as mensagens de maneira mais assimilável.

No início dos tempos, uma força de natureza ainda não esclarecida deu origem a toda energia e toda a matéria que compõe o Universo. É inútil, com nosso singelo conhecimento, tecer afirmações sobre as origens e organização do caos primitivo. É mais sensato denominá-lo Criador. Ainda não existem respostas, além da crença religiosa, que expliquem como surgiu a vida em moléculas orgânicas complexas. A vida é uma das manifestações dessa energia e independe da existência do homem, que só é senhor do seu ato de viver. Seus atos determinam o que é bom e o que é ruim, como premissas de felicidade e sofrimento. Bom é o que dá prazer, e ruim é o que causa dor.

Essa energia criadora, ou Criador (típica visão masculina no desenvolvimento humano), não se envolve com o julgamento dos atos perpetrados pelos seres humanos, mas é responsável pela importância e grandeza da vida em todas as suas manifestações.

Para mim, não é de vital importância a existência de um Pai divino com aparência humana, e sim acreditar em infinitas possibilidades. Pode ser uma energia, um poder cósmico, um Ser supremo onipotente ou uma fantasia necessária. Se o criador é Deus, enquanto Senhor do cosmos, mesmo que o Bem e o Mal coexistam em seus mistérios, pode não ser Sua pretensão julgar os homens pelo que fizeram na Terra, e sim zelar como responsável pela vida que permite a existência.

Não me é possível afirmar a existência do Deus mítico das religiões através do raciocínio lógico, somente acreditar pela fé. Se existir, já deve conhecer suficientemente a natureza humana e espera que se respeitarmos a vida em tudo o que ela representa nesta existência ou em outra, terá valido a pena criar e aguentar essa humanidade caótica e sem rumo.

A transformação de mitos em história, principalmente pela igreja medieval, decorre do desejo de manutenção do poder através dos séculos, mesmo com o sacrifício de inúmeros inocentes rotulados de hereges.

A religião tem a base mítica alicerçada na porção divina como parte essencial do homem. Sou humano e possuo parte dessa energia como todos os seres vivos. Enquanto meu corpo andarilho estiver caminhando, a energia que foi cedida para com ele coexistir é o meu espírito, fazendo parte de minha história.

Quando meu corpo morrer, meu espírito, enquanto energia com minhas características específicas, também morrerá, restando apenas abrir mão do empréstimo da vida que passará a fazer parte de sua origem.

Cada ser vivo carrega em si a história da vida desde o início do seu ciclo evolutivo, escrita em todas as suas células, tecidos e órgãos. Já fomos seres unicelulares simples, vivemos no mar, nos aventuramos na terra trazendo os impulsos atávicos que a vida proporciona.

O homem primitivo que vagou pela terra há mais de um milhão de anos, talvez tivesse alguns aspectos orgânicos diferentes assim como suas necessidades espirituais, mas a energia que originou sua vida é a mesma de hoje.

Se a vida em comunhão com o organismo compõe o espírito, resta o mistério da possibilidade de o espírito humano, através da herança genética e de influências externas, influenciar a energia (ou alma) que o originou, e esta retornando ao seio Universal, influenciar o destino de futuros seres que irão nascer.

A Evolução da Consciência Espiritual

O homem teve seu grande impulso de desenvolvimento no momento em que começou a viver não somente em seu mundo natural, mas quando através do pensamento simbólico aprimorado pela fala, passou a viver em um mundo constantemente reconstruído pela mente.

Com o desenvolvimento de símbolos abstratos e o poder de reconstruir a realidade, o homem desenvolveu a consciência espiritual, adquirindo padrões que o diferenciaram dentro da própria espécie. Essa consciência espiritual moldou padrões religiosos diversos no transcorrer das eras e das diferentes civilizações.

Os egípcios, 4000 anos antes de Cristo, já possuíam governo teocrático, onde o governante era o líder religioso, sendo a fé utilizada como propaganda do governo e controle social, semelhante ao atual islamismo.

Os sumérios, 3500 a.C., possuíam clero organizado, com deuses padroeiros de cidades, e castigos para os pecadores, semelhantes ao Catolicismo.

Os gregos, 3500 a.C., tinham a complexa filosofia/religião para explicar o desconhecido, bem como mortais que eram filhos do deus supremo, ou de deuses de sua corte, como em religiões atuais.

Os celtas, 2000 anos a.C., acreditavam em reencarnação, com espíritos vivendo em mundos paralelos, semelhantes ao espiritismo.

Os persas, 600 anos a.C., acreditavam no Bem, no Mal, no paraíso, no inferno e julgamento final monoteísta, semelhantes ao Cristianismo.

Todas as religiões receberam influências das anteriores, sendo constantemente reestruturadas, tendo por base as tradições antigas adaptadas segundo necessidades que se modernizam.

A Natureza Emocional do Homem

O homem tem em sua mente todos os motivos para suas escolhas e ações entre a luz e as sombras de sua cultura, símbolos e tradições. Como as ações tem que ser compatíveis com a vida em sociedade, ou sujeitas ao seu contraponto antissocial, em dado momento houve necessidade do surgimento de uma instância mental que pudesse colocar limites, na forma de consciência moral. Macho e fêmea passam a perceber a necessidade natural de procriação e sobrevivência, em um novo contato mais evoluído.

Surge um novo padrão que aos poucos vai se estabelecendo, através de mudanças culturais e de hábitos entre seus pares – cresce o sentimento de afeto além do instinto da sobrevivência e multiplicação de seus membros quando macho e fêmea evoluem para homem e mulher.

Mesmo com a evolução da consciência sobre o relacionamento afetivo, a natureza manteve por muito tempo, alguns padrões herdados dos antepassados, com o homem-macho procurando o maior numero de fêmeas e estas escolhendo o melhor macho que lhe proporcione os filhos mais aptos. Atualmente os padrões de escolha recaem na beleza física, riqueza, vigor, conhecimento e posição social.

Influenciada pela religião e conduta social, a moralidade impõe limites através de compromisso matrimonial na maioria das culturas, doutrinando a monogamia com limitação de escolha entre os pares disponíveis. Atualmente, a doutrinação tem perdido espaço para a vulgarização do afeto.

As seitas mais pragmáticas e inflexíveis pregam na perpetuação dos casais a busca da eternidade para a espécie.

A consciência ética e moral que pretende ascender o homem no reino animal não satisfaz seu desejo de se situar no mundo como ser superior, dada a necessidade do sentimento de transcendência que possa minimizar o medo da não existência decorrente da morte definitiva. Somente a perpetuação da espécie tem base racional para a crença na eternidade.

A consciência intuitiva, cuja essência se perde em teorias orgânicas e espirituais, pode ser a ligação entre a existência atual finita e a ambicionada eternidade celestial. A alma necessita da consciência religiosa. No conflito entre essas possibilidades nascem tradições e culturas.

As tradições que formam uma cultura através de seus símbolos têm por função principal a preservação de códigos morais e éticos que assegurem a reprodução da espécie e o desejo de sua imortalidade. Quando tais desígnios não satisfazem um povo, surgem os líderes e os mártires propondo novas interpretações, com a pretensão de abrir caminhos através de suas verdades pessoais. Suas palavras sobrevivem na memória de seus seguidores, mantida pela contestação que delas se faça. Sua permanência depende de um processo que as possa manter pela força de aceitação, ou fenecem pelo vigor da contestação.

A bíblia interpretada sob a luz da evolução pode focar o pecado original como o ponto culminante da consciência moral, não como um pecado, mas como nova etapa evolutiva – uma alegoria de transformação do primata em homem que passou a ter consciência não só de seu corpo, mas também de valores além da alimentação e reprodução, iniciando um novo fundamento.

A consciência moral pertence às relações sociais, enquanto a profunda permanece à sombra dos mistérios da vida e à margem de convenções.

A religião professa o convencimento de que um Ser superior vê tudo e pode absorver o sofrimento humano, conquanto se siga os dogmas por ela estabelecidos. Cumprindo as obrigações com orações, dízimos e indultos, tudo pode ficar sob mãos divinas, mas não basta ser puro aos olhos de Deus, é preciso ser puro aos olhos dos novos profetas.

De certa forma, a intenção sob a superfície diz mais respeito à consciência social, do que a busca pela verdade da vida e seu significado.

No estágio atual, o estudo da mente não reconhece duas consciências justapostas, mas essa possibilidade pode corresponder a duas dimensões gêmeas de um mesmo contexto, envolvendo a matéria e sua transcendência.

Fica em aberto uma questão prática: "Qual das dimensões de consciência é a mais importante – a que mostra o caminho de nossas ações e escolhas no transcurso entre o nascimento e a morte, ou a consciência que se debate nas profundezas de um mar ainda desconhecido?" Uma está à frente dos nossos olhos e a outra nas possibilidades do vir a ser.

Podemos saber aonde a vida nos leva, mas, a não ser pela fé, ignoramos aonde a morte nos leva.

Evoluímos não somente pela necessidade biológica de sobrevivência. As modificações são devidas ao fato de que muitos genes interagem com o meio ambiente. O homem é um ser complexo em constante evolução onde a somatória das partes não representa sua totalidade orgânica, consciente e espiritual. Os seres humanos não mudaram muito nos últimos anos. Biologicamente somos as mesmas pessoas que

214 | A Sombra do Abismo

viveram nas cavernas há milhares de anos. A mudança mais profunda foi a cultural, no mesmo corpo e mesmo cérebro.

Atualmente as mudanças culturais estão ocorrendo de maneira rápida. Aprendemos os traços culturais de gerações anteriores e os passamos às gerações seguintes. A herança biológica opera de forma muito mais lenta e indireta. Sabemos que a biologia e a cultura, incluindo as religiões, são diferentes, e ainda estamos tentando conhecer a complexidade das interações entre elas.

A Ciência procura explicar os fenômenos, mas não consegue lidar com questões abstratas como a natureza do sentimento, da consciência, da eternidade e da vida. A Ciência limita-se a estudar as consequências de cada fenômeno, mas não consegue decidir se são boas ou más.

Evoluímos no pensamento moral, ético e religioso, que pode ser analisado e discutido, mas não esclarecido por métodos científicos.

Estudos atuais referem que quando nascemos o cérebro não é um livro em branco. Já possui talentos e temperamentos próprios, geneticamente transmitidos. Com o aprimoramento de reações moleculares e neuroquímicas, essas características herdadas são desenvolvidas pela educação, cultura e experiências.

A neurobiologia questiona afirmações de que nascemos em "estado puro", com uma alma que possui livre arbítrio.

A transmissão genética envolve capacidades herdadas. Não podemos afirmar que a necessidade de alimentos e desejo sexual, que são importantes para a manutenção da espécie, sejam originados por fatores biológicos, e que a fé e a crença religiosa sejam originados por processos externos.

A existência, inserida em características sociais próprias, tem na cultura um conjunto de símbolos e comportamentos típicos de um determinado povo ou região.

A mente, fonte do conhecimento e sentimento, é estruturada a partir da carga genética, podendo ser modificada pela evolução natural. Apresenta uma lógica que através de circuitos cerebrais de aprendizagem, determina o comportamento nas diferentes culturas. Algumas características inatas, como sentimento de amor, beleza e talento podem receber influências de fatores externos aleatórios, fazendo com que sejam aprimoradas ou deterioradas, provocando ações individuais que podem proporcionar alegria ou sofrimento.

A infância constrói o alicerce do adulto. Os filhos não são o que os pais desejam, mas o que os pais são em sua estrutura consciente ou inconsciente. As ações e comportamento dos pais são mais determinantes na formação da personalidade do que as palavras. Principalmente na primeira infância, através da herança biológica transmitida juntamente com a conduta dos pais, será estruturada a base moral das necessidades de autonomia, solidariedade e transcendência do adulto. Vivemos em uma realidade angustiante devido ao sentimento de impotência frente a estímulos externos negativos que geram insegurança e, consequentemente, sofrimentos neuróticos como ansiedade e depressão.

O cérebro produz substâncias que podem afetar a estabilidade emocional da mente. De certa forma, somos todos neuróticos e inseguros com intensidades diferentes. Dependendo da estrutura mental, busca-se alívio na psicoterapia, na religião ou nas drogas.

A religião é uma influência externa racional, enquanto que a fé pode ser uma característica inata, contida na herança genética e inerente à consciência ancestral.

Tanto o instinto de preservação e perpetuação da espécie, como a estrutura mental para o sucesso a qualquer custo, podem ser cargas genéticas especificas com finalidade evolutiva, que associadas a tendências concomitantes de prazer e violência, podem sofrer modificações.

A herança que os pais legam aos filhos são os genes e o ambiente em que são criados. Como estão transmitindo parte de sua biologia e personalidade, não basta dizer o que deve ser feito, mas ter conduta compatível com os valores expressos em palavras. Esta é a herança invisível. Os filhos memorizam os símbolos e incorporam as condutas, porque a própria natureza é parcialmente transmitida geneticamente.

Com o tempo, cada um adquire a maneira própria de seguir o caminho de seu destino. Uns procuram nas drogas, outros no amor e dignidade, outros no sucesso, alguns na fantasia do que pensa ser e na eternidade. Todos os caminhos conduzem a um destino ignorado. O verdadeiro caminho deve ser iniciado ao inverso, no conhecimento de si próprio, sem fugir do que pode existir atrás do espelho, mesmo que cause desconforto e medo.

A consciência tem o poder de transformar a realidade em possibilidades insuspeitadas que permitem novas percepções e sentimentos. Não é o caminho que causa medo, mas o que pode ser revelado nos labirintos escuros da mente. Quando a razão é insuficiente, a fé é um divino bálsamo para absorver a angústia de uma existência carente de significado.

Os pensamentos, ideias, e emoções são originados pela atividade mental do cérebro, e só a fé religiosa e a devoção ensejam a necessidade da alma.

Como não conheço a origem da vida, não sei quem sou, nem o que o futuro me reserva, e se existe um destino humano após a morte. Sei alguma coisa do que a Ciência revela sobre as probabilidades do aparecimento do Universo que conhecemos, do nosso planeta e da vida na Terra. Não posso ter certeza da existência de uma vida transcendente, somente desejar que seja possível.

Perguntas Diretas e Repostas Incertas

– O que é a alma?

Alma é um conceito religioso dependente da fé. Ninguém pode provar sua existência porque não pertence ao pensamento, e sim ao sentimento. Essa energia, alma ou vida, permite a existência. Não basta estar vivo, é preciso se sentir vivo, valorizando essa oportunidade talvez única.

– Afinal, você não disse o que é a alma.

Porque não posso afirmar com certeza. Como meu sentimento religioso a respeito de doutrinas místicas é confuso e precário, acredito que a alma possa ser a misteriosa energia que dá vida à matéria e tem o poder de interagir no processamento das funções da mente.

– Se essa energia é a mesma e universal, por que as pessoas são tão diferentes?

A variação de personalidades pode ser devida a inesperadas ocorrências internas e externas que influenciam sua estrutura. Gêmeos idênticos que receberam a mesma herança genética e evoluíram no mesmo contexto cultural, podem se desenvolver com personalidades diferentes. Atualmente a evolução é aceita como um fenômeno não uniformemente dinâmico, mas passível de sofrer influências que ocorrem ao acaso. Fatores como distúrbios congênitos, acidentes, fortes emoções não suficientemente elaboradas psicologicamente, memória individual de fatos marcantes, doenças graves, são fenômenos casuais que podem modificar aquilo que somos e nos tornar diferentes dos demais, mesmo que oriundos da mesma carga hereditária e do mesmo ambiente. Como a personalidade é um conjunto de características que compõem o individuo, é melhor dizer que tais diferenças podem estar contidas no caráter, que é um dos atributos da personalidade.

– Como encontrar a felicidade?

A felicidade assim como a perfeição são símbolos abstratos impossíveis de ser alcançados, mas dentro da imperfeição que nos caracteriza, podemos ter momentos felizes.

– Se a vida é transcendente, o que fazer da existência?

Devemos aprender a usar as ideias, o pensamento, o que sentimos. Existem princípios simples que podem ajudar a ter consciência de que vale a pena passar a vida juntando apenas o suficiente para se sentir seguro, mas não prisioneiro, e ter tempo para desfrutar o que a vida pode oferecer. Fazer o que for necessário para ser feliz em todos os momentos possíveis, com a consciência de que a felicidade é um sentimento simples que pode passar despercebido devido à sua própria simplicidade.

Muitos não acreditaram e saíram envoltos em dúvidas, mas não pude deixar de perceber com satisfação, as discussões que novas ideias podem despertar em mentes entorpecidas por ensinamentos repetitivos e estáticos.

Capítulo XI

Religião

As religiões são meras diretrizes para os atos de fé.

Podemos obrigar as crianças a ir à Igreja, entretanto não podemos obrigar a entender o sentido de orações e textos que podem até não discutir o que é verdadeiro, mas que servem para o fortalecimento através da fé.

As religiões não devem ser julgadas por seus acertos ou erros, e sim pela emoção que provocam em quem é crente, desde o consolo da fé até o ganho secundário que propicia o bem estar.

É temerário o confronto entre o conhecimento laico e o religioso, porque a fantasia que a mente tece quando busca a magia da vida em um mundo pouco conhecido é tão importante quanto eles. A indagação: "O que é o mundo?" permanece com a resposta que tememos: "O que a vida sente dele!"

A beleza das profecias não é senão a expressão humana dessa magia escondida nos mistérios da vida, e é mais ética do que qualquer religião. Se os textos sagrados tivessem sido escritos por poetas, talvez não tivessem ocorrido tanto sofrimento e morte em nome da religião. Uma simples biblioteca pode conter mais verdades do que o mais suntuoso templo.

Nosso saber só alcança a impressão de que a vida parece ter sido criada nos confins do Universo e, somente a fé, em um mundo de incertezas, delega o mandato divino de sua origem.

Quem afirma ter todo o conhecimento dos mistérios, ou é ingênuo ou de alguma maneira deseja conquistar poder sobre seus seguidores, tenha ele a máscara que tiver.

A religião, seja qual for, é importante para o ser humano, mas algumas vezes sua forma de utilização é questionável.

A máscara da bondade sempre pode esconder outra face. Não é o descrente que queima templos, e sim os crentes de outra devoção.

As religiões tendem a sobreviver enquanto não superarmos o medo da possibilidade de não haver eternidade pessoal. Quando tal acontecer, os atos serão verdadeiramente conscientes e a vida revelará a magia de sua beleza, colocando os dogmas em sua melhor dimensão – diretrizes e caminhos para os atos de fé.

Os responsáveis pelas doutrinas que punem pecados éticos e morais são quase sempre levados pelo inconfessável desejo reprimido de transgredir realizando os atos que condenam.

Muitas tradições referem deuses usando de artifícios para seduzir figuras humanas, com singela compreensão e aceitação de devotos que esperam ter a oportunidade de observar no paraíso, o sofrimento dos pecadores condenados.

– Se culturas diversas acreditam em religiões diversas, como aceitar que todas contenham a mesma verdade?

Toda religião é verdadeira para quem acredita com fé.

Na Índia, os Livros do Conhecimento podem corresponder aos Testamentos ocidentais e o Alcorão muçulmano, cujos conteúdos aparentes expressam crença, cultura e costumes de seus devotos. Segundo a tradição Veda, texto escrito em sânscrito há 5.000 anos, não somos somente um corpo material e sim consciência pura, que é energia de origem desconhecida e o caminho para transcender a morte.

Assim como o calor é uma manifestação invisível do fogo, a consciência é uma manifestação da vida, através do espírito individual produzido pela comunhão entre a vida e a matéria.

A alma pode ser um dos nomes dados a essa energia ancestral que permite a existência de todos os seres vivos. E o espírito é a tradução mental da comunhão entre a alma e a matéria que compõe nosso organismo.

A alma pode ser imortal, mas o espírito perece quando a matéria libera a energia de volta à sua origem.

Assim como não conseguimos ver o ar e sim seus efeitos, não conseguimos alcançar a essência da vida, e somente ter a consciência de que estamos vivos.

Não podemos negar a existência de todas as possibilidades que não possam ser mensuradas e assim sendo, a extensão da vida após a morte pode conter a essência da alma, ou mesmo a expressão de um Ser alcançado pela fé. Como uma gota do mar pode ter todas as propriedades dos oceanos, nós poderemos ter todas as propriedades dessa energia cósmica, seja ela manifestação divina ou não.

Segundo a teoria do *big bang*, a explosão de matéria condensada deu origem ao Universo, que é um agregado de matéria e energia em continua expansão para algum espaço fora de nossa compreensão.

O livre arbítrio permite todas as possibilidades e contém a capacidade de escolha entre a identificação da realidade corpórea e palpável, com a realidade incorpórea. A experiência mística pode ser mais envolvente do que o prazer proporcionado pelo conhecimento, mas é preciso ter fé.

O objetivo das doutrinas é elevar o sentido da vida através de códigos morais e caminhos para o sentimento de religiosidade, em busca do aperfeiçoamento do espírito, para se alcançar e merecer a identificação com o divino.

As fórmulas doutrinárias variam de um texto para outro e a esperança dos grandes profetas sempre foi a elevação da alma a caminho da perfeição eterna. As grandes doutrinas visam ao bem do homem, mas dependem da intenção de seus mentores na condução das esperanças de seus seguidores.

Não basta o conhecimento dos textos. Somente a comunhão entre a consciência e o sagrado leva o verdadeiro crente à redenção que seu espírito almeja. O eterno não existe por causa de textos transmitidos por gerações, mas pela fé na possibilidade de existir algo maior do que a aparência da realidade.

Os escritos sagrados podem ter significados diferentes, dependendo da mente de quem os propaga e do uso que pretenda lhes dar.

De acordo com os dogmas hindus, o homem que consegue transcender a energia corporificada pode viver melhor as fases de nascimento, velhice e morte, desfrutando a vida que lhe foi doada, e aceitando com serenidade a sublimação da morte.

Somente quem deseja ultrapassar os limites impostos pela realidade visível pode almejar o paraíso ou temer o inferno, tendo em vista que o suposto julgamento do bem e do mal em outra dimensão pode ser atributo humano em forma de profecia.

O homem que vive a fantasia de ser "escolhido" não precisa se preocupar. As próprias limitações não reveladas lhe dão a visão da eternidade, mas o condenam à expectativa de uma vida insípida, onde a ilusão é o paraíso prometido, e o ato mesquinho é sua doutrina secreta de farsante.

O Deus Desconhecido

Considerando a premissa religiosa de que existe um Deus à imagem e semelhança do homem, que representa a energia do Universo, o planeta Terra parece ter um Ser Supremo exclusivo, que segundo sua representação gráfica, possui traços europeus que lembram o Zeus da mitologia grega. Por que não negro, ameríndio, ou oriental? Para a humanidade, sua aparência não tem importância, sendo somente um traço cultural discriminatório.

O Criador é igual em todos os confins do Universo, ou sofreu adaptações para favorecer algumas culturas? Não sabemos se, nos limites do espaço existem criaturas de aparência extravagante. Em galáxias desconhecidas pode existir um Deus de aparência bizarra, que mimetiza suas demais criações para ser compreendido. Se tal ocorrer, é a criatura que determina a aparência do Criador.

Não há motivo explicável para não existir civilizações alienígenas nas dimensões insondáveis do Universo. Se houver, poderão ser seres semelhantes ao homem ou não. Mais inteligentes ou não. Desenhos primitivos em cavernas contém indícios compatíveis com a possibilidade de visitantes estranhos. Não se sabe exatamente o que representam, mas se vieram do espaço e se apresentaram aos homens primitivos, podem ter sido aceitos como deuses.

Se não houver forma divina definida, as religiões deverão rever e atualizar seus dogmas. Na religião predominante do mundo ocidental, a corte do Vaticano não admite que os ocupantes do Trono de São Pedro possam eventualmente tomar decisões erradas, principalmente considerando que Sua Santidade tem o poder de reformular qualquer proposta da Cúria.

A tradição reza que nenhum Papa deve se retratar ou explicar erros, inclusive de seus antecessores. O silêncio impera sobre temas polêmicos, para o reforço da fé. O representante de Cristo não pode ser submetido a julgamentos ou penitências. Os Concílios reorganizam e depuram os princípios que convêm à Igreja, como ocorreu com os evangelistas apócrifos. Nas seitas e religiões separatistas, o mesmo princípio recebe diferentes roupagens.

O que importa é a crença e não a forma. A alavanca da esperança é a fé, e não os símbolos.

A Evolução do Cristianismo

O Cristianismo foi moldado pela igreja católica, muitos anos após o surgimento da doutrina, afastando-se da visão judaica na interpretação de seus livros sagrados.

O judaísmo estabeleceu a liberdade de interpretação de textos bíblicos, através da discussão entre os mestres. Desaparecem as hierarquias, deixando o rabino de ser o único detentor da verdade, sendo dada a palavra a todos que comungam a crença.

A interpretação é livre para discussões, não visando somente à expressão tácita da verdade, mas também o que é justo e bom para o homem.

As religiões cristãs se firmaram em igrejas e templos com castas dominantes, permanecendo com a mesma estrutura combatida por Jesus. Seus sacerdotes e pastores se proclamam representantes de Deus na Terra. Institucionalizou-se o pecado.

Os interesses do poder da Igreja se assemelharam aos interesses de poder do Estado, condenando todos os que pensam em desacordo com seus dogmas, sendo considerados hereges. Por defender marginais e prostitutas, se tivesse vivido na Idade Média, o próprio Jesus talvez fosse considerado marginal e herege pela Igreja Medieval.

Todas as religiões traduzem um único mandamento – "Seja honesto no pensar e no agir".

Essa simples condição pode dar o sentimento de paz que os rituais prometem.

A evolução de que necessitamos exige novas perspectivas e mudanças que não têm sido acompanhadas pelas doutrinas. As mutações não mais dizem respeito somente à sobrevivência da espécie, mas também à realização de sonhos possíveis que pertencem ao potencial humano.

De nada adianta gritar a Deus quando a natureza se manifesta de forma agressiva. Viver não é só esperar a tormenta passar, é entender que ela faz parte da chuva, e aprender a brincar nas poças d'água.

Em muitos países não pode haver discriminação, sendo livre a prática de todas as religiões. Todas buscam seus caminhos e a incompatibilidade entre elas não é no exercício da fé, mas na intolerância gerada pela diferença de doutrinas e no desejo de poder.

Entre pagãos e cristãos, a divergência está no fato de que as divindades pagãs fazem parte da natureza panteísta que converge para um único Deus, pois para eles, a natureza se confunde com Deus.

Para os cristãos, Deus se manifesta como Ser Supremo.

Nas duas doutrinas existe afinidade entre o ser humano e a divindade, na tentativa de conciliar o sentimento espiritual com o pensamento lógico.

Podemos acreditar ou não na eternidade da alma, mas é possível que todos os caminhos se encontrem em algum lugar comum dos mistérios do Universo.

O importante é ter a mente aberta para a fé na busca de seu próprio caminho.

A religiosidade não é um caminho que está à frente, mas um caminho que se trilha por um dia, por um ano, uma existência ou uma eternidade, deixando um rastro indelével.

Não sei se existe vida após a morte, mas acredito que existam caminhos na própria vida.

A Vida é um Fenômeno Natural que só o Sentimento Explica

Podemos explicar alguns fenômenos da natureza, mas não conseguimos compreender a vida.

Após a matéria receber a energia, ou alma, que lhe confere a vida, a consciência intuitiva introduzida revela o espírito. O conjunto forma a unidade composta do corpo com sua carga hereditária, o espírito que é a ponte entre a matéria e a energia transcendente e a alma que sublima a divinização da Unidade.

Nascem de mãos dadas e, em um único ser, caminham seu próprio destino até o despertar da morte que dorme no interior de cada um.

Na morte, a misteriosa energia da vida talvez retorne a uma dimensão possível que compõe a Unidade Universal. Os nomes que recebem são irrelevantes, enquanto denominações simbólicas. Suponho que a existência seja a parte da vida no tempo finito do corpo. Para o homem que crê só a vida é livre, sendo o corpo escravo de sua própria limitação. Para o homem que não crê, a vida é escrava da fisiologia do cérebro.

Ninguém sabe a respeito da vida, enquanto energia misteriosa que nos permite viver ou morrer. Podemos ter sentimentos, julgar, divagar, acreditar ou não, mas ainda não conseguimos saber com certeza.

A única coisa que sabemos é que passado e futuro são contextos do presente e que estamos vivos na sequência desses preciosos instantes. O presente é uma fina lâmina, dividindo o passado que existe em nossas lembranças, e o futuro que ainda não existe a não ser como desejo.

Vivemos instantes sucessivos nessa linha de tempo. Quem tem consciência de que o futuro é feito de possibilidades, sabe que a realidade é formada por fenômenos mutáveis.

Talvez o conhecimento de novos conceitos sobre energia e matéria seja a janela para a realidade futura. Se tal acontecer e a consciência atuar baseada no discernimento, influenciando as opções que escolhemos, poderemos construir melhor nosso destino, moldando a realidade. Assim poderemos evoluir para a vida que pretendemos alcançar.

Afinal, o que é real e o que é ilusão?

Se a existência é baseada no tempo, o passado onde já deixamos de existir, esteve imediatamente antes do momento presente, e o futuro é o tempo imediatamente após, onde ainda não existimos.

O presente, como linha divisória entre o passado e o futuro, torna-se somente um conceito teórico, portanto sem existência real. Ou o tempo não existe na realidade, ou aceitamos que o presente seja o movimento atual do tempo.

Vivendo prisioneiros entre as recordações do passado e a expectativa do futuro, a realidade depende do movimento do tempo. Nessa dimensão, a eternidade se torna a expectativa do presente eterno, onde a existência não tenha passado nem futuro.

Somos apenas energia concentrada em matéria, no instante presente.

Envolvida nesses mistérios, parte da Ciência é ainda puramente conceitual por não ser passível de experimentação, e acreditamos nos cientistas e professores mais por fé do que pelo raciocínio lógico, porque não conseguimos penetrar na essência da natureza dos fenômenos.

Sendo a fé sentimento, e não pensamento lógico, tudo se torna possível no profano ou no sagrado.

A Fé como Fator de Evolução

A religiosidade, baseada exclusivamente no sentimento de fé, é mais importante do que qualquer religião feita de explicações decoradas.

A meditação é uma forma de religiosidade assim como as orações, ajudando a afastar as interferências da mente com o conforto que proporcionam. Neste sentido, a oração e a meditação aproximam a consciência ao êxtase, no sentido de entrega e crescimento interior. As súplicas religiosas, juntamente com o bem estar proporcionado pela penitencia e perdão, buscam a reconciliação com o divino. As forças que remetem o homem ao divino são intuitivas e estão acima da razão, do emocional e do mental.

A fé tem o condão de abrandar as ideias e emoções. Serve de caminho para a busca da verdade de cada um, que muitas vezes está em conflito com a verdade dos outros. Essa é a verdade prática e palpável dos fiéis, porque a Verdade absoluta é virtual e inalcançável, em relação à qual podemos nos aproximar e sentir, mas não entender com certeza.

As súplicas contidas nas orações revelam o desejo de ser acolhido e abençoado por uma entidade imaginária. O benefício buscado por vezes é alcançado dentro da própria fé, podendo independer de interferências transcendentais se a força da oração for sentida como uma energia criadora honesta e meritória.

A comunhão da força contida na fé com a energia Universal de onde emana a vida, poderá ainda revelar potencialidades sequer sonhadas mesmo pelo crente. Quando o homem se der conta desse potencial, a fé atingirá sua real dimensão, e assim a consciência de que a convicção íntima vivida com honestidade será tão ou mais importante do que as explicações sobre a essência do deus da religião professada.

A religiosidade independe das religiões, que são fontes doutrinárias assimiladas da cultura e história na qual estiverem inseridas.

É mais importante o sentimento de fé na existência de Deus ou deuses, do que os dogmas que tentam explicar sua existência.

Enquanto energia Universal, se Deus assim for entendido, não há conotação de julgamento após a morte, porque a energia não julga, simplesmente existe. O julgamento defendido pela doutrina é o anseio humano levado à dimensão divina.

A grande insatisfação é sentir que uma vida só não basta, porque a vida no tempo que nos é outorgado é insuficiente e, além dele tudo pode ser especulativo.

A origem da vida pode ser aceita como especulação racional da ciência e da filosofia ou como sentimento de fé no divino, porque nada modifica a realidade de sua existência.

Existir é uma realidade palpável sob nossa vontade e tutela. Somos os criadores do ato de viver, nos limites do corpo, da mente, e dos caminhos insondáveis que levam à evolução transcendente dos valores humanos.

O Homem, esse Desconhecido

Quando uma criança é gerada parece existir uma programação genética natural e outra transcendente, que se completam nos impulsos naturais intuitivos.

Depois da primeira infância, ocorrem fenômenos novos na percepção do mundo e a criança começa a criar estágios que não mais parecem pertencer ao instinto. Ela vem equipada com um programa que permite decifrar circunstâncias que a levam a perceber fatos.

O programa pode ser originado pela consciência natural do ego, importante para o seu crescimento evolutivo. Dessa forma, os futuros acontecimentos para a criança como sucesso, equilíbrio, amor, caráter, vão depender da forma como o adulto lida com suas próprias vontades, muitas vezes gerenciada por frustrações pessoais em relação ao que no íntimo desejou ser, mesmo que muitos nem saibam exatamente o que querem.

Os sentidos receptores de circunstâncias influenciam os caminhos para escolhas e ações que podem moldar o destino pretendido. O verdadeiro conhecimento vem mais do interior do que do exterior, quando já tivermos aprendido para onde olhar.

Devido ao sentimento de insegurança tentamos sempre racionalizar os pensamentos, buscando explicações tradicionais para tudo. É necessário caminhar olhando o mundo não somente com a percepção do cérebro, mas também com a capacidade de sentir, que faz parte da essência de todos os seres humanos.

O casal transmite aos seus descendentes a porção "divinizada" juntamente com as características hereditárias do homem e da mulher, concebendo a criança com o mesmo tipo de energia que originou o primeiro ser vivo. Se todos os seres são gerados pela mesma energia, diferindo somente na transmissão genética de características específicas de cada espécie, mais do que irmãos, todos os seres vivos são, em essência, pertencentes à mesma Unidade.

Se a energia se confunde com a divindade, e se fazemos parte dessa unidade, o Criador citado nos textos sacros não está separado da humanidade. Somos todos oriundos da mesma fonte, diferindo somente na matéria e suas propriedades. A vida não exige explicações racionais para a essência de Deus. A vida que nos cabe enquanto energia fala por si mesma, e deve ser sentida pela consciência de que somos parte de um misterioso Universo que ainda se expande, talvez em direção ao infinito.

Tanto a meditação como a oração autêntica são instâncias que não dependem de pensamentos ou ideias, e permanecem livres sem a vigilância do raciocínio lógico, com autonomia inclusive para ser desorganizadas e personalizadas.

Aos poucos, a consciência irá organizando naturalmente os pensamentos, unindo-os ao sentimento que é o verdadeiro elo entre o homem e a vida. No estágio de êxtase, o corpo começa a relaxar, entrando em comunhão com o essencial, ultrapassando o físico/mental/emocional e, ao invés de somente perceber a harmonia da vida, passa a senti-la naturalmente.

Recentes pesquisas revelam que parte da memória é pura imaginação, e não é um registro fiel da realidade, pois contém interpretações construídas pela mente. As informações que compõem o conhecimento convencional passam pelo inconsciente e demoram um átimo de tempo até chegar ao consciente. Dessa forma, as informações são ditadas na própria mente, antes de serem gravadas. O cérebro reinventa o mundo dando sua própria interpretação, e não faz distinção entre o que memoriza e o que imagina. O local dos mecanismos cerebrais da memória e da imaginação é o mesmo, e assim, a memória pode produzir falsas lembranças.

A meditação e a oração, que é uma forma de meditação, podem conter verdades internas não percebidas na linguagem externa. Da mesma maneira, principalmente quando estamos submetidos a forte emoção, alguns tipos de drogas ou êxtase religioso, os sentidos podem produzir falsas verdades nas conexões cerebrais, que não chegam a ser mentiras, e nelas tendemos a acreditar com toda a fé.

Cientificamente não existe verdade coletiva ou realidade coletiva. Se percebermos o mundo utilizando a memória, a realidade pode conter distorções imaginárias criadas para preencher lacunas, podendo a mente recriar a realidade individual. Futuramente, a exata compreensão desses fatos, poderá de alguma maneira, dar nova dimensão a dogmas religiosos, ou poderá dar a possibilidade de compreender com mais sabedoria a importância e o significado da vida.

Em nível de consciência, além de ser um anseio convencional, acreditar no eterno poderá ser um componente natural do ser humano, mantido por sentimento que transcende a vontade. Como nada pode ser a causa de si mesmo, um mundo coerente terá forçosamente de se basear em um início causal ou, se eterno, sem começo ou fim. Sendo eterno, é necessário existir uma causa eterna que o produz e eternamente o sustente, determinando uma dificuldade lógica sem solução. Somente a devoção dá sustentação a semelhante possibilidade por não exigir provas de identificação de um Criador.

Para o bem estar, a fé pode ser mais importante do que a identificação da realidade divina. Um Deus filosoficamente racionalizado não traz o bem estar do Deus cristão. A religião não vê Deus somente como uma ideia, mas como um ser eterno dotado de algumas características humanas, semelhantes às antigas mitologias greco-romanas, persas e sumérias.

A razão é o fundamento básico para o estudo da realidade baseada nas características culturais, geográficas e históricas de um povo. Aprendemos a cultuar um Deus desconhecido, através de verdades reveladas por profetas e divulgadas por líderes que tentam moldar o pensamento com o intuito de influenciar a consciência de seus seguidores.

A crença surgiu quando o homem teve consciência da morte e do mundo que não conseguia entender. Buscou o alívio em alguma força que pairasse no espaço e tivesse poder suficiente para protegê-lo de perigos que não compreendia. O germe da fé talvez já existisse em seu íntimo, como força inerente à sua própria natureza, anterior à consciência nascida de sua mente. Seu despertar pode ter sido o momento mais importante da evolução do homem, não somente como arma de sobrevivência no mundo sensível, mas como sentimento natural e exclusivo da espécie humana.

A partir dessa revelação, começou a se afastar de modo ascendente, evoluindo até o homem atual, não melhor do que outras espécies, mas diferente em seu relacionamento com a realidade exterior.

Em um dado momento, as populações de hominídeos começaram a se dispersar devido ao meio ambiente inóspito e pela necessidade de novos campos de alimentos, com rotas migratórias diversas, formaram grupos isolados com características físicas diferentes e variações genéticas ocorridas ao acaso.

Seu meio de vida e seu aspecto externo foram se transformando, mas a relação com um poder superior se manteve. Surgiram os deuses que adquiriram características próprias e nomes diferentes.

No monoteísmo Deus é supremo e absoluto. No budismo não há ser supremo e sim energia que não tem começo nem fim, com o Universo formando uma Unidade Sagrada. No politeísmo grego, romano e nórdico, existe uma divindade suprema e absoluta que rege outras divindades que lhes são subordinadas, sendo, de certa forma, um monoteísmo feudal. No panteísmo, Deus é a soma de tudo o que existe. Seus arautos são os profetas que, em momentos de êxtase ou deliberadamente, revelam o que é possível, mas não certezas.

Até hoje, o que mantém a intolerância religiosa não é a falta de fé, mas a razão, calcada no ranço antigo de religiões de Estado, onde se confundem autoridade religiosa com poder. A maioria dos seguidores procura alívio na autoridade das instituições e não na religiosidade voltada para sua própria natureza.

A vida é tão imponderável que a convicção daquilo que se crê possível é motivo de debates sem provas irrefutáveis.

A prioridade é a compreensão de possibilidades viáveis que permitam abrir uma brecha no pensamento, mostrando caminhos entre a razão e a fé. Não são a Ciência, a filosofia ou a religião, os principais responsáveis por resultados que ameaçam a humanidade. O perigo reside no fato de as ideias caírem nas mãos de líderes obcecados pelo poder. O homem simples é ávido por líderes poderosos e envolventes mesmo que embusteiros. Em vista dessa primitiva prioridade, é difícil encontrar um homem verdadeiramente feliz.

A Fé e a Razão

Toda religião é, em princípio, fundamentalista como qualquer ditadura.

Com roupagem democrática ou absolutista, tem a intenção de aprisionar o pensamento em suas doutrinas, vigiando a liberdade de expressão. Toda forma de poder que pretenda domesticar o homem, tem o desejo de domínio através de julgamentos preconceituosos. Devem ser sempre questionados por não ter a seriedade de suas próprias premissas.

O conceito monoteísta de divindade surgiu no Egito e se espalhou entre as religiões politeístas. Apesar de ter a imagem cultuada como semelhante à dos homens, Deus é historicamente simbolizado por forças naturais. A Ciência tenta desvendar um campo não material que permeia o Universo equilibrado por uma "consciência cósmica", introduzida no homem como divinização proclamada por Jesus, que nos interliga à estrutura mais misteriosa de nossa existência.

O vazio enigmático que liga a mente à realidade e nos remete à busca da Verdade, ultrapassa o sentimento de fé. As religiões ainda não conseguiram preencher o que sentimos a respeito do mundo, e principalmente, a respeito de nós mesmos. A crença no divino não basta para servir de consolo ou desculpa para os atos humanos. O Deus de muitos nomes, etéreo e profetizado, conforta, mas não intervém na responsabilidade pela vida.

Quem somos nós, no contexto Universal; de onde viemos, para onde vamos; somos ou não imortais. Estes são temas perenes de reuniões filosóficas, mas não importantes para o que fazemos de nossa existência. Para sua própria sobrevivência, a humanidade é mais importante do que o indivíduo, apesar de o homem, dentro dos parâmetros da evolução, ser um ente especial em sua porção imaterial.

A fé é um sentimento muito importante para ser tripudiada por oportunistas. Posso não crer em alguns dogmas, mas acredito na fé do crente, mesmo que seus objetivos sejam discutíveis. Respeito o que a religião representa para milhões de seguidores, entretanto, dogmas e doutrinas são palavras ditas ou escritas e como tais, símbolos falíveis. Nem sempre traduzem o anseio de elevação que o espírito almeja.

Jesus, Buda, Maomé e outros iluminados, propuseram caminhos para o encontro do homem com sua essência, porém seus ensinamentos têm sido mais usados do que seguidos.

Buscamos explicações confortáveis para o desconhecido porque o maior temor é iniciar o caminho para dentro de nossa consciência, onde podem existir monstros que não desejamos enfrentar.

A fé é um sentimento tão misterioso quanto o mistério que lhe dá origem, e tem sido devotada mais aos pregadores do que às mensagens que pregam. A religiosidade da crença nasce na consciência de cada um. Os pregadores só a reforçam com diferentes palavras que traduzem os mesmos antigos ensinamentos de todas as doutrinas.

Aceitando a vida como uma dádiva, com responsabilidade pelas escolhas que eu assumir, a fé poderá corresponder à paz interior que almejo. A própria vida poderá preencher o vazio, entre minha consciência e o infinito, tornando a existência finita parte indissolúvel do que acredito ser o Universo.

Quando essa consciência de vida for natural ao ser humano, nos integraremos à humanidade, apontando um sentido para a existência. Talvez seja essa a razão de ser das doutrinas, acima do significado das palavras expressas por símbolos de unanimidade discutível, como mensagem subliminar para novos caminhos.

Por que a religião é importante e deve ser discutida?

Porque o homem é religioso por natureza, independentemente de doutrinação, e essa característica envolve a mente e o corpo, podendo se traduzir em resultados benéficos ou mórbidos.

A religião é importante para preencher as lacunas do nosso insípido conhecimento.

Os líderes de todas as religiões devem ter respeito pelo homem de fé que acredita em textos sagrados e tenta preencher o vazio que a realidade aparente produz.

A trajetória do homem é dinâmica e o mundo está sempre em movimento. Mesmo assim a religião se mantém estática nos conceitos tradicionais, como verdades indiscutíveis e absolutas. Seus mandatários relutam em considerar qualquer necessidade de mudança em sua estrutura conceitual, tornando o homem menos importante do que sua devoção. Não se importam quem seja o homem, quais seus sentimentos, suas preces, contanto que siga o que a pregação determina.

Na religião católica, a Congregação para a Doutrina da Fé, filha dos porões da Santa Inquisição, é a detentora da competência para defender a tradição, mesmo que anacrônica. O silêncio do Papa, santificado na tolerância dos fiéis, é a atitude usual da Igreja, inclusive sobre seus próprios erros. Não importa que a legislação canônica seja injusta com seus seguidores, contanto que defenda a Instituição.

Quantos desvios são encobertos para defender o celibato. Quem não obedece é expurgado da Instituição, que age nos moldes de uma empresa de serviços, com seu chefe incontestável e subordinados que vivem nos bastidores, não como pastores, mas como administradores das leis. Para eles, a fé deve ser usada como instrumento manipulável.

A simples antiguidade dos textos não mais outorga por si só, a mágica segurança em sua aceitação. A vida no Universo pode ser a mesma, mas a compreensão que se tem hoje do contexto pode ser revista, inclusive em relação ao conceito de divindade. As formas de abordagem mística talvez necessitem de uma releitura, atualizando pregações tradicionais, mesmo que a maioria de pregadores e seguidores não desejem a angústia que toda mudança provoca.

O fausto e o poder das instituições religiosas parecem não dar importância ao pobre cotidiano do homem comum, que busca na crença um sentido para a vida e a esperança de um caminho mais fácil. O trabalhador comum, dependente de políticas sociais de governantes discricionários e venais, busca um Deus que o livre do desespero e da impotência. A busca intrínseca do homem, e a necessidade de minimizar seu sofrimento, esbarram na volúpia de poder de seus condutores.

Quando todos os sentidos estão preocupados com as exigências impostas, não sobra espaço na mente para se encantar com o simples fato de se estar vivo e de que pode promover mudanças. Os padrões estabelecidos tendem a se basear na autoridade e não na verdade, e para tal, o conhecimento e a cultura devem ser contidos por sofisticados cabrestos.

O homem simples espera encontrar respostas fáceis, mas seus líderes estão mais preocupados em planejamentos e ocupação do espaço de influência em suas áreas de atuação.

A globalização tende a asfixiar a identidade cultural dos povos. Tudo pode ser interpretado ao bel prazer dos meios de comunicação, patrocinados por interesses pessoais. Uma voz autêntica dificilmente é ouvida sem distorções. As palavras são símbolos criados pelo homem para expressar situações que podem mudar com o tempo.

O único fato histórico permanente é que o homem comum necessita de líderes que o orientem em suas escolhas, apesar do desejo primário de liberdade. Teme o direito de tomar decisões que possam determinar seu destino. Quando o esquema de segurança íntima falha, resta o caminho da marginalidade, das drogas e da contestação.

A divinização do homem proposta pelo Cristianismo pretende a libertação para caminhos que conduzem à consciência de que o viver nem sempre é ameno, mas que nos pertence e pode oferecer possibilidades insuspeitadas.

Quando o homem se identificar como parte da humanidade em um Universo integrado, sua consciência individual será parte natural da consciência coletiva, e todos poderão pertencer a uma só energia equilibrada e equitativa com diferentes padrões decorrentes de capacidade individual. Cada homem continuará sua própria existência, mas o sentido da vida será o mesmo para todos. Essa é a luz que as religiões devem acender. A vida é a detentora dessa condição, e não a morte.

Se existo e tenho escolhas é porque a vida permite. Para uma pessoa honesta em seus princípios, esse sentimento deve bastar. A fé religiosa é um sentimento integrador como um vaso repleto de verdades com o risco de um dia se quebrar cumprindo o destino de todo vaso.

Os templos foram feitos para os homens, e não os homens para os templos.

Uma Questão de Fé

Quem carrega dentro de si um demônio criativo não consegue ser livre. A necessidade de saber é um poderoso vício.

Quem se apoia somente na fé redentora, sustentada por três pilares doutrinários – o jejum, a castidade e a solidão, ligados pela volúpia do martírio – pode esconder desejos reprimidos considerados pecaminosos e por isso sublimados em suposta santidade patrocinada pelo corporativismo religioso.

A negação da natureza humana pode disfarçar o desejo de dominação e satisfação pessoal. O asceta, como todo fanático, tem um estranho brilho nos olhos, mas Deus não é moeda de troca. O fanatismo coloca o homem dando mais importância a Deus, do que a importância que Deus deve dar aos homens.

As doutrinas, assim como as teorias, por si só não bastam. Todo conhecimento é transmitido pela percepção que temos do mundo exterior, mas somente adquire importância quando a consciência intuitiva inerente à natureza humana dá significado ao saber.

O homem vulgar tem uma sabedoria especial. Imagina que a evolução, em seus nobres ideais em busca da beleza, pode ser uma fábrica de pensadores ambíguos, sem importância para o homem comum. Para ele, importam somente os fatos que batem à sua porta. Faz parte do rebanho, cuja preocupação é a adaptação que garanta sobrevivência, passando incógnito pela vida como um ser amorfo. Para o condutor do rebanho o que importa é o domínio, pouco se preocupando com o custo afetivo do poder. Existem muitas facetas para dissimular a insegurança de quem necessita do sucesso para esconder o medo da solidão e do desamor.

Nascemos alheios ao bem e ao mal, com o futuro encerrando possibilidades desconhecidas esperando serem descobertas através de escolhas que irão traçar destinos incertos na realidade plausível.

A sociedade é um palco onde os atores brincam com leis, teorias e religiões, para manter culturas coesas e submissas, sem saber exatamente o que acontece quando as cortinas se fecham. Importam as palmas que atenuam o medo do fracasso e da insignificância. Refutam o fato de que protagonistas e coadjuvantes pertencem ao mesmo rebanho, com expectativas diferentes.

Em um mundo no qual a evolução representa o caminho para a sobrevivência, o homem de hoje, jovem arrogante sobrevivente há cerca de duzentos mil anos, convive com seres considerados "inferiores e sem espírito", que existem há mais de trezentos milhões de anos adaptados ao meio ambiente.

Por caminhos misteriosos, o crescimento do homem se deu por mutações importantes em órgãos específicos, como o cérebro com capacidade de desenvolver a mente curiosa em abstrações e transcendência. A humanidade ainda tem muito a evoluir no horizonte que cada vez mais se expande.

Se todos os seres vivos são originados pela mesma energia primordial, em que momento da evolução a espécie humana foi priorizada com a possibilidade de divinização de sua essência?

E se todos nós formos descartáveis, como qualquer espécie?

Nas profundezas das sombras do abismo, a fé deve reconhecer que tudo pertence a um Universo de infinitas variáveis.

Capítulo XII

Um Homem Chamado Jesus

Talvez Jesus tenha sido o homem mais importante do mundo ocidental. Historicamente divide essa importância com os iluminados, dos brâmanes aos islâmicos, da mitologia grega aos romanos e aos nórdicos. Foi tão importante que dividiu a história da civilização ocidental em antes e depois de seu nascimento.

Mesmo sendo considerado pelos cristãos como Filho de Deus, veio de uma família humilde, apesar de referências a uma ascendência paterna nobre.

Sua conduta de princípios elevados, alicerçada pela fé em seu Pai celestial, lhe deu a convicção de poder libertar a humanidade do jugo imposto pelos poderosos de seu tempo, e reafirmar a divinização do homem, redimindo-o do pecado original.

Essa certeza pode tê-lo tornado ingênuo a ponto de desafiar Herodes, Caifás e Pilatos, cercando-se por um pequeno grupo de discípulos, humildes trabalhadores como ele próprio e destituídos do conhecimento necessário para a tarefa proposta. Os discípulos eram pessoas simples que muitas vezes chegaram a duvidar da origem divina do líder.

Não se sabe muito da história pessoal dos discípulos, antes de conhecer o mestre e depois de sua morte. A força que emanava do Cristo lhes transmitiu os ensinamentos necessários à pregação pelo mundo. Esse carisma foi a alavanca na tentativa de transformação da servidão em fraternidade. Entretanto a boa vontade, a fé, a caridade, os relatos de milagres, não foram suficientes para vencer as forças que atuavam contra ele.

O domínio romano era poderoso, a ponto de tornar os homens influentes da região em coniventes com Roma, por medo de um destino pior. A corrupção sistemática dos donos do templo e dos donos do poder político aliava-se à corrupção do Império Romano.

Jesus pode não ter sido crucificado e morto como filho de Deus, e sim como arrivista político comum, pois naquele tempo, era comum crucificar quem se levantasse contra César.

A crucificação não foi patrimônio exclusivo de Jesus. Seu crime não foi roubar ou matar pessoas, mas se contrapor aos poderosos com uma arma muito mais poderosa e durável, a força das ideias, que transformava todas as pessoas em filhos de Deus, iguais e irmanadas pela fé.

Por suas palavras, o céu, mesmo estando acima do firmamento, se estendia ao coração de toda a humanidade.

Existem defensores da possibilidade de o mais lúcido e esclarecido discípulo tenha sido Judas Iscariotes, que possuía formação e conhecimento que o diferenciava dos demais, sendo o responsável pela manutenção material do grupo. Pode ter sido o único que acreditou desde o início que Jesus poderia ser filho de um pai poderosamente supremo. Consta que foi companheiro de infância do mestre, acompanhando sua trajetória como amigo de longa data. Talvez fosse zelota, uma facção patriota e rebelde contra Roma, esperando que o companheiro mesmo sendo um essênio que dividia seus bens, pudesse eventualmente agir como zelota dotado de poder divino e vencer todas as forças opressoras. O filho de Deus, mais facilmente do que Barrabás, simples salteador e guerrilheiro, poderia com a força da fé, vencer os vendilhões do templo, a luxúria de Herodes e o poder de Roma.

A vida de Jesus, a crença inabalável em sua origem divina e o evento de sua morte na cruz ao lado de dois ladrões, que era a forma comum de sentença romana, indica que a crucificação foi irrelevante e circunstancial para a época e lugar.

É marcante a menção de que pouco antes de morrer, suas palavras tenham sido "Pai, por que me abandonaste?" e, em seguida "Tudo está consumado". São expressões de desamparo com uma sombra de dúvida levantada pelo próprio filho de Deus. Refletem a dor de quem viveu com todas as forças da fé absoluta e inquestionável em seu destino de divinizar o homem punido no Jardim do Éden.

O carpinteiro da Galileia, que parece ter exercido também o trabalho de pedreiro, segundo seus seguidores, tinha um estranho poder que o diferenciava dos demais – o poder carismático das palavras. Palavras ditas com sabedoria e sentimento podem preencher vazios do coração, mudando vidas e destinos.

A um povo esmagado pela opressão e desejo de liberdade, unido mais pelo zelo religioso do que por estruturas sociais, levou o alívio e esperança de um novo reino não situado no limite romano ou hebreu, mas no coração dos homens. Esse reino de comunhão e fraternidade, vivido pela bondade e amor, levaria os homens a um lugar indizível, situado além do horizonte – o Reino de Deus.

Jesus referia a si mesmo como o filho do homem, querendo dizer que não era um filho divino materializado, mas um ser humano divinizado, como todos os seus irmãos. Seu destino foi traçado por Deus, isto é, ungido – que é o significado de Messias. Suas pregações visavam ao caminho para o Reino de Deus. Ao se referir a Jeová, usava tanto a expressão "meu Pai" como "nosso Pai", endereçadas a todos os homens, santos ou pecadores. Sua esperança era criar o Reino na Terra, nos mesmos moldes do existente no céu, eliminando a maldade através da redenção do arrependimento.

Sua mensagem foi mais importante do que seus milagres, dando aos homens a esperança de vencer suas imperfeições e a morte. Acreditar em sua mensagem é mais importante do que sua própria história, até hoje discutida e contestada por estudiosos e pesquisadores.

Existem vários documentos históricos que atestam a realidade de sua existência. Ser o filho ungido por Deus ou ser o filho do homem não mudam o fato de que a mensagem que deixou e sua conduta mudaram o curso da história e o coração de milhões de seres humanos.

Uma obra de Van Gogh, estando no Louvre ou em coleção particular, será sempre de Van Gogh. Não importa qual maestro ou qual orquestra execute a Nona Sinfonia, ela será sempre de Beethoven. Assim também a história de Jesus, como homem inserido em fato histórico ou como o Messias bíblico, será sempre a sua história, não importando a distorção que a inclinação religiosa de seus biógrafos lhe derem, sejam eles apóstolos, agnósticos ou heréticos.

Podemos apreciar o gênio de Van Gogh ou de Beethoven, mas para sentir sua obra e se emocionar, é preciso conhecer um pouco da vida de cada um. A obra em si é importante, mas a expressão máxima se envolve no êxtase do momento de sua criação, o que sentia o autor ao criar sua obra-prima. É preciso incorporar a luz divina ou imaginar um sensível demônio criativo interno que o obrigou a expressar toda a beleza e angústia a explodir em seus sentimentos, para que tivesse seus momentos de genialidade. Esses momentos podem ter se perdido no tempo, mas sua expressão irá permanecer para sempre no coração de quem soube olhar ou ouvir.

O que sabemos foi transmitido através da tradição oral ou escrita. Elas fazem parte da cultura universal, apesar de a visão pessoal de quem escreveu ou relatou sobre suas vidas impregnar o texto com seus próprios conceitos. Se aceitarmos o que aprendemos nos textos biográficos, por que não aceitar a voz dos profetas que oram à divindade?

Para se viver "no melhor dos mundos possíveis", é preciso aceitar as limitações da mente e procurar ver com o sentimento de fé o Universo que nos cerca porque, como nunca iremos descobrir o que existia dentro de um Criador no momento da Criação, não nos é dado desvendar a força que originou o Universo e seu filho divinizado. Sem conhecer a origem dessa energia, podemos conviver com suas criações dando luz às nossas verdades, para conseguir suportar o fardo do mistério a envolver a vida e seu destino.

A não ser pelo sentimento de fé, minha mente ainda tem limitações intransponíveis para ser ateu ou crente. Sou semelhante a um náufrago perdido em uma ilha deserta na vastidão do oceano que encontra vestígios de uma cultura ancestral. Sei que alguém deixou gravadas nas paredes de uma caverna as marcas dessa cultura e do meio em que ocorreu.

Não consigo saber exatamente o significado do que vejo, mas nos desenhos e nas formas, percebo uma sequência natural sistematizada desse pequeno mundo, organizada por alguém desconhecido. Posso acreditar no que percebo, mesmo sem descobrir sua origem.

Meu sentimento na crença retorna ao filho do homem e seu Reino de Deus, mas minha lógica me limita ao fato de que, apesar de um mundo organizado e sistematizado, não consigo acreditar na pré-determinação divina de um Ser Superior que tenha em sua agenda tudo o que acontece no Universo e se ocupe com destino de cada ser humano dotado de escolhas.

Como nas marcas gravadas na caverna, continuo sem saber com certeza o significado do que penso, mas acredito na obra do homem da Galileia e na honestidade de seus propósitos, esperando em meu íntimo, que seus momentos de êxtase expressem as palavras que correspondam às verdades de que necessito.

A Igreja prega que Jesus é o Cristo, filho do Deus judaico-cristão, mas não dá importância à vida do mestre entre a adolescência e os trinta anos. Mesmo que incompreensível, a divinização é justificada pela sua vida enquanto filho do homem, e corresponde às virtudes de sua humanidade.

A Arqueologia tem ajudado de maneira importante na composição do Jesus histórico, com várias descobertas que procuram mostrar como e onde viveu; se teve irmãos de sangue, onde e quando nasceu, e com que idade morreu. Para o verdadeiro homem de fé na vida, não há demérito em ter sido o Nazareno simplesmente um homem especial e iluminado, pois para ele, todos eram igualmente filhos de Deus.

Ao que tudo indica, nasceu em Nazaré, pelo menos mais de quatro anos antes da data proposta pela Igreja Católica, visto que o rei Herodes, que morreu em 4 a.C., determinou o recenseamento que obrigou a fuga de José e Maria.

A referência de que Jesus tenha nascido em Belém talvez se deva a uma profecia do antigo testamento que prediz o nascimento do Messias na cidade onde nasceu o

Rei Davi em 1000 a.C., do qual descenderia José. Pelas características físicas de seus conterrâneos, deve ter sido um homem robusto, cabelos e olhos escuros e não muito alto. Os relatos sobre o Messias começaram a ser escritos muitos anos após sua morte, sem referência exata à sua aparência física, fato esse de pouca importância dada à grandiosidade de sua obra.

Jesus se declarou filho do homem como ser humano, e filho de Deus na divinização alcançável por toda a humanidade. Como homem, combateu seus demônios interiores, inclusive na solidão do deserto.

O simbolismo de demônios que se debatem com os preceitos do bem na consciência, em cuja lâmina a humanidade se equilibra, traduz as tentações que seduzem a todos, revelando a insegurança imposta pelo mundo, na limitação que amedronta frente os mistérios da vida e da morte.

O mestre foi um homem de fé com sentimentos humanos. Nos templos atuais permanece a taumaturgia que era comum entre os judeus, como canal mágico de comunicação por homens especialmente escolhidos por Deus. Jesus pregava a bondade como forma de contato divino, sem necessidade de intermediários. Se o Cristo realizou milagres, jamais esperou recompensa, afirmando que o dízimo era a ajuda desinteressada de quem mais possuía, principalmente em forma de colheita a ser repartida com os mais necessitados, e jamais em proveito do templo ou de seus sacerdotes.

A Igreja não confirma a certeza de que os evangelhos tenham sido realmente escritos por João, Lucas, Matheus ou Marcos, únicos aceitos em concílio. As referências do novo testamento evocam algumas passagens relevantes da história do Messias, e não toda sua vida.

Existem diversos relatos biográficos escritos por outros autores e denominados evangelhos apócrifos, não aceitos pela Igreja. Os que chegaram até nós são cópias de originais que se extraviaram e que podem ter sido compilados durante o Conselho de Nicéia em 325 d.C., sendo adaptados ao que a Igreja entendeu como melhor para seus seguidores e para seus interesses enquanto instituição religiosa. Os demais evangelhos foram considerados heréticos porque não correspondiam à expectativa da Igreja Romana.

O próprio Cristo não deixou mensagem manuscrita. A única referência é a de que tenha escrito algo na areia por ocasião da tentativa de apedrejamento de uma adúltera. Nada foi escrito durante sua pregação, tornando possível que, à época da crucificação, Jesus não tivesse a importância mística ou histórica que o futuro lhe conferiu ainda no primeiro século.

Atualmente, achados arqueológicos importantes confirmam a autenticidade de muitas afirmações dos evangelistas, mas não de todas. Mito e realidade se misturam criando interpretações sobre a vida de Jesus, José e Maria. Os termos filho e irmão traduziam herança paterna, se bem que ao que tudo indica, a linha de transmissão adotada na região fosse a materna e não a paterna. O mito e a realidade se completam na visão religiosa e histórica. Se um dos preceitos divinos era "crescei e multiplicai--vos", o filho do homem, fiel à sua crença religiosa, pode ter amado Maria Madalena sem ter cometido o pecado que a igreja reputa como infâmia.

Jesus, como filho de Deus, através do mandamento "honrai pai e mãe", devia sentir-se na obrigação de acatar e executar todas as ordens dos pais. Textos póstumos autorizados referem que pouco antes da prisão, Cristo pediu ao Pai que o liberasse do compromisso assumido. Como homem, sentiu medo natural ou duvidou de sua missão? Na cruz, cobrou a posição do Pai que o teria abandonado à voracidade dos dirigentes do poder romano e judaico.

Como costumava afirmar ser filho do homem, pode ter depositado sua fé na crença de que todos os homens são filhos de Deus e que alguns sejam iluminados pela consciência divina. Apesar de operário, existem textos que o descrevem argumentando aos 12 anos com os sábios do templo, seus possíveis professores, visto que havia uma escola para as crianças mais destacadas da região, onde aprendiam a ler e escrever em hebraico e aramaico, para serem futuros rabinos.

Jesus nada deixou documentado por escrito quando adulto, e sabia que os discípulos, apesar de humildes e bem intencionados, teriam dificuldade em divulgar suas palavras.

Segundo alguns historiadores, Judas era amigo de infância de Jesus, também com alguma instrução. Teria sido programado para o desfecho final, ou foi obra do acaso? Teria sido Judas um traidor ou um personagem com papel definido, tendo praticado o suicídio por se sentir traído, podendo ter sido o discípulo que mais acreditou em Jesus como o filho de Deus, com poderes sobre-humanos para livrar os judeus do jugo romano? Pode ter cometido suicídio por não aceitar a docilidade do amigo, tentando insuflar no mesmo a chama da liberdade e agir como libertador no uso do poder divino. Documentos descobertos recentemente indicam que Judas não se matou e nem mesmo traiu Jesus, tendo combinado com o mestre o ato da delação.

Talvez Judas não tenha percebido, ou aceito que a luta não era contra os usur-padores, mas contra o mal alimentado pela estupidez humana. Jesus acreditou mais nos discípulos do que os discípulos nele. Nada escreveu, talvez porque entendesse

240 | A Sombra do Abismo

que o homem comum não conseguiria ler sua mensagem, ou porque a transmissão oral era o rito comum na época.

Pode ter optado, com seu imenso carisma, pelo poder de implantar suas ideias na mente dos discípulos. Eram homens do povo, trabalhadores simples que teriam de transcender a vida simplória de sua realidade do dia a dia.

De certa forma, Jesus foi um revolucionário perigoso e suas armas eram ideias tentando mostrar que o destino pertence a quem deseja transformar a realidade em caminhos que transcendem a matéria, em busca de um bem maior que denominou Reino de Deus.

Jesus confiou na consciência de seus discípulos e em sua capacidade de continuar sua obra, com a possibilidade de aceitar outra versão na ação de Judas, não como traidor histórico, mas como o amigo que não compreendeu a essência de sua pregação e a necessidade do sacrifício.

Descobertas recentes de peças e manuscritos estão revelando surpreendentes interpretações históricas da época e da vida de Jesus, antes insuspeitadas ou simplesmente não aceitas. Através desses achados, na comparação com os textos dos quatro principais biógrafos, surgiu nova trajetória do homem chamado Jesus, trabalhador braçal em carpintaria e construções, nascido em um vilarejo pobre com menos de 500 habitantes.

Foi condenado à morte por ter desafiado o poder do templo e dos romanos em plena época da Páscoa, festa marcada por forte conteúdo político por ser cultuada a comemoração à libertação dos hebreus no Egito. Seu contraponto é a divinização do homem que passou a ser chamado de Cristo, que em grego quer dizer ungido ou escolhido. A tradição religiosa diz que foi enviado à Terra para ser sacrificado na cruz como o Cordeiro de Deus e salvar os homens do pecado original.

Assim como seus vizinhos de família pobre, vivendo com escassos recursos de subsistência, naquela época era comum os pais terem muitos filhos para ajudar no duro trabalho diário, buscando o sustento da família, como ocorre até hoje em pequenas propriedades rurais. Enquanto historicamente é aceita a possibilidade de Jesus ter irmãos de sangue, a Igreja os tem como parentes afins, ou companheiros de um grupo familiar.

O mesmo homem Jesus pode ser acreditado em sua dimensão espiritual, ou em sua dimensão histórica como contestador de Roma e da elite sacerdotal do templo. Se levarmos em conta o que Jesus representou para a posteridade, uma dimensão não invalida ou deslustra a outra.

Através de novos achados, está sendo repensada a visão que se tem da região em que viveu Jesus. No que diz respeito à economia, religião, política e hábitos comuns de seus habitantes, mostrando a cultura de um povo oprimido, com a conivência do poder político-religioso sem a qual o jugo poderia ser mais drástico e letal.

A aparência de Jesus deve ter sido diferente do homem retratado nas figuras renascentistas, por não corresponder às características físicas dos judeus da época e local. Os relatos apócrifos mais conhecidos referem ter ele nascido antes da data estabelecida. O dia 25 de dezembro foi escolhido pela Igreja Católica em 525 d.C. Pode ter nascido na cidade de Nazaré e não em Belém.

Sendo um sistema teocrático permitido pelos romanos que priorizavam os impostos recolhidos e ser responsabilidade do rei local reprimir os frequentes levantes e rebeliões, o ideal de justiça social era a consciência de justiça espiritual, juntando Jesus e o Cristo em uma única pessoa. Seu modelo era o Reino de Deus que em pouco tempo seria estabelecido na Terra.

Somente após sua crucificação, Jesus, o Cristo, se tornou realmente importante para seus seguidores e para Roma.

Durante a pregação, na qual convivia com os chamados impuros, incluindo o gentio, os doentes, mendigos e prostitutas, o Mestre confrontou grupos de judeus, principalmente os fariseus que clamavam pela separação entre eles e o gentio, e os saduceus que não acreditavam em anjos, imortalidade da alma ou milagres. A não ser para os seus seguidores, a crucificação, fato comum na época, parece não ter passado de mais um ato corriqueiro sem significado histórico.

Cerca de quarenta anos após sua morte, há indícios de que Paulo de Tarso teria sido o grande propagador do Cristianismo, pregando a separação do Judaísmo, na qual deveria prevalecer a fé em Cristo, universalizando a doutrina com a ideia de salvação da alma e recompensa aos injustiçados.

Trezentos anos após, as palavras do judeu pobre que morreu na cruz, se tornaram a religião oficial do poderoso Império Romano.

Cristo é uma questão de fé, mas a trajetória do homem Jesus mudou a história, colocando nítida separação entre antes e depois de seu nascimento, propiciando um novo sentido a praticamente metade da população do mundo.

Sendo simplesmente humano ou Filho de Deus, seu legado deu novo significado para bilhões de pessoas, até os dias atuais.

O pensamento e o sentimento de grande parte da humanidade foram profunda e indelevelmente marcados pelas palavras, ações, vida e morte desse homem nascido há dois mil anos em um pequeno e pobre vilarejo, que nada deixou escrito, mas criou uma nova esperança.

A transmissão dos ensinamentos era quase sempre oral, entretanto muito se escreveu sobre ele e suas palavras, mas quase nada sabemos de seus mistérios. Além dos evangelhos conhecidos e proclamados têm surgido novos documentos sobre sua existência, corroborando para a compreensão de sua importância humana ou divina.

Dentre os documentos recentemente descobertos, encontram-se os pergaminhos gnósticos traduzidos no IV século, que permaneceram até recentemente escondidos no deserto. Alguns deles, como o de Tomé que, sem proclamar a importância de alguns dogmas estabelecidos, exaltam a relevância do conhecimento sobreposto à fé. Defendem que Deus está dentro de cada um, não ocupando um misterioso espaço/tempo de onde comanda o destino do Universo. Trata a crucificação como um fato comum na época. Jesus teria sido um mestre sem milagres comprovados, incluindo a ressurreição.

O Papa Constantino, durante o Concílio de Nicéia em 325 d.C. somente autorizou os textos de Marcos, Matheus, João e Lucas, escritos entre 80 e 120 d.C.

Segundo alguns estudiosos, cerca de 50 evangelhos escritos em linguagem cripta – mistura de linguagem egípcia e grega – foram considerados heréticos.

Divino ou histórico, Jesus de Nazaré abraçou com fé o destino que se impôs e, apesar dos momentos de insegurança e dúvida, cumpriu a missão que continua amparando e mudando a vida de milhões de seres humanos.

Por isso é divino, não importando se foi um homem divinizado ou um Deus humanizado.

Capítulo XIII

Horizontes da Ciência

A Moderna Ciência refere os objetos como ondas de possibilidades que dependem de um observador para se transformar em realidade. No cérebro, a consciência escolhe a realidade que vivenciamos. Essa onda de energia não viaja no tempo e no espaço, que são limitados pela velocidade da luz, mas acima dessa velocidade, com potencial ascendente. Nesse contexto, todos somos uma consciência Universal.

Experiências já demonstraram que se medirmos a corrente elétrica produzida pelo cérebro durante um exame chamado tomografia funcional enquanto uma pessoa olha um objeto, e posteriormente, quando sem olhar só imagina o objeto observado, as mesmas áreas do cérebro são ativadas. Portanto, fechar os olhos e visualizar mentalmente as lembranças, produz os mesmo padrões cerebrais que ocorrem no momento em que de fato se olhou o objeto. O cérebro não faz distinção entre o que se vê e o que se imagina. Fica a indagação: a realidade é aquilo que vemos, o que se imagina, ou não há diferença entre realidade e ficção?

De acordo com religiões orientais, o estado de consciência dotado de liberdade só ocorre durante o êxtase conseguido quando em profunda meditação ou em comunhão com a natureza. Para os seus seguidores, consciência não é sinônimo de Deus, mas o princípio ativo que escolhe a realidade entre probabilidades. Deus seria a somatória imaterial de todas as possibilidades.

A física atômica diz que somos energia e estamos todos conectados, que a maior parte do átomo é formada por vácuo e não matéria, e o seu núcleo é energia condensada.

Como vivemos em um Universo em vibração, a fé pode proporcionar ondas energéticas através de orações. Neste contexto, o espírito deve ser entendido como força imanente que, através das vibrações da fé, liga o corpo à alma.

A fé não é uma graça divina, mas uma exigência intrínseca e profunda do ser humano. Para se fundir à "energia eterna" devemos imaginar as possibilidades que existem no Universo e as atrair para o sentimento de fé em sua existência. A partir dessa possibilidade, nada é impossível. Se a energia cria o corpo, as mentes em comunhão com essa energia poderão criar a realidade em que vivemos.

O próprio DNA responsável pela transmissão de nossas características faz parte dessa energia. Experimentalmente já se constatou que o DNA de componentes do sangue de determinado doador pode sofrer alterações decorrentes de mudanças de seu estado emocional. O doador e seu DNA após ser transfundido tiveram idênticas mudanças ao mesmo tempo, mostrando que células vivas se reconhecem através de uma forma de energia não influenciada nem pela distância nem pelo tempo.

Em outro experimento com o DNA, doadores se portaram como diferentes observadores, treinados para emitir emoções e sentimentos próprios, durante a investigação. Observado em microscópio ultrassensível, constatou-se que o DNA mudou de forma de acordo com o sentimento do observador. Com o sentimento de amor, o DNA ficou mais longo. Com ódio ou ansiedade, o DNA encolheu e alguns códigos se apagaram. Quando todos observadores tiveram novamente sentimentos de alegria e amor, houve nova conexão e aparência semelhante ao primeiro caso.

Essas experiências podem demonstrar a possibilidade de existir um tipo desconhecido de energia, não eletromagnética ou luminosa, capaz de conectar todos os seres vivos. Há muito se estuda a transformação da energia em matéria e da matéria inanimada em animada.

Segundo pesquisadores, há bilhões de anos o Universo era um vácuo pontilhado de matéria pulverizada, amorfa e dispersa nas trevas e no tempo. Era uma extensa solidão onde nada havia para morrer.

Alguma força lançou raízes no espaço e começou a crescer e modificar o meio ambiente. Vagarosamente a matéria pulverizada se agregou como que movida por misteriosa engenharia. Enquanto a matéria se condensava, as trevas foram dando espaço a pontos de luz que se transformaram em estrelas. Cada vez mais a matéria se condensou em cristais de rocha, originando os planetas. Depois de bilhões de anos, pelo menos em um deles surgiu água como um caldo de moléculas, que se misturando à rocha, deu origem a seres vivos que se alimentaram do mineral inanimado. A nuvem de poeira desaparece, mas a situação existe até hoje como matéria prima universal.

O Universo é um processo que começou do caos e do qual ainda se alimenta, avançando com estruturas de complexidade crescente. Não somos a realização final, acabados e completos. Somos sempre um novo começo, produtos de uma série de começos em um Universo em constante mutação. Não há respostas nem para o início nem para o fim do processo.

Houve realmente um começo originado por um vazio absoluto? E se houve, quando passou a ter existência material e vida? Não há respostas, a não ser baseadas em teorias. Sabemos que uma teoria nunca pode ser totalmente comprovada e sobrevive das controvérsias que causa. Unem-se a ela a história, as religiões e os mitos que tentam explicar mistérios.

Como realmente se originou a Vida? Supomos que estranhas reações em uma poça de água aquecida à luz do Sol produziram algo diferente da rocha inerte. Aleatoriamente, bolhas de protoplasma foram originadas e, depois de milhões de gerações, carregando algumas características de seus antecessores, se transformaram em estruturas mais complexas, produzindo novas espécies que se espalharam pela Terra.

Apenas sabemos que tivemos um começo não bem definido, cujo final é igualmente obscuro.

As certezas são baseadas em possibilidades. Talvez jamais seremos capazes de provar como a vida se formou, ou como a energia transformou a matéria em ser animado. Cientificamente conhecemos quatro tipos fundamentais de energia, mas ninguém, honestamente, pode afirmar que não existam outros tipos ainda desconhecidos.

Nada sabemos do nascimento, da vida e da morte. Apenas intuímos.

Como um ser unicelular evoluiu até se tornar inteligente?

Apesar da inteligência, os homens ainda cometem o mesmo erro ao recusar a acreditar que o mundo seja tão simples e errático como realmente é.

O que dá sentido à vida não é somente descobrir sua essência, mas a possibilidade de realizar sonhos e fantasias.

A realidade por si só é insípida. Representa a necessidade de se ter abrigo, comida e água.

Os sonhos proporcionam à vida o mundo encantado dos sentimentos.

O Mundo que Julgamos Conhecer

Sempre é questionada a importância de se acreditar em mistérios.

Um pouco além dos sentidos, tudo é mistério.

O Universo é estudado em termos de equações matemáticas, dando respostas possíveis a teorias, na tentativa de explicar a realidade física.

Matematicamente, em algumas partes do Universo, a relação espaço/tempo tem quatro dimensões e absorve toda a força que gravita em seu redor, inclusive a luz – são os chamados "buracos negros".

Acostumados a observar o Universo em três dimensões – comprimento, largura e altura – temos grande dificuldade em compreender e aceitar um Universo com uma dimensão a mais, racionalmente inconcebível, mas teoricamente viável.

Se nós conseguimos acreditar no que é racionalmente inconcebível sobre o Universo e somente demonstrável em termos matemáticos, por que não acreditar em visões proféticas somente demonstráveis em termos de fé? As possibilidades dependem das necessidades que determinam escolhas.

Não há necessidade de religião para se perceber que por trás dos fenômenos da natureza existe algo ainda indecifrável, que foge ao nosso limitado conhecimento. A reflexão sobre a eternidade não é necessariamente devida a textos religiosos, mas em decorrência da magia transcendente que a natureza provoca.

Mesmo considerando que a sequência de fenômenos naturais seja aleatória ou se sustenta em ordenação definida por uma divindade em plano superior, não há porque viver em função de um Criador que se envolva com paixões humanas, interferindo em nossas decisões. O homem não precisa recorrer a Deus para corrigir seus erros. O conceito de divino pode ser o sentimento que ilumina o espírito a conduzir a consciência de cada um.

Talvez um dia a humanidade consiga evoluir, não pelas regras erráticas da sobrevivência, mas em direção à sua própria natureza original. Além de não haver certeza de o homem ser eterno, a tradição de julgamento após a morte, conduzindo a um paraíso ou a um inferno, tende simplesmente a compensar a hipocrisia com que lidamos com princípios religiosos ou não, que conhecemos e não praticamos.

Quem honestamente respeita a vida, não necessita sempre recorrer a Deus ou a seu julgamento. Para isso, basta o conhecimento dos códigos de conduta, sentimento e consciência para manter a vontade de seguir seus princípios.

A religiosidade visa ao conforto no sofrimento, na esperança de um mundo melhor na eternidade, onde se encontra um Pai bom e justo, que não julga ou pune as dúvidas e questionamento dos seus filhos, mas os acolhe em seus braços.

A religiosidade não é doutrina, pertence à natureza humana em seus valores para o bem. Acreditar mais na vida do que nos deuses é um dos caminhos.

Se os deuses podem ou não existir, porque que não acreditar na possibilidade de sua existência se o sentimento desse conforto nos faz bem? Tanto é crente quem acredita como quem não admite sua existência. É uma questão de opção, bastando a fé na escolha.

As religiões são benéficas quando não usadas para fins práticos pessoais ou corporativos de quem as professa. Não é importante a cultura em que é professada, mas a fé é indispensável.

Quando me pergunto se sou ateu, a única resposta que me ocorre é que somente saberei quando sentir de maneira convincente o que é essa misteriosa energia a que chamamos de Vida, e qual a sua origem.

Não posso ser crente somente na matéria sem levar em consideração a energia que a compõe, principalmente se aceito o conceito de que matéria é energia concentrada. No momento acredito em possibilidades, mesmo podendo ser um agnóstico por comodismo, esperando um dia ultrapassar mistérios.

Tenho a religião como simples diretriz a perpetuar tradicionalmente imagens do passado.

O passado não é uma estrada que sobe e desce. É um frondoso bosque que deve ser visto por diversos ângulos na procura de novas árvores, pedras e animais, por caminhos não vislumbrados na vinda. O passado não muda, mas se souber olhar, poderei descobrir uma nova edição de minha própria história propondo escolhas que ainda podem enriquecer meu destino.

A Vida, enquanto energia abstrata, não comporta julgamentos. Somente são julgados os atos executados durante nossa existência. Através do pensamento, desejamos acreditar em milagres que possibilitem a perspectiva de que um ato além da realidade conhecida seja um acontecimento natural, evidenciando o transcendental na natureza ou mesmo na divinização do homem.

A inteligência, que em todas as suas formas manipula incontáveis dados para discernir o que é importante para as escolhas, nos coloca a navegar em um mar de dúvidas quando lida com fatores desconhecidos, transformando informações em ideias que permeiam todas as possibilidades. Somente a fé, sensata, produtiva e coerente, alheia ao pensamento lógico, dá suporte à crença de possibilidades divinas.

Considerando que o estado natural do caos era o vácuo desorganizado e inerte, é difícil conceber uma resposta a respeito da maneira como, em bilhões de anos, uma explosão originou energia e partículas que posteriormente formaram algumas moléculas e células que começaram a se reproduzir espontaneamente de forma organizada. A matéria pode ter evoluído até o homem, sem uma programação inteligente pré-estabelecida no Universo.

Se o mundo foi criado em padrões de nascimento e morte, construção e destruição instruídas pela vontade divina é aceitável reconhecer que no caos já existissem em germe, o Bem e o Mal. Desta maneira, não teriam nascido no coração da humanidade, mas na origem de tudo.

O Bem e o Mal já existindo na organização divina, agora fazendo parte da natureza humana, tornam o homem anjo e demônio ao mesmo tempo. A escolha

248 | A Sombra do Abismo

passa a pertencer ao livre-arbítrio, mantida por fatores herdados dos antepassados e influenciada pelo meio ambiente familiar e social. Essa ambiguidade conduz ao enfrentamento das necessidades básicas de sobrevivência física e mental.

Precisamos da eternidade para aplacar um medo ancestral – o fim da existência como simples fenômeno natural, com a morte do corpo extinguindo a vida.

A evolução tem sido vista com adaptação ao meio. A vida sendo aleatória, não determina um objetivo final que seria o corolário da evolução, posto que é dinâmica. A condição atual do homem, produto mal acabado, é a de um trágico primata racional perdido na adaptação à sobrevivência da espécie e inebriado por metafísicos sonhos paradoxais.

No âmago de nossa consciência convivem "anjos e demônios em conflito". Se tivermos coragem de olhar no fundo dos olhos dos demônios interiores, eles poderão se surpreender e se afastar constrangidos, pois o bem e o mal são conceitos abstratos, frutos da perene incompetência em aproveitar a oportunidade que a Vida oferece. Podemos fazer parte da harmonia que a própria natureza espera, mas a humanidade teima em não evoluir em valores ascendentes.

Sou demasiadamente preocupado com o olhar dos outros. Possuir pode ser importante, mas jamais prioridade. Onde estamos é sempre secundário ao que sentimos em relação ao lugar. O chamado "estado de espírito" pertence ao mundo interior, com suas ilusões, desejos e sonhos. Tudo o que possuo pode ser perdido ou doado, menos os sonhos. O grande paradoxo é o desejo de possuir um mundo melhor, além dos limites da morte.

Minha consciência envolve a realidade atual, mas consciência ancestral da existência de Vida antes do nascimento transcende a consciência moral. Sei que posso construir imagens, pensamentos e sentimentos por processos mentais, mas qual a sua origem? Sei que existem, mas não alcanço a realidade de sua essência. Sei também que para o homem de fé, o imponderável é mais forte do que a realidade. Por isso, tenho inveja dos poucos eleitos que creem honestamente em sua doutrina, sem visar a benefícios pessoais. Sou um defensor da fé, indiferente às religiões professadas.

Lastimo os que fazem da crença o teatro de representações medíocres, onde fiéis procuram preencher lacunas de autoestima, esperanças e afetos perdidos no tempo, querendo acreditar que palavras lançadas ao vento se cumpram como determinações divinas.

Não posso contestar a existência de Deus ou de uma ordem estabelecida por um Ser Superior. Reconheço minha ignorância nos mistérios do infinito. Não tenho certeza de nada, além da certeza de que a morte dorme tranquilamente dentro de meu ser, esperando o despertar. Como um andarilho nas estrelas, procuro saciar minha sede em todas as fontes nas quais possa beber. De resto, acredito que tanto o poeta quanto o profeta devem ter sentido a mesma angústia gerada por um anjo ou um demônio interior, no ato da criação de suas mensagens.

A grande função do cérebro é coordenar a mente com a energia que move o Universo e determina nossa percepção da realidade, tornando o ser humano parte consciente da Vida. O corpo é a parte material dessa consciência e como tal, merece ser cuidado para dar oportunidade de experimentar todas as possibilidades que a vida oferece, incluindo o poder de escolha entre cargas positivas e negativas, luz e trevas, o bem e o mal.

A evolução diz respeito não somente ao homem, mas a todos os seres vivos, porque no alvorecer da vida introduzida na matéria, uma determinada espécie deve ter dado origem a diversas novas espécies que adquiriram características específicas e diferentes.

A aparência qualquer tolo percebe, mas o que está escondido por trás das aparências? A espécie humana não é uma pretensa exceção devida a um capricho divino. Somos um triste modelo frente à beleza da natureza, e necessitamos buscar refúgio e consolo na existência de um Ser Superior que valorize nossa grotesca figura.

De qualquer maneira, um Ser superior a todos os conceitos não precisa exigir a comprovação de sua existência.

As Fronteiras do Conhecimento

Conhecer é ultrapassar fronteiras. Em todos esses anos, a vida pode ter oferecido alguma experiência, mas jamais me permitiu conhecer seus mistérios. Tenho em mim que não aprendi nada de realmente importante.

Circunstâncias podem ocorrer independentemente da vontade. Onde não pode atuar o conhecimento devido às limitações da mente, usamos a imaginação para as possibilidades que fogem à percepção. Somente conhecemos o que a mente permite e não conseguimos sequer imaginar o infinito, mas sentimos que as possibilidades além da razão podem ser mais benéficas do que a realidade que os sentidos permitem observar.

Assim como o Universo está em expansão, as tradições também deveriam se expandir para além de doutrinas abstratas e anacrônicas. Tradição é a conservação de um mundo estático ansioso por novas verdades.

250 | A Sombra do Abismo

Quem não se emociona com mistérios que estão por trás dos fenômenos, se satisfaz com explicações dogmáticas transmitidas por mentores mais preocupados com os cultos do que com a plenitude de seus seguidores. A fé é anterior a religiões, que nada mais são do que códigos repassados para dar sustentação ao anseio de eternidade.

A verdadeira religiosidade é a fé que o devoto deposita nos textos sagrados e não depende da cultura, do conhecimento prático ou do poder. A existência de Deus se identifica mais com a Criação manifestada na organização da Vida e do Universo, do que com a imagem que um visionário estabeleceu para um Ser superior preocupado com as ações de sua criatura.

O dogma mais sensato é a liberdade para cada homem seguir a crença que deseja comungar. Conflitos inconscientes podem levar o crente ao desejo de ser recompensado por um Pai que tudo perdoa e idealizado desde criança, ou levar o ateu a regredir a uma infância reprimida e carente de afeto que o fez crescer com ressentimento às religiões tradicionais de amor e perdão.

A mente pode ser o núcleo de desejos reprimidos e tensões, buscando alívio em muitos caminhos que levem ao conhecimento, à verdade ou a um Universo místico. O Universo científico causal e o místico não são necessariamente antagônicos, dada a limitação de explicações que definam a causa primeira. A divergência se detém na existência ou não de um deus mitológico a reger o destino humano e sua pretendida eternidade em um Universo padronizado e imutável.

É difícil exercer a liberdade de escolha e assumir a responsabilidade ética dos atos em um mundo onde o destino já esteja escrito em moldes pré-determinados por um poder maior. Por outro lado, se tudo for regido pela causalidade, o homem será capaz de fazer previsões para o seu futuro?

A planta sabe que precisa de água para sobreviver e que deve se contorcer para receber os raios de Sol? Na relação sexual entre mamíferos inferiores os animais acasalam sabendo que vão gerar filhos? Se a fêmea desconhece a finalidade do ato, porque escolhe o macho mais forte para gerar as melhores crias e consequentemente mais aptas à sobrevivência da espécie? Sentem prazer? A essência dos fenômenos pertence aos enigmas e mistérios ainda não alcançados pela nossa mente.

A herança dos profetas repousa no fato de que a consciência racional por si só não basta para preencher os vazios do conhecimento. O verdadeiro alvo das ciências e das artes talvez seja o mistério. No momento do êxtase não existe diferença entre os gênios da ciência, das artes ou dos grandes iluminados.

A natureza existe por si mesma e somos nós que necessitamos do encantamento que dá sentido ao espírito. O Sol não nasce porque vejo o dia amanhecer; esse é um conceito de noite e dia que se expressa através dos olhos. O Sol nasce porque é de sua natureza nascer todas as manhãs. A vida sem encantamento pode ser tão triste quanto uma varanda sem a cadeira de balanço. O Universo não existe somente para que o expliquemos, mas para que nele vivamos o mais plenamente possível.

Não sei o que a natureza é, mas a amo mesmo assim, mesmo porque, jamais conhecemos plenamente a quem se ama.

Vivemos em um mundo a ser descoberto a cada dia, e muitas vezes, as escolhas não são movidas por desejos conscientes, mas por impulsos emocionais originados no inconsciente, que desafiam a vontade, tornando o destino incerto em um futuro regido pelo acaso. Se aceitarmos que o determinismo divino comanda todos os fenômenos que ocorrem no Universo, incluindo nossas vidas, como estabelecer o livre-arbítrio? Em algumas circunstâncias, as escolhas são decorrentes de fatores aleatórios, movidos por conflitos nos labirintos da mente e gerando atos inadequados à harmonia da vida. Se esses atos tangenciam o livre-arbítrio obedecendo a uma organização superior, quem deve ser julgado?

A Criação primordial tem sido idealizada na figura de um Pai onisciente e onipotente, preocupado com um grupo de ridículos primatas em evolução, que habita um pequeno e arrogante planeta perdido no Universo. Essa força criadora tem sido estigmatizada na crença de um Ser superior incompreensível, que recebe nomes de batismo de acordo com tradições religiosas de diferentes culturas.

Tais enigmas são possibilidades acima do entendimento que nosso saber consegue alcançar, cada qual eleita pela fé em busca de algo maior, que dê esperanças agora e além dos limites de nosso tempo. Se Deus existe além da fé e da razão, não deve estar tão preocupado com as religiões, mas com a honestidade da crença, das escolhas e dos atos. A dignidade, acima da religião, é o mandamento básico para a vida.

Não basta fazer o bem. Esta ação, muitas vezes, é mera automação de um impulso movido pela necessidade de ser querido e aprovado, na tentativa de preencher lacunas de afeto desde a infância. A ação realmente válida é a manifestação da bondade que deve existir na consciência íntima de cada pessoa, como parte integrante de sua natureza; é dever dos pais ajudar os filhos encontrá-la.

A doação pode satisfazer a necessidade material e imediata, mas seu valor maior está no respeito do doador a quem necessita, como um ato de amor em um sopro de ternura. O sorriso e o gesto de carinho podem ser pouco para quem oferece, mas é a esperança para quem recebe. A moeda doada é um ato social com inúmeros significados conscientes e inconscientes, mas o gesto de ternura é a verdadeira religiosidade.

Muitas coisas que aprendemos com professores são teorias que não alcançam uma explicação prática. Não se conseguiu demonstrar em essência, o que seja a eletricidade, a energia atômica, a força que organizou o Universo, o pensamento, o amor, o ódio, ou mesmo o que induz o sono. Mesmo assim acreditamos baseados em seus efeitos.

Podemos sentir Deus como a energia que move o Universo e nossa Vida, sem importar se o nome é a projeção personificada de uma determinada cultura.

Dimensões

Vida é a misteriosa energia que, penetrando na matéria, nos permitiu existir. Uma conotação simplista confunde Vida com existência.

Temos uma estrutura corporal complexa, com um cérebro complexo que produz a mente funcionando de forma ainda não conhecida. O mundo físico, psicológico e social, não consegue por si só, preencher o vazio existencial, subproduto de nosso limitado conhecimento. Sempre existe o sentimento de que algo está faltando, mesmo para o homem de sucesso e projeção social.

Procuramos nas premissas religiosas a complementação desse vazio, mas elas representam o conjunto de conceitos místicos que traduzem a cultura de um povo inserido em sua época. Dependem de tradições, instituições e interesses de seus condutores. Se o crente seguir as regras será um escolhido, se não, será um herege, pecador ou infiel.

A Vida é o verdadeiro milagre que está dentro de cada um. A religião, interagindo com funções mentais, funciona como fator de identificação da realidade interna com a externa, moderando a conduta humana junto a seus semelhantes.

As respostas estão mais na consciência de escolhas íntimas do que em palavras transmitidas, que representam as escolhas de quem as profere. Uma forma de sabedoria é sentir o interior da própria mente, sem julgamentos pré-concebidos. É um caminho para o mundo exterior após abrandar vaidades e sentimentos de culpa que ferem a autoestima.

A simples pergunta: "Quem sou eu?", já coloca o "eu" como centro da questão, quando de fato fazemos parte de um contexto. Enquanto a valorização do "eu" limita a procura de sua própria definição, o essencial não tem começo nem fim e sequer sabemos exatamente sua finalidade, e se pertence ao tempo/espaço que conhecemos.

O "eu" é egocêntrico, enquanto o ser humano pode ter outras dimensões somente imaginadas, tendo em vista que muitos estudiosos e místicos passaram muito tempo buscando sua transcendência. Pode ser que a transcendência desejada seja tão inatingível quanto a perfeição.

O contexto final da humanidade depende da consciência de cada ser. Devemos buscar o limite da consciência além do pensamento lógico e racional. O homem é o paradoxo de sua própria criação, se criamos um Deus dentro de nós para viver segundo sua imagem, pretendendo a divinização, mas relutando em assumir a responsabilidade que a Vida exige.

Os hindus juntam as mãos e se curvam quando se cumprimentam, reverenciando a divindade que existe no âmago de cada um e se estende a todos os seres.

A espiritualidade é a reverência ao poder que nos liga como se fôssemos um único ser, tornando tudo possível. É uma força que existe além de qualquer explicação racional. Desconhecemos sua natureza fundamental e de que maneira existe. Como não podemos ter certeza, criamos um Ser superior que nos deu vida, ou somos o sonho de um Deus desconhecido? Espero que Sua compreensão permita que em minha ignorância questione sua existência. É possível também que um Ser de tal magnitude não se importe se acredito, por saber que tal crença é mais importante para mim do que para Ele.

A palavra "Deus", com o significado de "invocar", representa um sentimento, uma força intocável. Os deuses foram invocados para explicar os fenômenos naturais e ajudar o homem a dominar a natureza para dela tirar proveito. O politeísmo do antigo Egito foi o primeiro a ser transformado em monoteísmo, com um único Deus interligando todas as forças entre os seres e coisas. É difícil o entendimento intelectual dessa estrutura, por isso é incorporada na consciência pela fé. Não se pode conhecer Deus por processos lógicos. Mantemos a ideia no plano místico. O processo se faz através da consciência humana que busca uma consciência cósmica. A ideia de um Ser divino supremo e poderoso existe tanto na palavra quanto no silêncio do íntimo de cada um, como presença inexplicável e constante.

A física moderna propõe que o Universo seja composto por várias dimensões. Como tudo o que pensamos é possível, talvez uma delas, longínqua e materialmente inatingível, seja o paraíso aceito pela fé habitado por seres superiores e iluminados, tendo por líder um Chefe Supremo dotado de poderes que alcançam todas as dimensões universais, que tudo sabe, tudo cria e tudo destrói segundo sua sabedoria e vontade.

No desconhecido tudo é possível. Todas as possibilidades que convivem com a mente interagem com sua estabilidade, podendo acarretar felicidade ou sofrimento.

Um Novo Mundo

O mistério das profundezas da alma nos envolve tanto quanto o mistério da superfície de novas descobertas. Para ambos, deve estar presente o conhecimento lógico das possibilidades e a fé, mais forte do que a razão.

No final do século XIX, os cientistas aceitavam a natureza da energia luminosa, elétrica e magnética, como constituída por ondas contínuas. Descobriu-se que a luz incidindo em uma placa metálica produzia corrente elétrica, ambas mensuráveis. Max Planck, antes de Einstein, mediu a quantidade de luz e a quantidade de corrente elétrica produzida e verificou que não eram ondas contínuas, e sim unidades individuais de energia como se fossem pacotes às quais deu o nome de Quanta.

Einstein posteriormente verificou que as ondas de luz, eram formadas também por partículas, às quais deu o nome de Fótons. Estes, atingindo a placa metálica deslocavam os elétrons, produzindo uma corrente elétrica.

Edson, no caminho inverso, descobriu que a corrente elétrica incidindo em um filamento metálico produzia energia luminosa, nascendo as lâmpadas elétricas que iluminaram toda a cidade.

Esses achados foram comprovados matematicamente, sugerindo que toda a energia é formada por partículas e, sendo a matéria concentração extrema de energia, todo o Universo deve ser formado por partículas elementares de energia.

Há mais de um século, através de experiências documentadas com partículas elementares de luz, ou fótons, verificou-se que a imagem de um feixe de fótons projetados através de uma fenda produziu diversas imagens na parede oposta, indicando que os fotos interagem entre si produzindo novos feixes de luz. Foi feita nova experiência com um fóton isolado em um espaço delimitado para impedir a interferência de outros fótons, mas o mesmo fenômeno se repetiu.

Tudo indica que outras partículas de luz inexistentes naquele espaço participaram da nova experiência. Segundo os cientistas, somente poderiam ter vindo de outra dimensão da realidade visível, mostrando que a realidade pode ser muito maior do que a que percebemos no Universo.

Muitos pesquisadores acreditam, através de experimentos já realizados, que existem Universos paralelos, interagindo uns com os outros, e que vivemos em um deles. Defendem que nem todos são semelhantes e simultâneos, podendo alguns coexistir ao mesmo tempo em épocas diferentes. Se essas teorias estiverem corretas, nada impede que se possa acreditar em dimensões diferentes onde habitam seres como deuses e demônios, confirmando os Reinos produzidos no imaginário dos profetas. São dimensões que verdadeiramente podem existir, com seres superiores ou inferiores que fogem à concepção lógica.

Até hoje, grandes gênios da física aceitam as teorias que indicam a existência de outras dimensões, admitindo porém, que não compreendem como os fenômenos ocorrem. Defendem que sua aplicação no Universo é correta, mas ainda desconhecem sua natureza íntima. São aceitas por suas manifestações e não por sua origem.

Não devemos esquecer que, há pouco tempo, dizer que a Terra gira em torno do Sol e não é o centro do Universo, levava à fogueira dos hereges.

A explicação parcialmente aceita é a de que nosso Universo é um entre um número desconhecido de Universos paralelos, que coexistem lado a lado, se dividindo constantemente e interagindo entre si e tornando a realidade diferente do conceito tradicional. Podem existir infinitas realidades.

Teoricamente, o êxtase profético pode ocorrer quando a mente interage com um dos Universos paralelos, no sincronismo de ondas e partículas, através de fótons que se projetam.

O conhecimento científico atual defende que as partículas elementares do mundo subatômico, que constituem toda a estrutura que percebemos como realidade palpável, não seguem os padrões convencionais de medidas. Não se sabe exatamente onde estão nem como irão se comportar, podendo inclusive estar em dois lugares ao mesmo tempo. Às vezes se comportam como partículas elementares e a seguir como ondas. Podem interagir mesmo estando separadas por quilômetros de distância, sem qualquer conexão aparente.

O pensamento lógico ainda não alcança esses fundamentos em profundidade.

Mesmo sem ser conhecida totalmente, apesar dos experimentos comprovados e confirmados por equações matemáticas, a teoria quântica dá sustentação a muitos inventos modernos como computadores, *chips*, barras de leitura em lojas e supermercados, *laser* usado em medicina. Pelos seus efeitos, sabemos que os fenômenos existem, mas não sabemos exatamente como se originam e como funcionam.

Como o tempo é flexível e simultâneo em épocas diferentes de diversas realidades, talvez o homem seja o efeito de uma causa primeira, ou ser a causa de um efeito em outra dimensão.

A realidade é feita de probabilidades que possivelmente irão ocorrer, mas não com certeza absoluta. A sucessão causa e efeito ocorre continuamente na realidade sensível, mas podem coexistir outras realidades ainda não detectadas. Se a Vida é a causa, viver é o seu efeito.

Ainda somos suficientemente imaturos e ignorantes como crentes fanáticos ou ateus intransigentes. Toda religião é absolutamente abstrata e baseada em pontos de vista, assim como grande parte da história e do conhecimento científico.

Se nós conseguimos acreditar em fenômenos demonstráveis experimentalmente, mas sem explicação de sua essência, podemos acreditar em outras realidades não sensíveis. Pretendemos ter a mente aberta para uma, mas não para outra, quando talvez ambas de completem.

Extrapolando nossa limitação, tudo é possível.

O Aparentemente Impossível Pode Existir

Experimentalmente, cientistas já conseguiram fazer um átomo aparecer em dois lugares diferentes ao mesmo tempo, em uma fração de segundos. Em algumas circunstâncias é assim que a natureza funciona.

De acordo com as publicações técnicas, a física quântica é o ramo da ciência que estuda as probabilidades atômicas, cujas teorias são largamente utilizadas nos equipamentos atuais.

Equações matemáticas tentam explicar como funciona o Universo, mas o que realmente provoca os fenômenos, nem os cientistas entendem completamente.

Ninguém sabe por que as coisas são como são, só as probabilidades de poderem ser. Não há mais certeza de que os objetos tenham formas pré-estabelecidas. São corpos espalhados no espaço e no tempo, sem lugar exatamente definido. Como as equações são as traduções disponíveis dessa realidade, pode-se interpretar que os corpos sejam abstratos, regidos por porcentagens que indicam qual a quantidade de matéria que se encontra em tal lugar, quando e para onde se move.

De qualquer maneira, muitos físicos modernos aceitam a física quântica, mas deixaram de tentar entender os seus fundamentos. Acreditam que a teoria quântica resolve muitos problemas, e isso basta. Assumem que é inútil, no estágio atual, fazer perguntas para as quais não há certeza de resposta honesta. O que rege esse conhecimento é o Princípio da Incerteza, que tradicionalmente vale para o mundo subatômico, onde partículas elementares possam ser chamadas de "reais".

O fato de partículas poderem ficar em dois lugares ao mesmo tempo é experimentalmente comprovado na realidade, sem recorrer à crença religiosa de almas, ectoplasma, energia mediúnica, ou poder divino, que pertence à outra instância.

Nem toda a energia que mantém a Vida é consciente, pois tem uma parte que se comporta como energia mensurável através de reações químicas do organismo, e outra enigmática que se perde na origem dos tempos, dando ensejo para que se creia em ambas.

A aceitação se dá pelo pensamento lógico e pelo sentimento de fé, uma vez que ambos fazem parte da consciência.

Para Além do Mundo Visível

Há bilhões de anos, a energia que se expandiu do caos e formou o Universo originou um processo de materialização que persiste até hoje.

Formou estruturas compostas de partículas, matéria, energia e toda a realidade visível. A estranha relação entre a energia e a matéria deu origem aos seres vivos, sendo o homem um de seus resultados.

Como o Universo é feito de possibilidades, parte dessa energia pode ter dado vida a seres imateriais que não conhecemos e cuja existência habita o mundo mágico de seres místicos que compõem o imaginário de todos os povos. Honestamente, nosso conhecimento não permite afirmar se existem ou não, e em quais dimensões de realidade.

Se nosso organismo atual é composto de matéria e energia, ou corpo e espírito, aqueles seres com diferente manifestação de vida podem ter se desenvolvido na vastidão do Universo como energia mais evoluída, sem a participação de matéria perceptível, a quem damos o nome de deuses, anjos ou demônios, neutros enquanto energia pura. Talvez eles sejam a imagem de nossos desejos mais secretos. A eles são atribuídas as qualidades de bondade e maldade que existem no mais profundo da consciência humana, na esperança de amenizar a responsabilidade por nossos atos, sejam eles bons, mesquinhos ou hipócritas.

A esperança final é um cofre de sonhos, onde todos se combinam para formar um ideal transcendente e místico. Seu conteúdo é semelhante a um cacho de uvas, onde cada grão é um sonho pertencente de modo intrínseco a um sonho maior, que é o próprio cacho.

Se um único grão realizar o sonho que justifique a Vida, poderá nele ser encontrado o Sonho Maior, mesmo que ainda somente alcançado pela fé.

A Realidade Aparente

O que é realidade, a mente, a consciência?

De que são feitos os pensamentos?

Qual a essência da espiritualidade?

A espiritualidade necessita de religião, ou pode ser sentida de modo independente de doutrinas na busca e ultrapassagem de limites do conhecimento?

O questionamento maior da ciência, da filosofia ou religião é o mesmo: o homem inserido em seu mundo.

Fé e razão devem ter abordagem única porque buscam respostas para a mesma pergunta: o que é a Vida?

A busca pelo transcendental é a tentativa de ocupar o espaço que a existência cotidiana não consegue preencher. O significado dessa experiência, que visa a completar a necessidade emocional, constitui a espiritualidade que nada tem a ver com a alma das tradições religiosas. A própria origem do termo "espírito" significa "respiração" ou "sopro da vida". A espiritualidade diz respeito à natureza da vida consciente, e a religião à ordem Universal em termos divinos.

O espírito é individual, faz parte intrínseca do ser humano, procurando o melhor caminho na religião e na cultura. Somos naturalmente espirituais, e a integração da mente com o Universo pode envolver vivências simples e cotidianas. Para quem crê, o espírito é o fio condutor entre alma universal e corpo que a contém. É o encontro da razão e da fé, por caminhos não conhecidos. Quando o encontro acontece, a sensação de felicidade representa a consciência do Paraíso, do Jardim de Alah, ou do Nirvana na Terra. A ciência não se pronuncia sobre sua existência por ser fenômeno imaterial não sujeito à mensuração, entretanto a física quântica sugere a ocorrência de um tipo de energia não devidamente explicada, que envolve e interliga todos os campos materiais e imateriais.

Nesse sentido, fé e razão andam de mãos dadas.

A ciência e a religião tendem a ter pontos em comum.

O estudo das partículas que permeiam o Universo leva ao conceito de um Deus identificado com a força que envolve todas as coisas. Há algum tempo, suas teorias buscam a partícula elementar que é o componente fundamental da matéria, possivelmente agora descoberta.

A união de infinitas partículas do carbono, nitrogênio e oxigênio formaram substâncias do processo onde se originou a vida como fenômeno natural.

Conceitua-se a correspondência recíproca entre matéria e energia, mas não se sabe como ocorreu a manifestação de vida na matéria inerte. No estudo da energia cósmica, a Ciência não inclui somente os agentes objetivos da consciência, mas também mistérios subjetivos do Universo que nos rodeia. O contexto do conhecimento da física quântica realiza o sonho de descoberta de uma fonte única que dá vida a um cosmo diversificado.

Em um campo não material, Deus seria a consciência dominante mais sutil de nossa existência, conectando o indivíduo ao contexto global da Vida. Nesse conceito amplo, existe somente uma força que interliga todo o processo, e somos parte dela. É uma proposta moderna da ciência que se identifica com a religião. Tanto no contexto religioso como no científico, estamos todos conectados.

O cérebro nos dá uma visão fragmentada do mundo. Atualmente existem experiências com estados de consciência mais elevados, que vislumbram a comunhão do cérebro a fantásticas dimensões, misticamente consideradas sagradas, onde as conexões integradas com a vida de todos os seres formam uma estrutura única.

A consciência fundamental que nos conecta ao todo não pode ser definida, mas isto não quer dizer que não exista. O sagrado também não pode ser definido, tendendo a ser perpetuado como um mistério. Se definido, será limitado pela própria definição, e deixará de ser supremo e onipotente.

A mente busca a materialização do sagrado, ou a divinização da matéria. Neste contexto, a fé na Ciência e a fé na religião se integram, para fazer parte da energia primordial que rege o Universo, seus criadores e criaturas.

Tudo é Possível

Para a aceitação dessa premissa, vale reafirmar que as experiências feitas com fótons – partículas de luz – em aparelhos especializados de física atômica, demonstraram que a luz individualizada em um único feixe provoca uma imagem especifica no anteparo. Duas ondas luminosas simultâneas modificam a imagem pela interferência entre as incidências.

Em um espaço preparado para a incidência de um único fóton, surpreendentemente, a imagem produzida demonstrou que também houve interferência de outro fóton que não poderia existir no espaço real do exame.

A conclusão a que os cientistas chegaram foi a de que deve existir outra dimensão de realidade paralela à primeira, que promoveu a interferência.

Aventou-se ser possível a existência de mais de uma realidade além da que percebemos, sendo o Universo constituído de infinitas dimensões paralelas interagindo umas com as outras em fenômenos isolados ou simultâneos. Essas conclusões não têm o aval da unanimidade dos cientistas, mas são aceitas por pesquisadores da estatura genial de Einstein. As dimensões paralelas contém uma energia ainda não satisfatoriamente explicada que interage simultaneamente em todas elas.

Dentro desse contexto, defende-se a possibilidade de a consciência, como realidade interior, interferir e modificar a realidade exterior, ou mesmo outras realidades paralelas.

Se existem mundos paralelos ocupando o mesmo espaço no Universo, e tal possibilidade tem sido aceita racionalmente, é viável acreditar que seres desconhecidos também possam existir em diversas realidades.

Uma pessoa com poder mental acima do considerado como normalidade, em estado de êxtase ou meditação profunda, talvez possa desenvolver a capacidade de penetrar em outra dimensão, pelo aumento da própria potencialidade cerebral e de consciência, sendo então chamado de mestre, guru ou profeta.

É possível que no futuro a cibernética desenvolva meios de proporcionar ao cérebro esse contato entre dimensões paralelas. Ninguém ainda garante essa possibilidade, assim como ninguém pode garantir que não exista. Acreditando em sua existência, quais as características que definem os novos horizontes no Universo? Quais as características de seus prováveis habitantes?

Tudo leva a crer que possam existir mundos mais evoluídos, mundos inferiores e mundos intermediários, com habitantes superiores, inferiores e medianos.

Algumas dimensões já podem ter sido imaginadas em profecias, com nomes puramente simbólicos, entre eles, céu, inferno, limbo e purgatório. Se acreditarmos em outras dimensões, por que rejeitar ou combater nomes revelados por homens que afirmaram ter se comunicado com seu próprio Deus? Podemos duvidar da forma, mas não é sensato duvidar do conteúdo.

Se um homem, motivado por novos conhecimentos ou pelo fervor de sua fé, acredita que em uma ou infinitas dimensões existe o Reino de um Ser superior interagindo em nossa realidade, não terá dificuldade em crer que esse Deus desconhecido esteja também entre nós. Para o destino do homem, um Ser supremo não precisa necessariamente existir, conquanto se acredite com fé em sua existência.

Tudo poderá se tornar consciente através da fé e da Ciência que, longe de serem antagônicas, se complementam, tornando possível o crédito em seres superiores que tenham alcançado a imaterialidade de pura energia, em Universos ainda desconhecidos.

Se a Vida é a energia que liga todas as realidades, a existência nesta dimensão pode ser finita, inclusive o espírito individual, sendo a morte, a porta de passagem entre Universos que se completam porque nós somos finitos, mas não a Vida.

A existência é o tempo que temos para criar do finito o infinito.

Um Novo Contexto de Vida

A Vida, o Universo, o infinito, a energia, o tempo, não comportam a limitação das definições, e o seu real significado ainda é nebuloso. Conhecemos, ou imaginamos conhecer, algumas de suas características. A realidade como a percebemos possui alguns atributos que ainda não conseguimos explicar. O que dizer de realidades e possibilidades que estão além do conhecimento?

A evolução da vida na Terra, determinando a diversificação das espécies, é baseada em conceitos de adaptação metabólica e celular em um meio ambiente viável.

Estudos da NASA em astrobiologia, que se dedica à vida no Universo, assim como em física quântica, que estuda energia e partículas elementares, podem dar nova visão a enigmas, como a transmissão hereditária da adaptação aleatória à energia da vida que permite a existência como a conhecemos, e as profundezas do abismo ainda místico e misterioso.

A vida, cuja origem não é conhecida em sua essência, depende da energia liberada em reações químicas nos lipídeos, proteínas, enzimas e códigos genéticos. Entretanto, outras formas de vida como os vírus possuem energia totalmente distinta em sua multiplicação. A vida é um processo energético em constante transformação, incluindo probabilidades em direção a uma finalidade incerta. Afirmar que decorre de processos internos, negando a possibilidade de existência de uma energia externa que iniciou os processos e os mantêm é uma postura tão simplista e cômoda como as doutrinações religiosas.

Como a potencialidade da vida é maior do que o pensamento que a conceitua, chega a ser mais sensata a aceitação de todas as possibilidades, comprováveis ou não. A fé é o esteio da credibilidade que não exige explicações, colocando a potencialidade interna intimamente ligada à externa. Acreditar com fé independe da existência real de seu objeto.

No nível subatômico não existe separação entre o meio interno e o externo. Tudo faz parte do mesmo fenômeno.

Biologicamente, as características que identificam um ser, envolvem a necessidade de células, enzimas, proteínas e genes. A energia que propicia o metabolismo evolutivo pode ter sido originada na Terra pelas próprias reações químicas entre seus elementos, ou como defendem alguns estudiosos, pode ter vindo do espaço através de bactérias resistentes trazidas em bombardeios de meteoritos, como se fossem sobreviventes de uma viagem sideral e aqui se multiplicaram. Em termos místicos, neste caso, pode-se dizer que a vida veio do céu. Em nosso planeta, foram detectados fósseis de bactérias que datam de mais de três bilhões de anos.

Está cientificamente estabelecido que os principais elementos que dão suporte à vida na Terra são: oxigênio, carbono, hidrogênio e nitrogênio, dependentes de um meio ambiente propício ao seu desenvolvimento. As pesquisas em astrobiologia pretendem comprovar a existência de vida extraterrestre. Já foram encontrados indícios dos elementos vitais em sistemas planetários distantes do Sistema Solar.

Pesquisas semelhantes estão sendo realizadas com bactérias compostas por arsênico, vivendo em ecossistemas que teoricamente não permitem a vida. Estes sistemas tanto podem ocorrer em espaços cósmicos como na própria Terra, ou nas citadas dimensões paralelas que coexistem com nossa realidade.

A origem da vida ainda é cientificamente obscura. Os estudos se limitam aos elementos químicos formadores de bactérias e vírus, que afinal, não deixam de ser formas de vida dependentes de energia e de um ecossistema compatível.

A vida não é o organismo, mas a energia que faz o organismo existir. Se houver vida em outros sistemas dos confins do Universo, ou em dimensões de outras realidades na própria Terra, a percepção e os sentimentos humanos poderão ter destinos absolutamente inesperados.

A realização de projetos pessoais gera angústia porque, antes de estar sob o domínio da razão, permanece em gestação na consciência profunda, com a esperança de modificar a realidade futura.

O envelhecimento inexorável, a consciência de que o prazer da posse não traz alegria íntima, e a possibilidade de uma existência finita, nos colocam nas sombras do abismo.

No fundo do abismo, a esperança maior é acreditar que em algum lugar existe uma luz capaz de iluminar as sombras.

Nada é o que Parece

A vida não exige ser levada a sério o tempo todo.

Uma vida digna e respeitosa não significa que não possa ser alegre e descontraída, para se sentir a beleza gratuita que aflora entre os caminhos. São as ideias subjetivas que criam vínculos, e não os pensamentos lógicos e objetivos. Usamos ideias lógicas e racionais porque são úteis ao pensamento, mas é com o sentimento (ou espírito) que podemos ter a real consciência do mundo.

Se aceitarmos que tudo é ponderável, bem e mal serão meras circunstâncias com valores disponíveis dependentes do caráter de cada um. A consciência, incompreensível e misteriosa, só é acreditada por suas manifestações, e como o ato de fé, não tem mensuração. Não conseguimos localizá-la nem no corpo, nem no cérebro, mas sabemos que faz parte do ser humano, pois sem ela a realidade não existe.

Como a matéria é energia condensada podendo ocorrer como onda ou partícula, somente conseguimos perceber o mundo quando a consciência é fixada nas partículas que a compõem a matéria. Quando não submetida à observação a realidade é uma onda de energia em um complexo mundo de possibilidades.

O cérebro humano processa milhões de informações por segundo, mas a consciência só consegue absorver cerca de duas mil nesse espaço de tempo. O que acontece com a realidade que não é processada pela consciência? Se o cérebro somente registra o que os sentidos percebem, a realidade de cada um é o que o cérebro permite. Para cada indivíduo, o mundo exterior existe em comunhão com o mundo interior, e a realidade exterior está condicionada ao poder de observação.

A fantasia é o bálsamo da realidade. Está em nossa mente e não depende de fenômenos externos. Ninguém é responsável por nossas fantasias boas ou ruins. A alegria de viver é um sentimento tão íntimo e pessoal que, diferentemente do prazer, não necessita de estímulos externos. O prazer é limitado no tempo e necessita de experimentação. A felicidade, quando embalada pela alegria de viver, anestesia os sentidos e os desejos, se assemelhando a um paraíso terrestre.

Assim como a realidade pode influenciar a nossa percepção do Universo, a consciência pode implicar em transformações da realidade. Dessa maneira, sentimento, pensamento e fé, podem modificar a complexa estrutura que compõe a realidade.

Assim como desconhecemos a essência da memória, do pensamento, da consciência, da mente, desconhecemos a essência da vida. Aceitando sua existência sem explicação lógica, é valido acreditar que outros mistérios podem existir tornando a fé nosso mistério pessoal a caminho de todas as possibilidades.

Se o exercício das escolhas irá definir nosso destino, só pode ser executado em nossa existência limitada pelo tempo entre o nascimento e a morte, e se soubermos escolher entre o bem e o mal, a melhor opção deve representar a vida como prioridade, e não a morte. As afirmações especulativas sobre a eternidade são menos importantes do que a comunhão com a vida. Vivo a ilusão de ter a liberdade para fazer a escolha que quiser, mas o futuro é limitado pelo bom senso em optar por escolhas compatíveis com sua realização. Não basta querer voar, é preciso ter asas ou construir meios possíveis.

Os crédulos rezam a Deus pedindo uma vida melhor, paz, felicidade, dinheiro, sem questionar a fundo a violência, a corrupção, a honra espezinhada, a incompetência. Não ousam questionar que talvez Ele não tenha nada a ver com as mazelas que causamos, com líderes oportunistas e vorazes conduzindo o destino de rebanhos amorfos e passivos, que acreditam que a espera é o único caminho.

Talvez nem sejamos a principal criação divina. Somos todos responsáveis, e a única prece verdadeiramente honesta é a que agradece a doação da vida, mesmo que não saibamos o que fazer com ela.

É cômoda a esperança de ressurreição em um julgamento no qual prevaleça a misericórdia e não a justiça. O tempo é este, limitado pelo nascimento e morte. Esta é a eternidade que temos, onde a única liberdade real é não temer a morte. Ter fé não é esperar receber, mas acreditar de modo incondicional em um sentimento ou em uma ideia, e dedicar à existência em sua realização.

Se Deus ama os homens como filhos, o poder dos homens deveria estar nas mãos dos mais justos e sábios, e não nas mãos de poderosos predadores. A vida seria boa, simples e bela, mas vivemos entre o prazer e a obediência. De dia, com medo de ceder à sedução dos demônios interiores, e à noite com medo de sonhar.

Se o homem e o macaco têm o mesmo tronco ancestral, pelo menos o macaco se definiu como espécie, com os homens ainda tropeçando na própria evolução, na pretensão de se definir como espécie superior, mas agindo como gorilas evoluídos. Talvez um dia consigamos compreender que viver não é tão importante quanto a vida.

A vida é sagrada, e todos os caminhos devem conduzir a esse ideal de consciência onde a Terra é o local em que habitamos e o cosmos, a transcendência.

A fé contém todos os ideais necessários ao conforto do espírito que traduz essa consciência, de maneira abstrata e absoluta. Sempre buscamos um mestre divino como modelo, mas a fé não distingue o ideal verdadeiro do falso. A fé não é negociável.

A consciência Universal é o Grande Mestre do caos organizado, ou somos o resultado de fenômenos aleatórios e casuais?

Para o homem que crê, o Universo tem esquemas pré-determinados por um Ser superior que escreve nossa eternidade antes do nascimento e após a morte. Acima do pensamento filosófico e da fé um fato simples é evidente – a única certeza é a existência entre o nascimento e a morte.

Através da fé, tentamos abrandar incertezas e medos, esquecendo a responsabilidade de uma vida onde podem caber todos os ideais, inclusive o de vida eterna. Podemos ter fé em um Pai desconhecido, sem perder a fé na vida introduzida na matéria da qual somos formados, e agradecer este fato, sem condicionamento real a um plano Superior, mas com sua presença em nossa consciência. A Vida, por si só, é um ideal divino de fé.

A Realidade da Alma

Para alguns pesquisadores cristãos um ramo da ciência, chamado física quântica, pode ser considerado a ciência da alma. A energia como forma transcendental da consciência divina introduzida na matéria, forma uma unidade Universal. Imaginando a Luz como essa consciência, o Céu é a realidade transcendente, e a Terra a realidade aparente.

É difícil se pensar em um mundo puramente mecânico, onde tudo o que acontece depende de pré-determinação se, em alguns momentos, nos sentimos matéria, consciência e algo indefinível, com possibilidade de fazer escolhas. Somos seres conscientes decidindo o próprio caminho, em meio a fatores prováveis onde as probabilidades geram incertezas.

A consciência pode ser o resultado da ação de ondas de energia no cérebro, que produzem a percepção da realidade manifestada por opções e escolhas. A realidade existe no tempo, e a possibilidade é abstrata e atemporal. O cérebro possui qualidades difíceis de serem aceitas pela lógica.

266 | A Sombra do Abismo

Assim também, enquanto não morrermos, não há nenhuma chance de afirmar empiricamente o que acontece após a morte. Se houver vida após a morte, deve ter havido vida antes do nascimento.

Energia é sinônimo de transformação, e é um mistério insondável o surgimento de sua primeira manifestação, mesmo sabendo que a matéria pode se transformar em energia quando submetida à velocidade da luz.

Qual a origem da primeira manifestação da energia cósmica?

Como a energia introduziu vida na matéria?

Tudo ocorreu ao acaso ou houve algum plano engendrado por uma mente superior?

Assim, como pelo raciocínio lógico as possibilidades matemáticas são passíveis de aceitação, outras possibilidades podem ser verdadeiras. A Ciência refere que os objetos são ondas de possibilidades, e mesmo que tal referência seja de difícil entendimento, muitos estudiosos acreditam como verdade. Sempre quando observamos o exterior, vemos uma única realidade nessas ondas e, nos enigmas do cérebro, a consciência escolhe a que vivenciamos.

As ondas de possibilidades em forma de energia viajam no tempo e no espaço acima da velocidade da luz. Deus pode ser a extensão da consciência que se situa além do Universo material. Nessa possibilidade, fazemos parte da mesma consciência, além do tempo e do espaço.

Utilizando a tomografia funcional, podemos medir a corrente elétrica produzida pelo cérebro enquanto uma pessoa olha um objeto, e se for medida novamente quando a pessoa fecha os olhos e somente imagina o objeto anteriormente observado, os mesmos padrões são registrados, nos mesmos sítios anatômicos do encéfalo.

O cérebro não faz distinção entre o que vê e o que imagina.

Como então distinguir o real do imaginário?

Segundo o hinduísmo, como o estado de consciência dotado de liberdade somente ocorre no êxtase, a meditação e a ioga são os caminhos para o encontro com Krishna.

Se a energia da vida, ou alma, em comunhão com o organismo propicia o aparecimento do espírito, resta o mistério de o espírito poder influenciar a energia que lhe deu origem, e quando esta retornar à transcendência, levar novas qualidades. A vida não impõe grilhões que só possam ser rompidos por doutrinas ou leis.

A grandeza inerente à própria existência humana não limita, liberta. Sou tão responsável pela morte quanto pela vida, porque a morte já está contida em minha vida e pertence ao meu destino. Enquanto fato, a morte não se distingue do nascimento e reflete o que fazemos de nossas escolhas. Podemos ter o conhecimento de sua realidade, mas seu verdadeiro significado está além do entendimento. A inquietação causada por essa dúvida é decorrente do desejo íntimo de imortalidade sem sofrimento.

A vida origina o sofrimento proporcionado principalmente por três fontes: a decadência do corpo, o mundo louco em que vivemos e a dificuldade de dar e receber amor.

Na balança do bem e do mal construímos o maniqueísmo da morte, que não escolhe quem é bom ou quem é mau. Como a evolução ensinou que a sobrevivência necessita de um sistema de equilíbrio, a morte tende a ser o fiel entre o nascimento, e a possibilidade de uma vida além de si mesma, onde os maus serão punidos e os bons recompensados. É muito difícil conviver com a possibilidade de um só prato na balança, com a morte representando o fim de tudo.

Afinal o que é o nada?

Está além de nossa consciência e não importa como existe, porque não pode ser mensurado e nem sequer pensado racionalmente. Sentimo-nos mais tranquilos com dois pratos na balança. O equilíbrio pode ser místico, mas como necessitamos sempre de sistemas estáveis, o desconhecido é concebido como um sistema de forças ordenadas por um artífice superior que habita os mistérios do eterno e rege o mundo em que vivemos. Essa é a força da fé, que faz com que eu use a inteligência para viver, e o sentimento para merecer a vida.

De qualquer maneira sempre poderei sair ganhando – se tudo terminar na morte, paciência, nada mais restará para me preocupar, e se existir sequência poderei ter novas oportunidades. Sendo a morte parte natural da vida, devemos aceitar ambas como amigas benevolentes, ainda que com certo temor instintivo.

A fé em um ideal é mais poderosa do que qualquer religião, mesmo que não se faça parte de nenhuma delas. Observando sem preconceitos, as religiões se completam mais do que se contradizem. A contradição religiosa é fruto do poder e não da fé. A fé na vida é a religião mais completa.

No contexto científico, estudos atuais a respeito da evolução referem que a partir da molécula de DNA, a transmissão dos caracteres hereditários se dá por via neuroquímica. A evolução humana que se caracteriza por desenvolvimento mais acentuado do cérebro está associada a uma grande rede de conexões entre células que, recebendo sinais elétricos de informações, se comunicam fazendo o encéfalo funcionar como um todo, física e mentalmente. Essas informações levam à hipótese de que, quanto maior o número de ligações, maior capacidade mental terá o indivíduo. A mente é maior do que a soma de todas as capacidades do cérebro, sejam elas resultantes da hereditariedade, reações elétricas ou neuroquímicas.

As hipóteses que defendem o cérebro como fonte da alma não levam em consideração a necessidade de algum tipo não conhecido de energia, para perpetuar o surgimento e continuidade da vida na matéria inerte. O cérebro poderá ser o mestre e feitor do corpo, mas não seu dono, pois é escravo de uma relação de interdependência.

O caminho da evolução humana também é um mistério, se comparada ao de outros seres no que diz respeito ao desenvolvimento da inteligência, da consciência e da fé. A evolução talvez tenha sido influenciada por forças estranhas, que forjaram a consciência de eternidade, distanciando a humanidade dos demais seres.

O sentimento depende da minha vontade, mas não posso sentir o que quiser. Penso no tempo presente, equilibrado em uma fina lâmina entre o passado e o futuro. Sei que meu tempo é medido em função do intervalo entre o nascimento e a morte. Se o passado já existiu e o futuro é ainda expectativa, só me resta o tempo presente; e se o futuro ainda não ocorreu, posso admitir que a eternidade seja uma experiência que se inicia após a morte, na qual inexiste a medida do tempo. Eternidade pode ser até a ausência do tempo e o presente não ser uma lâmina e sim, o tempo que efetivamente temos entre o nascimento e a morte. Nesse caso, o presente pode ter a extensão da existência e constituir nossa eternidade.

Luzes da Neurociência

Recentemente, experiências realizadas por cientista ganhador do Prêmio Nobel dão conta de que o cérebro é constituído por dois hemisférios separados por uma estrutura chamada corpo caloso, cada um com funções específicas e distintas, que interagem em ações complexas.

O cérebro direito tem ações que o esquerdo não tem e vice-versa, sendo que um não tem conhecimento isolado das funções do outro.

Quando o corpo caloso que se situa entre os dois ligando as estruturas é seccionado, conforme a experiência executada, a pessoa parece ficar com duas mentes.

Além de uma parte do cérebro não ter conhecimento das ações da outra, cada uma parece agir de modo independente, como se a pessoa tivesse duas mentes com funções próprias.

A memória é preservada como se não tivesse havido a separação cirúrgica, mas o julgamento apresenta contradições, prejudicando a lógica sobre o mesmo assunto.

Segundo as conclusões a que chegaram, os resultados parecem ser incompatíveis com a ideia de haver uma alma indivisível para as duas mentes de uma só pessoa, que produzem de modo independente seus pensamentos, propósitos, crenças e ações.

Pensamentos originados em uma das mentes poderão ser considerados pecaminosos, sendo que a mente que nada teve a ver com sua produção nem chega a ter conhecimento do ocorrido.

Como julgar a alma, que irá responder a Deus sobre seus atos, por pensamentos que podem ser originados por uma de duas mentes distintas que não se comunicam e agem de modo independente, em um único ser? Se uma peca, a outra pode não ser responsável pelo pecado.

Existem defensores de premissas religiosas para quem a alma não é independente de funções da mente e, por conseguinte, do cérebro. Pregam inclusive que, pelo próprio estágio de evolução do indivíduo, a alma não é perfeita e está sujeita às limitações do corpo e da mente.

A alma sempre foi motivo de controvérsias entre as diferentes religiões, mesmo antes da neurociência.

O Deus Cibernético

O cérebro tem uma característica especial chamada plasticidade, que lhe dá o poder de se modificar durante o funcionamento de seus 100 bilhões de neurônios (unidades cerebrais).

Essa plasticidade pode influir na fisiologia do cérebro para melhor ou pior, ao fazer neurônios sãos assumirem a função de células lesionadas ou doentes, e manter o funcionamento encefálico. Nestas circunstâncias, age como um organismo vivo que funciona de modo próprio e independente do restante do corpo.

Precisa estar sempre submetido a estímulos cognitivos, isto é, da memória, concentração, atenção, percepção do meio, orientação no tempo e no espaço para se fortalecer, semelhante à musculatura de um atleta. Na ausência desses estímulos, há uma espécie de desgaste e diminuição estrutural chamada hipotrofia funcional.

Um dos problemas atuais é a preguiça de se usar a memória fisiológica, recorrendo à memória artificial de um site de computador, que contenha dados enciclopédicos, deixando de praticar a busca através da memória, concentração, raciocínio e criatividade, fazendo com que funções mentais importantes deixem de ser acionadas, com prejuízo do funcionamento cerebral, principalmente na infância.

No organismo, o que não é usado sofre hipotrofia com prejuízo de função, inclusive na plasticidade.

Da mesma maneira, para os problemas do cotidiano cuja resolução pode depender da vontade e empenho em resolver, recorrer sempre à ajuda divina através de templos, orações e esperança de milagres, desestimula a plasticidade em favor do comodismo, trocando a criatividade para buscar soluções possíveis, pela fantasia mística de poder religioso.

A religiosidade deve conter o sentimento de fé inabalável que também dá força à criatividade mental, entretanto religiões têm atuado como drogas de curto efeito, transformando o culto em manifestações de natureza emocional de espetáculos de liberação e integração de energia.

A religião está para Deus como a gramática está para a literatura. É um conjunto de regras sociais e místicas, propagadas por pretensos taumaturgos que se intitulam iluminados pela chama divina, com o intuito de alcançar a divindade como se Deus necessitasse de intermediários para se revelar.

Se alguns religiosos aceitam que a história de Adão e Eva seja uma alegoria sobre a Criação, como defender que o restante dos textos não esteja na mesma categoria?

O homem tem buscado canais de comunicação com o seu Deus através de autoproclamados representantes do Criador.

A própria Vida é o canal de comunicação através do espírito.

A Vida é um tipo de energia concentrada na matéria, que propicia a existência do homem. Somos energia consciente em corpos materiais. Não sabemos exatamente quantos tipos de energia existem e qual a origem de todas.

O Universo é, em essência, um contexto interrelacionado por um tipo de energia que se integra, como se possuísse uma consciência cósmica de organização de sistemas.

Sabemos que a Vida nos liga a todo o Universo como um contexto consciente que pode ter recebido diversos nomes. Também sabemos que essa ligação existe, mas desconhecemos sua origem e natureza íntima.

Deus é a personificação da Energia Universal que tem sido motivo de especulações teóricas como o Big-Bang, explosão que produziu partículas elementares no vácuo cósmico denominado caos. Nada se sabe sobre o caos antes da explosão. No momento exato do Big-Bang, tudo era energia e, após um tempo infinitesimal surgiram partículas que deram origem ao Universo há mais de 13 bilhões de anos. É muito difícil sequer imaginar o que aconteceu há tanto tempo.

As descobertas atuais sobre as partículas elementares e corpúsculos atômicos deixam mais perguntas do que respostas. Com o que se descobriu até agora, pode-se dizer que o Universo tende a ser bem diferente do que se imagina. Isso quer dizer que até a Teoria da Evolução pode ser somente o início de descobertas insuspeitadas pelos cientistas da genética humana. Há um longo caminho a ser percorrido para desvendar os fenômenos ocorridos há bilhões de anos, como o surgimento do Universo ou a Criação. Por enquanto é preciso ter mais fé do que lógica para crer em Deus ou na ciência moderna porque tudo é possível, desde conhecer a essência da energia até a existência de um Deus desconhecido, como causa primeira. De qualquer maneira, o sentimento de fé é mais confortável e completo do que o conhecimento científico, e um não invalida o outro, devendo ambos serem respeitados porque se completam.

Recentemente, descobriu-se uma partícula subatômica muito rara chamada bóson de Higgs – partícula definida por equações matemáticas complexas – que fornece massa a todas as outras, sendo considerada como um fenômeno fundamental na formação do Universo, recebendo por isso a denominação de "partícula de Deus", como estratégia de marketing para a venda de um livro sobre sua existência.

Essa partícula é responsável pela força que atua em um campo invisível – o campo de Higgs – um campo de energia geradora de resistência ao movimento de outras partículas, que faz com que adquiram massa, formando prótons, neutros e elétrons, componentes da estrutura atômica.

Cientificamente são conhecidos apenas 4% do que seja a energia cósmica, e o restante permanece nas sombras do mistério formado por "matéria escura" e "energia escura" – força desconhecida responsável pela aceleração da expansão do Universo.

Todo mistério envolve infinitas possibilidades, inclusive a de um dia deixar de ser mistério.

Mesmo que o homem, nos confins da Ciência descubra o penúltimo mistério, a fé em Deus como possível causa primeira da transformação do Caos em Universo, continuará intocável, e sua essência, inatingível.

Capítulo XIV

Sobre Delírio Nazista e o Santo Graal

Na década de 1970, em missão diplomática na cidade de Colônia, na Alemanha, pouco antes da reunião consular, fui entrevistado por uma equipe de jornalistas sobre a existência de documentos em meu poder.

Tratava-se novamente da história do Santo Graal e de rituais praticados pelos druidas, sobre poções de efeitos sobrenaturais.

Não sei se existe realmente tal documento ou se sua existência permanece no reino da fantasia.

Este é o resumo do que apresentei naquela ocasião:

Textos cristãos referem que a história do Cálice Sagrado remonta aos tempos de Jesus. Na Idade Média, na esteira desses relatos e de lendas medievais, foi criado o mito do Santo Graal da forma que hoje conhecemos, envolvendo os Cavaleiros do Rei Arthur, e epopeias alemãs. Até hoje o paradeiro da relíquia não foi divulgado.

Para mim, tem um significado especial devido à volúpia de líderes nazistas em encontrar a 'raça pura', que decretou a morte de meus pais e de minha irmã em um campo de concentração.

Acredito que a necessidade dos seguidores de Adolf Hitler por um mito colocou na mesma perspectiva anacoretas e líderes sedentos de poder, com meios diferentes e objetivos semelhantes. Não aceito a validade de construção de uma raça superior, justificada por uma lenda que misturou tradição cristã e poções mágicas usadas por druidas. As forças das ervas sagradas utilizadas em rituais mágicos, combinadas ao poder místico do Santo Graal, segundo o propalado pergaminho que não cheguei a ler, poderia conferir ao seu usuário, poderes sobrenaturais. Sua posse transformaria os nazistas na verdadeira raça ariana, capaz de dominar o planeta e impor o Nacional Socialismo Universal. Dizem que tal pergaminho foi escrito por um feiticeiro, especificando as drogas a ser utilizadas, e como preparar a poção ensinada pelos deuses.

Meu pai jamais afirmou possuir tal documento, mas acreditava que pudesse realmente existir, escondido por um monge desconhecido.

Também acho possível que o pergaminho exista, mas não sei onde. É possível também que contenha uma fórmula que beire a magia, mas não posso crer que seus poderes permitam o surgimento de uma raça superior, a não ser nas ideias delirantes de alguns antigos nazistas.

Algumas drogas conhecidas desde a Antiguidade poderiam constar da fórmula. Podemos mencionar a mandrágora, citada no Gênesis.

Na concepção mágica de seu uso, deve ser arrancada sob a luz da Lua Cheia para conter virtudes mágicas, ou alucinatórias em termos atuais. Fazia parte de rituais de bruxaria na Idade Média quando acreditavam que tivesse poderes místicos para expulsar demônios, valendo-se das forças da natureza para proteger seu usuário. Para ter o efeito desejado, as poções devem obedecer alguns cuidados em sua preparação, como a influência dos astros, seus componentes, o estado de espírito de quem a prepara e vestir roupas ritualísticas. Cada astro influencia a poção de forma diferente para o amor, a mente, para o vigor físico, a coragem.

O estado de espírito como o amor, ódio, inveja, raiva de quem a prepara e de quem a ingere, determinam seu efeito. Acredita-se que a mandrágora possa liberar a fé em propósitos elevados, ou alimentar impulsos imprevistos em pessoas emocionalmente desequilibradas.

Outra substância é a huasca, encontrada na natureza.

Os remédios extraídos de vegetais são conhecidos há seis mil anos, como o uso da Ayurveda. Desde essa época, para quem a usa, a saúde é considerada a harmonia entre o corpo, a mente e o espírito.

As poções com poderes medicinais serviam para afugentar seres do mundo inferior, causadores de doenças. Eram de uso comum.

Na Idade Média, época em que surgiu o interesse pelo Santo Graal, era comum a simbiose entre o científico e o espiritual. As causas físicas eram influenciadas por astros, destino ou pecado.

Até hoje, seitas se utilizam da Ayahuasca produzida por um arbusto. Sua infusão ritualística e religiosa proporciona a "divindade interna", produzindo alterações na percepção da realidade, com visões pessoais, mantendo a consciência alerta. Seus usuários referem estados de hiper lucidez e êxtase. Provocam alterações dos sentidos, sem danos físicos. Não é considerada alucinógena, e pode ser produzida naturalmente em pequenas doses no próprio organismo humano, com sensação de bem estar físico e força para enfrentar as adversidades.

274 | A Sombra do Abismo

Na época negra da Segunda Guerra Mundial, seus defensores chegaram a insinuar que essênios e profetas faziam uso de tais poções para resistir às adversidades, suportar estágios de jejum prolongado, e ouvir mensagens do além.

No estado de êxtase ocorre alargamento da consciência, com visões interiores e contatos espirituais da chamada "energia universal dos fluidos cósmicos" designada por Carl Jung de inconsciente coletivo, instância profunda onde brotam símbolos ancestrais herdados que se debatem na experiência consciente da realidade exterior.

A revista alemã Der Spiegel, em artigo sobre o livro Hitler era doente? *publicou relato do médico dr. Hans Neumamm que afirma ter Hitler sido usuário de cocaína por ordem médica, e testosterona em seus encontros com Eva Braun. Segundo a mesma publicação, fazia uso de 20 comprimidos diferentes por dia, incluindo injeções de anfetamina, aplicadas por um de seus médicos particulares, o dr. Theodor Morrel.*

O exército americano até há pouco tempo manteve em sigilo registros médicos compilados pelo Dr. Erwin Giesing, que comprovam a publicação.

Existem relatos confiáveis de que o líder nazista não tomava qualquer decisão sem antes consultar seu vidente particular sobre astros e horóscopos.

Seus subordinados e soldados também recebiam doses regulares de anfetamina e estimulantes para libertar o corpo e a mente, e lutar com a força e coragem de homens superiores.

Se o documento em questão existe, guardado por algum eremita, não representa doutrina religiosa, e sim o sonho de um bruxo e a loucura de um ditador doentio no delírio de pretensa raça superior.

Acredito que a taça tenha existido, mas penso que a ideia do Santo Graal seja um símbolo do Cristianismo plantado no coração do homem de fé.

Como alguns membros da Catedral de Colônia participaram dos debates, a repercussão de minhas palavras resultou em grande agitação nos meios religiosos, como se eu fosse o responsável pelas investidas contra a Igreja e todas as seitas dissidentes.

Este foi o estranho início da jornada deste trágico contestador de verdades consideradas irrefutáveis.

Capítulo XV

Por Trás do Espelho

O espelho reflete a aparência que pretendo ter, e assim, escondo meus demônios por trás do que vejo refletido.

Tenho sonhos, e sei que é difícil amar qualquer pessoa quando amo a imagem que idealizo para satisfazer minhas fantasias.

Quando confundo simplicidade com ignorância, minha tendência é procurar a paz na prática do bem.

Quando sou infiel aos meus propósitos, minto para acreditar em mim mesmo e em minha história, que é parte do presente e com a qual devo aprender. Não posso mudar a história que só existe na lembrança ou em registros às vezes enganosos, mas posso reconstruir seu significado para melhorar opções atuais.

A fantasia sempre fez parte do ideário humano. A realidade da criança é moldada por sonhos e expectativas decorrentes de condições de sobrevivência física e emocional no ambiente que a cerca. Mesmo a pobreza não tem muito sentido na infância, tempo em que a realidade é envolta em fantasia. Só o adulto tem vergonha da pobreza de seus pais, cobrando como herança, mais riqueza do que honra. É cômodo culpar o passado, inclusive os pais, pelos erros presentes, mas o melhor crítico é aquele que sabe esconder a própria mediocridade.

Frequentemente me embriago na dimensão da beleza comum e começo a me preocupar com aparências. Esqueço que as emoções mais profundas são simples e muita beleza gratuita se oferece a quem sabe para onde olhar. Assim como o bem e o mal, o prazer e a dor estão contidos no mesmo cálice, e dependem somente de como preparamos a bebida. O prazer doloroso empobrece por ser sorrateiro e censurável, e a dor prazerosa visa ao beneplácito da redenção futura.

O tempo só consegue redimir quando conseguimos ver o mundo com o olhar deslumbrado de uma criança. Não sou mais a criança de minha infância, mas posso ser o sonhador que ainda procura penetrar nos mistérios do nosso admirável e complexo mundo.

Acredito que o fundamento latente das profecias sempre foi o medo, e por isso a doce lembrança da infância pode ser estranha. Para qualquer lugar que se caminha, o destino desejado é sempre a volta. Coloco meus medos no bolso e continuo meu caminho.

As religiões sempre souberam que o medo coletivo é a melhor maneira de congregar os homens e assim exercer o domínio, onde o prazer se torna o simulacro do pecado.

O respeito como atributo natural da evolução é indispensável ao amor, para que a satisfação não se transforme em mero ato agressivo de domínio na vulgarização do prazer sexual, em troca de migalhas de afeto e atenção.

Instintivamente, não gosto de pessoas que se pareçam com o meu lado negro.

Talvez nem exista amor na eternidade, somente paz.

Tenho em mim o anjo e o demônio e, com frequência, não sei quem sou. Dizem que fui criado à imagem e semelhança divina e mesmo assim, me debato entre o santo e o profano, sem saber que rumo tomar. Minha consciência escolhe a beatitude do santo, mas minha vontade é seduzida pelas tentações do profano em busca do prazer. Sei que são figuras simbólicas e que só existem na imaginação de quem as concebe, entretanto frequentemente desejo que alguém me indique o caminho, e já nem sei de quem gosto mais. Um indica o dever de praticar o bem na perspectiva de uma vida enganosamente tranquila, e o outro me facilita o prazer que o desejo acalenta, mas me obriga a viver sob o jugo do medo e da consciência de cometer agressões contra mim mesmo e meus semelhantes.

Os profetas apontam o desvio do pecado, e a Ciência, os desvios da personalidade, com o bem e o mal coabitando o mesmo labirinto, cabendo a mim a escolha. É mais cômodo o apego a Deus ou ao Demônio do que a angústia de escolhas conscientes. Muitas vezes as escolhas são esmagadas pela opressão e sofrimento, mas sempre podem existir frente à presença inexorável da morte. Os mitos são promessas de ser compreendido e perdoado com amor.

Meu clamor é o vento que se perde no fundo do abismo. Ou Deus não escuta, ou minha voz não alcança os céus. Mesmo correndo o risco de ser eternamente penalizado, não consigo compreender um Pai que deseje seus filhos vivendo sem tentar encarar seus mistérios, e morram na ignorância de seu próprio destino.

Não ouvimos a voz de Deus, somente a de seus interlocutores. Quanto maior a frustração e o medo, maior o número de templos. Não creio ser desejo divino nos tornarmos seres angelicais incapazes de sentir, de pecar e sofrer, prisioneiros de um paraíso amorfo e sem sentido.

Vivo no tempo que me foi concedido. Quando percorro o caminho inverso, em direção às profundezas da mente, consigo me enternecer com a beleza, sofrer com a bestialidade humana, e me equilibrar na lâmina dos sentimentos.

Não posso ter medo de Deus, somente dos meus atos. Neles cabe o meu destino. Não temo brigar com Deus.

É o espelho que me amedronta.

A Luz na Sombra do Abismo

A existência, como realidade sensível mais importante, deve ser vivida com encantamento, porque a vida é mágica e não solicita explicações lógicas.

Sou confuso, cheio de contradições, caótico. Não sei o que quero, mas sei o que não devo fazer. A consciência tem o poder de mudar o mundo, e não adianta buscar a paz no não pensar, pois o sentimento de que sou parte do Universo não permite que eu seja somente racional, mesmo que às vezes não compreenda quem sou.

Estou tentando chegar a alguma conclusão sobre mim mesmo. É uma difícil arte não julgar os outros pelos nossos próprios padrões, tentando compreender e aceitar as necessidades que determinam as escolhas, e aprender a conviver com elas. À vezes somos juízes implacáveis por medo de olhar dentro dos próprios olhos. Mesmo conflitantes, as diversas formas de justiça buscam a união de indivíduos de uma determinada cultura, através da qual possam ser satisfeitos e conduzidos. A maioria dos homens não busca a unidade na honra, mas na autoridade.

Sou consciente de que existo formando um contexto que convive com a evolução e, através desse contexto criar um espírito digno de merecer a vida, se possível com sentimentos altruístas se bem que às vezes, destrutivos. Esse espírito existe enquanto a matéria que o formou sobreviver, pois a energia inerente à vida se mantém no mistério que formou o Universo. Essa consciência íntima que atravessa gerações pode sofrer modificações evolutivas que determinarão o próprio destino.

A existência do corpo, da consciência e do espírito, é decorrente do estranho e imponderável poder da vida atemporal que pertence ao enigma da eternidade.

A alma não é o homem, mas sua essência. O homem morre, mas talvez a essência permaneça no contexto cósmico, conservando alguma coisa do ser finito. Ninguém tem certeza absoluta do que irá acontecer além do desejo de acreditar.

278 | A Sombra do Abismo

O futuro que se pretende não é garantido a ninguém. É somente uma possibilidade de continuação do agora, e assim, o dia de hoje pode significar eternidade. A certeza da existência é só o momento presente. O passado existe na memória e o futuro no desejo.

O tempo presente é mágico e merece ser vivido em sua plenitude, como uma obra de arte cuja magia é transmitir o sopro invisível do sentimento brotado no momento de sua criação, que transcende à própria obra. O conhecimento pode criar obras, mas só a emoção cria a arte.

A alma, no sentido de que é a energia que dá vida e torna possível a existência humana, nada tem a ver com as emoções conscientes, desejos e atos.

Caminhamos cada vez mais em um mundo artificial, onde a realidade está presa entre o cenário pré-fabricado da Era Moderna e a inteligência cibernética. A sublimação da Ciência envolvendo o interior do átomo, o genoma, o momento certo em que surge a vida, ou o poder de apressar o fim do sofrimento de pacientes terminais, se assemelha a um delírio místico e gratificante de homens brincando de Deus.

Essa maneira de ser, derrapando entre o bem e o mal, tornou-me um marginal inclassificável. Quem não pode ser catalogado incomoda as pessoas a ponto de ser deixado à deriva. A realidade aparente é evidente para qualquer ser humano, mas no íntimo, todos sonham uma realidade superior que é a razão de ser da fantasia.

A luz no fundo do abismo é que produz a sombra.

O melhor remédio contra a morte é aprender a viver, e se encantar com a magia da própria existência.

Epílogo

Convivi algum tempo com Lukas e sei que desde cedo começou a viver marginando preceitos estabelecidos como verdades inquestionáveis.

Abandonou tudo para encontrar respostas que não estavam na razão. Não desejava mais racionalizar explicações, mas deixar a consciência vagar livremente em possibilidades. Respeitado por poucos e renegado por muitos por causa de seus ideais, foi piedosamente condenado a ser internado em um asilo público como alienado mental e perigoso andarilho a semear paganismo e discórdia. Procurou dar importância à vida com dignidade, como se pertencesse a uma irreverente comunidade que vive acima do medo da morte, aceitando a eternidade como possível.

Viveu cada momento a dádiva recebida através do sopro da existência. Foi uma sombra na janela do horizonte, amaldiçoado por quem só vê a luz de verdades incertas, e respeitado por outros que esperam o sono tranquilo, sob a paz de uma árvore solitária. Suas preces não foram dirigidas a esperanças além do horizonte, mas no caminho a ser seguido.

Suas palavras simplesmente revelaram o sonho de, um dia, o homem se libertar do jugo de dogmas, quando a fé na vida for mais importante do que as palavras.

Aceitou a escolha de seu destino com a certeza de que, quem tenta descobrir os mistérios da vida torna-se um marginal. Sua passagem entre nós não foi o limite final, mas talvez, o início da jornada. Calmamente retomou o caminho em direção às suas origens e desapareceu além do horizonte.

Nunca mais ouvi falar de Lukas Dijinsky. Pode ter seguido seu destino nos campos da Polônia ou nas encostas escarpadas de Katmandu. Nunca morrerá, pois os seres como ele, não morrem, ficam encantados. Uma pequena luz se acendeu em algum lugar.

Para os amigos que o acompanharam nestes últimos meses, disse – "Se algum fruto resultar da publicação dos meus textos, quero que seja fraternalmente dividido entre vocês. Eu escrevi, mas foram vocês que deram vida a eles". Essa foi sua herança prática.

Como despedida, suas últimas palavras foram:

– Um dado instante da existência contém passado, presente e futuro escorrendo nos limites do tempo. A isso chamamos eternidade. A Vida é eterna, e a eternidade é agora, neste preciso instante que se estende aos limites da imaginação. Cada instante é o mais precioso da existência, no qual temos a oportunidade de escolher o destino. A cada instante, o passado devora o presente e o futuro. Pretendo viver eternamente cada momento, pois não sei quanto tempo poderá durar minha eternidade.

Acredito que essas palavras tenham sido parte de sua Herança Invisível.

Aprendi com esse estranho solitário que nós somos o milagre, e que a vida pode ser aleatória, mas se lhe dermos um sentido, a morte perde o significado.

Suas palavras não só marcaram minha visão do mundo, como meus sentimentos em relação à vida. Como resultado de minha ilusão aventureira e sem sentido, tornei-me uma poeira cósmica a vagar pela existência, sonhando grandes feitos na futilidade das aparências.

Por sua causa, percebo que faço parte de seres em evolução, onde tudo é possível, pertencendo a um contexto universal maior, esquecido em uma gaveta fechada de minha consciência.

Outro dia, do alto de um edifício em Roma, observei mulheres e homens apressados a caminho de escritórios frios e lojas cheias de pessoas com olhos brilhantes e almas vazias, em busca de sonhos que fantasiem sua autoestima. Seguem sempre os mesmos caminhos, sem tempo de passear na chuva, pisar descalços em poças d'água, e como crianças, brincar com girafas azuis.

Mostrou que os mitos e a fé ainda são necessários porque teimamos em olhar mais para o chão do que para o espaço indefinível. Somos seres incompletos tentando evoluir para encontrar o caminho, e ainda não merecemos a transcendência desse magnífico Universo de destinos somente imaginados.

Era um homem simples e comum, mas deixou indelével nestas paredes, não a sombra de um abismo, mas a sombra da montanha com um rastro de luz e uma dolorosa saudade.

Ele se foi, mas sua sombra permanecerá.

Que o Senhor o acompanhe em sua eternidade, meu amigo.

Totó

Com a divisão dos direitos autorais, cada um teve a oportunidade de traçar seu próprio destino.

O abade Thomas abandonou o hábito e agora prega em seu próprio jardim no sul da Itália, como faziam os antigos mestres da Grécia Clássica.

Guido conseguiu uma aposentadoria compulsória e vive comodamente em Roma com a família.

O dr. Henry e Michelle, com um casal de filhos, moram em Paris. Ele montou uma clínica onde realiza seu sonho na Medicina. Michelle é uma repórter de sucesso no jornal e trabalha como assessora de notícias em uma rede de TV.

Eu permaneci no hospital, que é a família que tenho. Depois de tantos anos não consigo me acostumar com outra rotina. Estou cursando Direito e deixei de ser paciente. Trabalho como funcionário da Conferência Nacional de Voluntários e Justiça, na proteção dos direitos de doentes, e antes que me esqueça, deixei de mancar, mas continuo vesgo.

O Cardeal D'Ambrosio é um dos candidatos a futuro Santo Padre.

Monsenhor Caprillo continua sob o manto da Cúria.

E o dr. Franz Andenken, o deus do trovão... Que se dane!

Referências Bibliográficas

ARNTZ, Willian. *Quem somos nós?* Rio de Janeiro: Prestigio Editorial, 2005.

BLAINEY, Geoffrey. *Uma breve história do cristianismo*. São Paulo: Editora Fundamento, 2012.

DAWKINS, Richard. *Deus, um delírio*. São Paulo: Editora Schwarcz, 2006.

DAWKINS, Richard. *A grande história da evolução*. São Paulo: Editora Schwarcz, 2004.

DUVAL, Pierre. *A ciência e os grandes mistérios*. Editora Ulisseia Ltda., Paris 1973.

GORDON. R. *A assustadora história da medicina*. Rio de Janeiro: Ediouro S/A, 1996.

ISAACSON, Walter. *Einstein – Sua vida, seu universo*. São Paulo: Editora Scwwarcz Ltda, 2008.

PINKER, Steven. *A tábula rasa*. Cia das Letras – SP – 2004

_____. *Como a mente funciona*. Cia das Letras — SP – 1998.

RIVIÈRE, Patrick. *Os caminhos do Graal*. São Paulo: IBRSA – SP– 1984.

ROUSSEAU, Pierre. *Viagem aos confins da ciência*. Braga (Portugal): Tipografia Diário do Minho, 1968.

RUSSELL – Bertrand . *No que acredito* – LPM Editores – Porto Alegre, 2007

SAGAN, Carl. *Variedades da experiência científica – A busca por Deus*. São Paulo: Editora Schwarcz, 2006.

SIMMANS, Graham. *Rex Deus*. Rio de Janeiro: Imago Editora, 2002.

TALAMONTI, Leo. *O Universo proibido*. Milão: Sugar Editores,

KRISHNAMURTI. *As ilusões da mente – Reflexões sobre a vida*. Editora Tecnoprint Ltda/Ediouro – Rio de Janeiro.

PRABHUPADA, Srila. *Além do nascimento e da morte.* Bhaktivedanta Book Troust – Londres Ø 1997.

NIETZSCHE, F. *Além do bem e do mal.* Editora Tecnoprint/Ediouro – RJ.

GOSWAMI, A. *A física da alma.* Editora Eleph – SP – 2008.

____. *O Universo Autoconsciente.* Editora Aleph – SP – 2008,

LAGANA, Elizabeta . *Revista Brasileira de Crescimento e Desenvolvimento Humano* – *Vol.20* –SP 2010.

Airton Luiz: Luiziost@uol.com.br